让法律被信仰

财税法教程

张怡 主编
蒋亚娟 副主编

法律出版社
LAW PRESS·CHINA

编 写 说 明

财税是国家治理的基础，也是国家治理能力体系的核心，折射的是中国社会现代化进程和民主法治发展。近年来，我国财税法根据经济发展进行了较大调整和改革，并取得了里程碑式的成果。目前，中国财税法学在理论创新方面已经有了突破，基本建成了现代财税法学理论的框架，主要包括"公共财产法""理财治国""领域法学"这三大具有内在逻辑联系的支柱理论，并且形成和发展了"财税法一体化"理论，进一步深化了对财税法定、税收之债、纳税人权利保护、财税控权、财税衡平、财税程序正义等理论的研究和应用。与此同时，我国财税立法和政策进入新时代，例如，在我国实施60多年的营业税正式退出历史舞台，增值税时代已经到来；《环境保护税法》是党的十八届三中全会提出"落实税收法定原则"改革任务后制定的第一部税法，是新时代落实新发展理念的新举措；国地税合并是新时代财税改革的支柱性改革措施，新一轮财税体制改革意味着中央和地方关系的重大调整；个人所得税法迎来第七次修改，本轮个税法修改，被称为我国个税历史上的根本性变革。

2017年以来，特别是党的十九大提出中国特色社会主义进入新时代以来，中国的改革开放达到了前所未有的新高度、新宽度和新广度。党的十九大报告提出，中国特色社会主义进入新时代，我国社会主要矛盾已经转化为人民日益增长的美好生活需要和不平衡不充分的发展之间的矛盾。新时代社会主要矛盾发生变化，是经济社会发展的必然产物，是以人民为中心的发展思想对我国社会主要矛盾作出的新判断、新概括和新表述。财税法作为治国安邦之法，与共同富裕目标衔接紧密，是让改革发展成果更公平惠及全体人民的重要法律领域。财税法通过调整和规范政府间财政关系、建构政府预算和税收制度，有效保护纳税人合法权益，回应和化解新时代社会主要矛盾，为加快建立现代财政制度以及推动法治国家建设提供理论供给和道路支撑。中国财税法学研究的新时代已经到来。

新的时代，法学教育也迎来新的契机。为创新法治人才培养机制，深化法学专业类教学改革，提高法治人才培养质量，教育部高等学校教学指导委员会制定了《普通高等学校本科专业类教学质量国家标准》。依据该标准，法学专业核心课程采取"10 + X"分类设置模式，"财税法"被列为各高校根据办学特色开设的专业必修课程之一。这一标准给财税法课程建设提出了更高的要求，教材的建设成为重中之重。

基于上述时代背景和培养综合性、应用性人才的卓越法律人才的需要，高等学校使用的教材必须同步跟进,以便广大读者更好地了解财税法学理论的最新成果,更准确地把握法律和政策政策。本教材适应国家经济发展和改革开放的需要,将财税法制改革和理论成果贯穿于内容中,具有前瞻性、综合性和实用性,适用本科生学习使用。

本书由张怡教授任主编,蒋亚娟副教授任副主编。全书由主编、副主编统稿,由主编定稿。

本书的写作和修订分工如下:

第一章　陈国文

第二章　杜坤

第三章　郭维真

第四章　许安平

第五章　何峰

第六章　张怡　曾远

第七章　张怡　廖明月

第八章　蒋亚娟

第九章　葛静

第十章　邓永勤

第十一章　安然

编　者

2019 年 1 月

目　　录

上篇　财　政　法

下篇　税　收　法

上篇 财 政 法

第一章　财政与财政法基础

内容简介

财政是政治和经济的结合，国家的财政活动直接、间接地触及社会生活的各个领域，凡是财政活动所触及的领域，皆为财政法调整之对象。财政是一个历史范畴，随着经济结构、社会变迁而变化。财政法是近代立宪国家、民主政治的产物。本章主要介绍如下几个问题：财政和财政学、财政法及其调整对象、财政法的体系和渊源、财政法的基本原则。本章尤其重视从财政社会学的视角来理解财政及财政法。通过对本章的学习，有助于我们对财政及财政法形成概括性的认识和总体印象。

第一节　财政与财政法概述

一、财政和财政学

（一）财政的语源及含义

"财政"一词是我国近代以来应对现代化挑战的历程中中西文明交汇的产物。在我国固有文化中，对财政一词所指称的对象通常以"国用""度支"等词称之，如《礼记·王制》中所言："冢宰制国用，必于岁之杪，五谷皆入，然后制国用。"王安石在变法时提出"善理财者，民不加赋而国用饶"，晚清国家治理转型中，将"户部"改为"度支部"时，仍用传统的"度支"一词。近代以来，随着与西方文明的接触，"财政"一词逐渐引入汉语词汇。据称，日本人福泽谕吉于 1869 年撰写《财政论》时第一次使用汉字"财政"一词，不过他当时用"财政"一词所指称的并不是现代通常意义上的财政现象，而是总体上的经济现象。到了 19 世纪 80 年代，"财政"一词的含义才固定下来，用以指称现代财政现象。① 甲午战争之后，梁启超提到"财政者，天下之事也"，1902 年金邦本从日文译出《欧美财政史》一书，这是我国出现的第一本以"财政"一词命名的书。② 1903 年清政府设立"财政处"，1906 年将财政处并入从户部改造而来的度支部，③反映了带有新意

---

① 参见[日]神野直彦：《财政学——财政现象的实体化分析》，彭曦等译，南京大学出版社 2012 年版，第 4 页。

② 参见胡寄窗、谈敏：《中国财政思想史》，中国财政经济出版社 2016 年版，第 677 页。

③ 参见刘守刚：《中国财政史十六讲——基于财政政治学的历史重撰》，复旦大学出版社 2017 年版，第 259 页。

的新词嵌入旧有话语体系并逐步融合，进而将旧词和旧制度加以熔铸的文明成长过程。1912 年北洋政府设置财政部和财政总长，完全废弃了"度支""尚书"等传统概念，至此，"财政"一词成为指称现代意义上的财政现象的专门术语。

财政，通常是指国家为了满足社会的公共需要而组织收入、安排支出的各种活动和制度。人类结成各类群体共同生活，必然产生共同的需要，共同需要的不可分割性或者"被动消费"的性质，使共同需要的满足方式完全不同于私人需要的满足方式。国家作为社会的人格化代表，在共同体生活的地域中垄断了合法的强制力，因而能够克服共同需要满足中面临的种种困难：一是通过强制手段获得收入以克服公共产品一旦提供任何人均可免费享用而出现的"搭便车"问题；二是通过安排支出提供公共产品以克服私人主体因面临收费困难而不愿提供的问题。由此可见，财政是以国家或政府为主体的经济活动，因此学者们通常也把财政称为"财政经济"、"国家经济"或"公共经济"。

（二）财政学

本教材论述的对象是财政法，即调整财政关系的法律规范。为了对财政主体的行为进行有效的法律调整，必须对财政运行的规律有所把握，而研究财政运行规律的学问就是财政学。可以说，财政学是财政法最重要的知识基础之一。

在我国近代转型之前的国家治理和理财实践中积累了丰富的财政文献，也产生出杰出的财政智慧，但由于种种原因，直到近代我国仍然没有出现科学意义上或者熊彼特所说的"分析"意义上的财政学。中世纪晚期，随着欧洲民族国家的崛起，国与国之间的激烈竞争迫使各国必须采取有效的财政措施，以最大限度地筹集公共收入。活跃的实践极大地激发了包括官员、行政顾问、商人、学者在内的社会各阶层的探索热情，产生了无数探讨税收的性质、税收的经济效果、公共支出的作用、课征直接税和间接税的利弊等问题的书籍和小册子，以致出现了"财政法学"这一学问领域。① 这一波财政学探索的洪流最终汇聚到亚当·斯密手中，《国富论》第五篇成为迄当时为止最全面、最系统、分析水平最高的财政学专题研究。亚当·斯密从国防、公共秩序、君主养尊费、公共工程等方面界定了国家支出的规模，进而探讨了为满足国家支出需要而筹措经费的税收和非税收各种方式，并提出至今仍为理财家所遵循的税收四原则。后世学者把斯密对财政功能的界定概括为"资源配置职能"。

财政学的另一个来源是德国的官房学或宫廷理财学。在普鲁士等级国家时期，②政府或者国王的财政收入主要来自国王的领地，因此增加财政收入的主要途径就是提高领地的产出效率。在探索如何通过对国王领地的优化管理以增加财政收入的过程中产生了"官房学"，到了 19 世纪后半期，随着德国的统一、君主立宪制的确立及资本主

① 参见[美]约瑟夫·熊彼特：《经济分析史》（第 1 卷），朱泱等译，商务印书馆 1996 年版，第 306 页。

② "等级国家"是德国法学家拉德布鲁赫在《法学导论》中使用的概念。他认为在欧洲大陆国家的演进是按照等级国家、专制国家、立宪国家的进程。等级国家类似于封建国家时期。

义的充分发展,在借鉴和吸收古典经济学的基础上,德国学者把传统的官房学改造成近代意义的财政学,正如德国财政学家科尔姆所称:财政学是宫廷理财学和古典经济学奇妙婚姻的产物。① 德国学者通常对政府的公共活动持有更加积极的评价,许多在斯密及强调市场作用的人看来是非生产性的政府行为,德国学者则认为是生产性的活动,因此德国学者主张通过政府的财政收支实现社会政策目标,其代表人物为当时财政学集大成者瓦格纳,这一学派也被称为"社会政策学派"。后世学者将财政的这一职能概括为"社会分配"职能。

第一次世界大战之后,世界经济动荡不安,宣告了自由放任体系的终结。面对生产过剩的资本主义经济危机,凯恩斯根据有效需求理论,提出通过税收、国债等财政政策增加公共支出以实现总需求与总供给的平衡。后世学者将凯恩斯的这一主张概括为财政的"经济稳定"职能。1959 年马斯格雷夫出版《财政学的理论与实践》一书,将古典经济学的"资源配置"职能、德国正统学派的"社会分配"职能与凯恩斯的"经济稳定"职能融会贯通,创立"新古典综合派财政学",可以说是对几百年来财政学发展的系统总结。

另外,公共选择学派的财政学和财政社会学也对财政现象在更广阔的范围内提出了丰富的洞见,财政法的研习者对此也应有所关注。

二、财政法及其调整对象

(一)财政法

国家或政府的财政活动把社会系统中的私人部门和公共部门紧密联系起来,通过公平分配税负以筹措资金,通过提供市场所不能提供、不愿提供的公共产品以满足共同体的公共需要,因此财政是国家与人民之间、人与人之间的重要联系纽带,财政能力是国家能力的重要体现,财政治理体系是国家治理体系的重要组成部分。由于法律具有普遍性、稳定性的品质,法律能够为各类主体提供明确的、可以信赖的预期,因此法律成为现代大型社会普遍采用的行为调整手段,凡是重要的社会关系都应当受到法律的调整以形成较理想的社会秩序。在法律体系中,调整财政这一重要的社会关系的法就是财政法。

财政法是一个历史范畴,随着国家形态和社会结构的发展而发展。在传统的等级社会中,法律是统治者意志的体现,而财政活动虽然获得法律的形式,其实质不过是统治者的命令,税收负担的分配、财政管理及财政支出的范围和方向均以统治者及其代理人的利益和意志为转移。虽然在税收负担的分配方面能体现某些量能课税的平等因素,但等级社会普遍存在的免税特权使公共负担落在无权无势的中下阶层肩上;在财政支出方面也能考虑一些公共福利,但统治者的需要往往凌驾于共同体的需要上,因此传

① 参见[日]神野直彦:《财政学——财政现象的实体化分析》,彭曦等译,南京大学出版社 2012 年版,第 29 页。

统社会的统治秩序经常由于财政危机而崩溃。在等级社会中，纳税人的身份与被统治者的身份是合二为一的，纳税只不过是被统治这一政治地位的财政表现。纳税人虽然有时也能获得“轻徭薄赋”“蠲免赋税”的待遇，但这不过是统治者财政措施的反射利益，纳税人并未据此获得权利主体的地位。因此，“在过去的社会生活中，法律确实会对捐税作出某种形式的规定(order)，但这种规定是由于统治阶级出于自身利益决定并实行的，而不是由一个拥有法律与独立行政的稳固团体(即国家)确立的……这种捐(contribution)并不是税(taxation)，它只是一种强征”。[①] 就此而言，传统等级社会的财政法只是为统治者财政措施安上了法律的外壳，只是工具意义上的财政法，它缺乏正义这一法律的灵魂。

近代以来，随着欧洲民族国家的兴起，财政获得了前所未有的重要意义，国家的生死存亡取决于国王及其顾问班子的资金筹措能力。与以农业为基础的封建领地收入相比，工商业的动产收入是更有吸引力、更有弹性的财政来源。但动产易于隐藏、便于流动的属性内在地制约着王权的征税能力，国王若想成功地对工商业征税，就必须善待工商业，工商业利益之所在即国王利益之所在，由此工商业者获得了财政事务方面的谈判能力。作为纳税人的工商业者在与国王进行的税收谈判中，逐渐获得了除纳税人和被统治者之外新的身份，即公民的身份。在社会结构的演变中，纳税人、被统治者获得公民身份具有全新的意义，它对国家、统治、财政、法律以及最终对国家和人民的关系赋予新的理念，国家不再是统治者依靠权力和行政措施强制维持的人员和土地的集合体，而是平等的自由人组成的共同体，国家是共同体的人格化代表；共同体必然产生需要公共资金支持的公共事务，作为公民的纳税人向国家缴税不再是为了满足统治者的私人需要，而是为了共同体的集体需要，更进一步说是纳税人自己的共同需要。共同需要成为联系纳税人与纳税人之间、联系国家与纳税人之间的纽带，在平等参与税收负担与公共事务的议决过程中，逐渐产生了纳税人的代表机构——议会。[②] 作为公共事务商讨机构的议会是传统社会进入现代社会的标志，自议会产生以来，纳税人通过代表行使税收同意权一直是议会的核心功能。正是通过议会，人民主权得以确立，纳税人成了目的意义上的国家的统治者，国家成为公共权力的受托人；正是通过议会的财政审议权，以行政权为代表的工具性意义上国家的征税权和用税权受到法律的控制，以满足共同体的公共需要，共同需要的实质要素和议会同意的形式要素奠定了财政法的正当性基础。因此，只有现代国家才有真正意义上的财政法。

---

① [美]理查德·A. 马斯格雷夫等主编：《财政理论史上的经典文献》，刘守刚、王晓丹译，上海财经大学出版社 2015 年版，第 53 页。

② 英语词汇“parliamen”中古时期来自法语“parler”，即“speak”，说话的意思，英语中的同源词“parley”意为商谈，可见所谓议会就是公共事务的商谈机构。参见[法]伏尔泰：《巴黎高等法院史》，吴模信译，商务印书馆 2015 年版，第 1 页；而“公共事务几乎没有一项不是产生于捐税，或导致捐税”。参见[法]托克维尔：《旧制度与大革命》，冯棠译，商务印书馆 1996 年版，第 127 页。

党的十八届三中全会通过的《中共中央关于全面深化改革若干重大问题的决定》提出“财政是国家治理的基础和重要支柱”“建立现代财政制度”；党的十八届四中全会通过的《中共中央关于全面推进依法治国若干重大问题的决定》指出“法律是治国之重器，良法是善治之前提”。这两个决定提出的重要论断对我国财政法治的发展具有重要的指导意义。

（二）财政法的调整对象

财政法的调整对象是财政关系，财政关系是财政主体之间形成的社会关系。财政法调整对象的范围一方面随着国家机构之间权力关系的变化而变化，另一方面也随着财政职能的扩展而扩展。以世界上第一个实现财政法治化的英国为例，早期的议会主要行使征税批准权，即国王征税必须获得议会的同意，由此实现了税收法治。至于税收的支用，则由国王自主决定，这一成果体现在1628年的《权利请愿书》。第二个阶段议会获得关于财政支出的批准权，1665年议会为英荷战争拨款，法案中明确规定：此次征税仅仅是为了此次战争，所征税款也只能用于本次战争，①这就确立了议会控制财政开支的惯例，奠定了支出法治的基础。第三个阶段是19世纪60年代通过预算把收入和支出整合起来，实现了财政收入、财政支出和财政管理全面的法治化。再从财政职能的演变来看，从19世纪的自由放任国家到20世纪的福利国家和规制国家，国家总是不断赋予财政以新的职能以实现国家任务，相应地，财政法的调整范围也不断扩大，从征税到用税，从经济增长到社会收入分配，财政法的调整范围几乎覆盖了当今国家公私生活的各个领域。

从对法律素材的形式分类来看，财政法的调整对象可分为财政收入关系、财政支出关系和财政管理关系。财政收入关系从个人向国家缴纳的基础关系来看，可分为捐助关系、契约关系和强制关系。② 捐助关系如中国先秦时期的“贡”“助”，后世财政危机时期的“报效”，英国中世纪的“aid”等。这种关系在现代社会虽有遗迹，但基本上退出了历史舞台。基于契约关系的收入，主要是国家直接控制生产资料从中获得经营收益，或者将生产资料授权或出租于私人以获得租金收益等，如汉代的盐铁专营，唐代“租庸调”制度下的田租，英国国王的封建领地收入，以及当代各国的国有资产收益和国家机关提供公共服务时所收取的费用等。基于契约型关系的财政收入往往因激励约束难题而不能满足国家财政开支需要，因此这一类型的财政关系只是居于补充地位。强制性财政收入关系是国家通过主权者的身份，把纳税人个人财产或收入的一部分转移到国家所形成的收入，国家在此过程中并未支付任何对价。这类收入包括税收、罚款、征收、没收等形式，其中最主要的形式是税收。国家主要以税收形式获得财政收入意味着国

① See Frederic William Maitland, *The Constitutional History of England*, Clark, New Jersey, The Lawbook Exchange, Ltd., p. 310.

② See Gdwin Robert Anderson Seligman, *Essays in Taxation*, New York, Macmillan and Co., 1895, p. 267.

家转型为税收国家，税收国家成立的前提是对私经济主体的财产予以充分的承认和保护，因为市场经济中私经济主体活跃的经济活动是税收的源泉，也因此是国家力量的源泉。正如斯坦因所言："国家要能把东西取走（作为税收），其必要的前提是，私经济体得有东西上缴。"①私经济体创造税收潜力的能力与国家财政需要之间的利益兼容，是税收形式优于其他收入形式的主要原因，因此税收法律关系是财政法中最基本的法律关系。

财政支出关系主要包括财政拨款关系、财政采购关系、财政贷款关系、财政投资关系等；财政管理关系主要包括财政预算关系、国库经理关系和审计监督关系，以及上下级政府之间的财政平衡关系等。

延伸阅读

熊彼特在《经济分析史》中对《国富论》第五编的精彩评价令人印象深刻："最长的第五编占全书的百分之二十八点六，是一篇自成体系的关于财政学的论文，后来成了十九世纪所有财政学论著的基础，直到财政学的'社会'观点出现为止。所谓社会观点就是把税收看作是改革的工具，这种观点主要出现于德国。第五编之所以占这么大的篇幅，是因为它含有大量材料，主要从历史角度论述了公共支出、公共收入以及公债。该编的理论探讨不那么充分，也不那么深入。但值得称赞的是，理论探讨与事实材料以及事实材料所显示出来的一般发展趋势结合很紧密。"②这段评论深具方法论的启示，对我们理解财政及财政法具有指导意义。

首先是需注意亚当·斯密构建体系的方法。《国富论》第五篇第一章"论君主或国家的收入"，界定了国家的职能以及为履行该职能而需要的公共收入的规模。第二章"论一般收入或公共收入的源泉"，探讨了国家如何筹措公共收入的各种方式及其社会、经济影响。这里隐藏着后来韦伯和熊彼特等人所称的"家产国家"与"税收国家"理论的雏形。这种体系构建基于国家财政运行自身固有的逻辑，两千多年前司马迁在《平准书》提出的"量吏禄，度官用，以赋于民"也是类似的逻辑。

其次是需注意亚当·斯密把历史材料的整理与原则提炼紧密结合的治学态度。与18世纪的大师们一样，亚当·斯密非常重视历史，在收集资料方面甚勤。但他不满足于仅仅罗列事实，而是深入现象背后去发掘支配事物运行的一般原则，并且谨慎地使得出的结论在事实允许的范围内，可以说是历史与逻辑相一致的典范。正因如此，亚当·斯密的书成为政治家使用的"处方本"。

---

① ［美］理查德·A. 马斯格雷夫等主编：《财政理论史上的经典文献》，刘守刚、王晓丹译，上海财经大学出版社2015年版，第56页。

② ［美］约瑟夫·熊彼特：《经济分析史》（第1卷），朱泱等译，商务印书馆1996年版，第283页。

第二节　财政法的体系和渊源

一、财政法的体系

财政法的体系，是指以财政法律规范为内容的法律体系。一国实证意义上的财政法律规范往往制定于不同历史时期，表达随时代而变化的不同政策要求，并体现在不同的规范性法律文件中，因此不可避免地存在逻辑和价值方面的矛盾，影响法律秩序的安定性。对财政法律规范素材按照一定的标准加以分类排列，通过价值位阶的适当安排，保证所有的财政法律规范统一于宪法确立的价值下，以形成财政法的内在体系；对财政法的概念予以科学界定，通过下位概念到上位概念的抽象程度递进关系，建立严密的逻辑关系，以形成财政法的外在体系。财政法的体系化程度标志着财政法的理论水平，同时对财政法的立法、执法以及法律适用都有积极意义。目前在我国，与社会主义市场经济体制相适应的财政法制正在建设完善中，因此，此处所说的财政法体系，不仅是对现行财政法律的概括，而且是对一个较理想的财政法体系的设想。从前述财政法的调整对象来看，我国财政法的体系可以分为以下几个层次：

(一)财政基本法

财政基本法是财政法律领域中的基本规范，主要涉及财政法的基本原则和基本制度，对财政收入、财政支出和财政管理等财政活动的各方面都具有普遍的效力。财政权力在立法机关和行政机关之间的分配，财政主管部门与政府各支出部门之间的关系、中央和地方之间财政收入和支出责任的分配关系、预算制度、财政监督等，这些涉及财政法领域的重要事项，都应当通过财政基本法加以规范。由于财政基本法在治国理财中的重要地位，其内容有的规定在宪法中，有的规定在专门的法律中。如 1949 年德国《基本法》第十部分专章规定财政，《日本国宪法》第七章名为“财政”，强调国会决议在国家财政事务中的中心地位。另外日本专门制定《财政法》，除了第一章财政总则外，主要是将《宪法》确立的预算制度具体化。我国宪法中关于财政事项的规定尚待进一步完善，《立法法》第 8 条第 6 项和第 9 项，虽有关于税收和财政基本制度属于专属立法事项的规定，但具体内容仍付之阙如，因此我国有必要尽快制定财政基本法，以巩固改革开放以来财政法治建设的成果，同时为进一步深化改革提供法律依据。

(二)财政预算法

财政预算法是调整预算关系的法律规范的总称，是宪法中人民代议机构的预算审议权与政府的预算提案权之间关系的具体化，通常围绕各预算法主体的各项预算活动而展开。从表面上看，预算法充斥着大量的技术性规范和程序性规定，但它的字里行间却处处透露出深谋远虑的理财治国之道。政府要施政，必先有施政计划，政府各部门根据施政计划提出资金要求，由核心预算控制部门在预算收入许可的范围安排计划的优先顺序并提供资金，再由政府提出预算案，供人民代表机构审议。通过预算把政府的征税权和用税权紧密结合起来，保证了财政活动的公共性，因此可以说预算法是研究共同体生活的更高学问的一部分。

（三）财政收入法

如前所述，现代国家往往也是税收国家，因此税法是财政收入法的主体。从严格的逻辑关系上来说，税法是财政法的下位概念，但我们在习惯上常常“财税”并称，如“财税法”“财税法学”等。这是因为税收问题是最早受到关注的财政问题，“现代意义上的财政法也是以税收法定主义为中心而发展起来的”，“由于税具有侵益性，与人民的财产权息息相关”，[①]因此可以说税法所规范的国家和人民之间的关系是财政的外部关系，而狭义的财政法所规范的是财政主体之间的内部关系。由于税法无处不在地介入人民的生产和生活，税法成为与民法和商法相提并论的交易法的一部分，因此税法发展成相对独立的内部体系。

公债是最富弹性的财政收入形式，中央政府发行的公债称为国债，地方政府发行的公债称为地方债。公债从形式上看是有偿的、自愿的，但公债本息的兑付是以税收为担保的，当代人的财政收入意味着下一代人税负的增加，而且不当的国家负债会影响下一代财政发展，因此公债的发行必须受到法律的控制。我国 2014 年新修订的《预算法》确立了国债余额管理制度，并规定“余额的规模不得超过全国人民代表大会批准的限额”，同时允许地方政府举债，“报本级人民代表大会常务委员会批准”。但是《预算法》只是从预算层面对公债发行作出原则性规定，并不能替代国债法，国债立法依然是健全完善我国财政法体系的重要任务。

费用是政府基于受益负担关系或特定用途而征收的金钱，包括规费、受益费和特别公课。费用不同于税收之处在于费用的支付者从政府的公务活动或公共设施中获得相应的利益，因而具有相当的对价关系，但就其性质而言仍属于公共资金，因此在管理上应当与税收一样受到法律的控制。

至于从财政收入体系而言就其性质属于公共资金的罚款、没收、征收，以及国有资产收益等，因在财政收入不占主要地位，可由相关的法律加以规范，无须制定单独的财政收入法。

（四）财政支出法

财政支出法主要包括财政拨款法、财政采购法、财政投资法和财政贷款法。财政拨款法是对政府的各项公共支出予以规范的法律，从内容上来说，在预算支出经人民代表机构审议时即已确定，但其运行程序仍需要相应的法律予以规定，以保证财政资金真正用于预算所确定的用途。政府采购法主要对采购主体、采购程序、采购合同、供应商、采购监管等内容予以规定，以提高财政资金的适用效率。我国已于 2002 年制定《政府采

---

① 刘剑文：《财税法：原理、案例与材料》，北京大学出版社 2013 年版，第 1 页。

购法》,并于2014年修订,国务院在2015年制定了《政府采购法实施条例》。财政投资和财政贷款不同于一般财政开支,因此应该制定专门的法律予以规范。

(五)财政监督法

财政监督法规范财政主体之间的财政监督关系,其内容涉及财政监督机构的设立、财政监督机关的职权、财政监督的方式等。从广义上来说,财政监督存在于财政运行的全过程,如人民代表机关对决预算的审议,人大代表和常委会组成人员对预决算的询问或质询,都体现了财政监督,但这些监督的内容通常在《预算法》已有明确规定。因此,此处的财政监督指的是狭义的财政监督,即国家专门审计机关的监督,相应的法律即为《审计法》。

二、财政法的渊源

财政法的实际存在表现为为数众多、形态各异的法律规范,借助法律渊源理论可以将这些纷乱芜杂的规范纳入统一的法律秩序中。财政法的渊源,也称作财政法的法源(sources of law),是指被承认具有法的效力、法的权威性的作为财政主体行为规范的准则或来源。前述财政法的体系是从学理角度根据内容对财政法的分类,而财政法的渊源则是根据法的效力来源对不同机构创制的有关财政内容的规范性法律文件的形式分类,主要是指法的实际存在方式或形态,通常根据效力等级来加以整理。

(一)财政宪法

宪法在一国法律体系中居于最高地位,是法律效力的终极来源。由于财政为庶政之母,财政事关国家与人民、立法与行政、中央与地方等重大事项,因此各国宪法中无不规定财政条款。英国自《大宪章》以来的宪政史,其主要发展线索就是国王与议会之间对征税权的反复争夺,议会征税权的确立是现代国家的一个显著标志。美国宪法制定中的一个焦点是通过确立联邦征税权来保证国家的强大和统一。后世的宪法在财政规定方面更加完善,如德国《基本法》第十章专章规定财政问题,第104a条规定联邦和各州的支出责任,第105条规定联邦和各州的税收立法权,第106条规定联邦和各州的税收分配,第107条规定各州之间的财政均衡等。除了宪法中的直接财政条款,其他如平等权、财产权等宪法基本权也与财政问题密切相关。

我国《宪法》中的直接财政条款主要有第56条"中华人民共和国公民有依照法律纳税的义务",第62条全国人民代表大会"审查和批准国家的预算和预算执行情况的报告",第67条全国人民代表大会常务委员会审查和批准"国家预算在执行过程中所必须作的部分调整方案",第89条国务院编制"国家预算",第117条"民族自治地方的自治机关有管理地方财政的自治权。凡是依照国家财政体制属于民族自治地方的财政收入,都应当由民族自治对方的自治机关自主地安排使用"。

(二)财政法律

财政法律,是指由全国人民代表大会和全国人民代表大会常务委员会制定的财政方面的法律。根据我国《立法法》的规定,有关财政的基本制度只能制定法律,税种的设立、税率的确定和税收征收管理等税收基本制度也只能制定法律，因此对财政和税收的基本制度由立法机关享有专属立法权。目前我国财政方面的法律主要有《预算法》《审计法》《企业所得税法》《个人所得税法》《车船税法》《环境保护税法》《税收征收管理法》等，与财政法定和税收法定的要求尚有一定的距离。

根据《立法法》第 9 条的规定，财政税收的基本制度尚未制定法律的，全国人民代表大会和全国人民代表大会常务委员会有权作出决定，授权国务院根据实际需要对其中的部分事项先制定行政法规。

（三）财政行政法规

行政法规是我国最高行政机关，即中央人民政府——国务院根据宪法和法律或者全国人大及其常委会的授权决定，依照法定权限和程序，制定的有关行政管理的规范性文件。根据《立法法》的规定，国务院为执行法律的规定以及在《宪法》第 89 条规定的国务院行政管理的职权范围内，享有制定行政法规的权力。财政税收涉及大量的行政活动，即使在立法机关已经制定法律的情况下，仍需国务院制定综合性的实施细则、实施条例和实施办法或者就某一制度制定专门规定，因此行政法规在我国财政法律规范体系中占有显著的地位。

（四）地方性财政法规、自治条例和单行条例

根据《立法法》第 72 条规定，省、自治区、直辖市的人民代表大会及其常务委员会根据本行政区域的具体情况和实际需要，在不同宪法、法律、行政法规相抵触的前提下，可以制定地方性法规，地方性法规当然包括财政方面的地方性法规。省、自治区、直辖市的立法机关除了行使《立法法》第 73 条第 1 项、第 2 项规定的立法权外，还可以对财政税收基本制度以外的财政事项，在国家尚未制定法律或行政法规的，根据本地方的具体情况和实际需要先行制定地方性法规。

经济特区所在地的省、市的人民代表大会及其常委会根据全国人民代表大会的授权决定，制定财政法规，在经济特区范围内实施。民族自治地方的人民代表大会有权依照当地的政治、经济和文化特点，制定自治条例和单行条例，其中也可以涉及财政税收方面的内容。而且法律规定，自治条例和单行条例可以依照当地民族的特点，对法律和行政法规的规定作出变通规定，但不得违背法律或者行政法规的基本原则。

（五）部门财政规章和地方财政规章

根据《立法法》的规定，国务院各部、委员会、中国人民银行、审计署和具有行政管理职能的直属机构，可以根据法律和国务院的行政法规、决定、命令，在本部门的权限范围内，制定规章。财政部作为主管全国财政事务的国务院组成部门，国家税务总局作为国务院主管税务的直属机构，有权制定财政税务方面的行政规章。在没有法律或者国务院行政法规、决定、命令的依据时，财政规章不得设定减损公民、法人和其他组织权利或者增加其义务的规范，不得增加本部门的权力或者减少本部门的法定职责。

省、自治区、直辖市和设区的市、自治州的人民政府，可以根据法律、行政法规、本

省、自治区、直辖市的地方性法规，制定财政规章。

（六）特别行政区的财政法律和其他规范性文件

根据宪法和特别行政区基本法，全国人民代表大会授权特别行政区依照基本法的规定实行高度自治，享有行政管理权、立法权、独立的司法权和终审权。特别行政区保持财政独立，特别行政区的财政收入全部用于自身需要，不上缴中央人民政府，中央也不在特别行政区征税。特别行政区的财政法律，包括特别行政区立法机构制定的法律和不与基本法相抵触的特别行政区原有法律，只是特别行政区的财政法律渊源，其效力不及于全国其他地区；全国性的财政法律、行政法规也不在特别行政区实施。

（七）国际（区际）财政协定

国际财政协定是指我国同外国（地区）缔结的双边和多边条约及协定等，用以调整我国与其他国家（地区）之间的财政税收关系。随着经济全球化的加速和我国对外开放的扩大，国际财政协定作为财政法渊源的地位日系显著。目前，国际财政协定主要体现在国际（区际）税收合作领域，经济合作与发展组织的《关于对所得和资本避免双重征税的协定范本》和联合国的《关于发达国家与发展中国家间避免双重征税的协定范本》虽为国际惯例，对任何国家（地区）都不具有法律约束力，但大多数国家（地区）在谈判和缔结双边税收协定时无不以此作为依据，截至 2017 年 10 月，我国已对外正式签署 103 个避免双重征税协定，其中 99 个协定已生效；和我国香港、澳门特别行政区签署了税收安排，与我国台湾地区签署了税收协议。此外，我国还签订了 3 个多边税收条约，即《多边税收征管互助公约》《金融账户涉税信息自动交换多边主管当局间协议》《实施税收协定相关措施以防止税基侵蚀和利润转移的多边公约》，其中《多边税收征管互助公约》已于 2017 年 1 月 1 日开始执行。

第三节　财政法的基本原则

财政法的基本原则是指为财政法律规则提供某种基础或本源的综合性的、指导性的原理或价值准则的一种法律规范。财政法基本原则不同于只适用于财政活动某一具体关系的法律原则，它调整的社会关系领域比较宽广，体现了财政法的基本精神和根本价值。对于财政法的基本原则，学者们根据各自的认识作了不同的概括，本教材拟根据财政和财政法与政治、经济和社会这三大系统的关系提炼出财政民主原则、财政法定原则、与社会主义市场经济兼容原则和社会团结原则。

一、财政民主原则

财政民主是现代民主政治在财政领域的体现，“民主原则要求，只有人民选举的、具有直接民主合法性的议会才能够对共同利益作出重大决定，特别是颁布普遍的、对公民具有约束力的行为规范”。[①] 国家财政收入来自人民，国家财政支出用于满足人民的共同需要，国家的财政管理活动是为了人民的共同利益，国家的财政活动对人民生活有重大影响，因此，人民对于重大财政事务，应当享有参与决定权。在民主政治下，人民行使权力的机构则为人民代表机构，因此财政民主通常表现为“财政议会中心主义”。各国宪法通常以议会的财政决定权来体现财政民主原则，如《日本国宪法》就“财政特设”一章，强力认可国会的监控权，其第83条规定：“处理国家财政之权限，必须基于国会的决议而行使之。”

我国《宪法》规定，中华人民共和国的一切权力属于人民，人民行使国家权力的机关是全国人民代表和地方各级人民代表大会。中华人民共和国全国人民代表大会是国家最高权力机关，它的常设机构是全国人民代表大会常务委员会。因此，在我国财政民主就体现为人民通过其代表机关对财政事务的最终决定权，这主要体现在以下几个方面：

1. 税收决定权。《立法法》规定“税种的设立、税率的确定和税收征收管理等税收基本制度”只能制定法律，《税收征收管理法》规定“税收的开征、停征以及减税、免税、退税、补税，依照法律的规定执行”。这些内容虽然规定在《立法法》和《税收征收管理法》中，但在功能上类似于《日本国宪法》第84条“新课租税或变更现行租税，须依法律或法律所定之条件”，体现了财政民主原则。

2. 预算的审批权。宪法规定全国人民代表大会审查和批准国家的预算和预算执行情况的报告。

3. 财政支出决定权。《预算法》规定“经人民代表大会批准的预算，非经法定程序，不得调整。各级政府、各部门、各单位的支出必须以经批准的预算为依据，未列入预算的不得支出”。

4. 财政监督权。《预算法》规定，全国人民代表大会及其常务委员会对中央和地方预算、决算进行监督。

5. 国债发行审批权。《预算法》规定，对中央一般公共预算中举借的债务实行余额管理，余额的规模不得超过全国人民代表大会批准的限额。

从以上规定可以看出，举凡财政事务的重大事项都必须有人民代表机构的批准或授权，这充分体现了财政的民主原则。同时我们也应该看到，在财政事务的某些领域，财政民主原则还有待落实，比如在规费征收方面，规费的设定和标准都是由行政审批，而非由人民代表机构决定。按其性质，规费虽有对待给付的属性，但绝非一般服务的价格，其本质是公共资金，应按照公共资金来加以规范，如日本《财政法》规定：“不仅是租税，中央政府以国家权力为基础而收缴的课征金，以及对法律上或事实上的国家垄断行业收缴的专卖价格或事业费等，都必须以法律或国会决议为依据。”为贯彻财政民主原

① [德]哈特穆特·毛雷尔：《行政法学总论》，高家伟译，法律出版社2000年版，第105页。

则,本书认为规费等其他财政等事项也应纳入法律之治。

二、财政法定原则

财政法定原则,是指重要财政事项只能由法律来规定,而且法律应当作出明确规定。财政法定原则是财政民主原则的具体表现和实现形式,财政民主原则强调人民通过其代表机构对财政事务的最终决定权,而财政法定则是对最终决定权的贯彻。对财政行为作出决定与保证财政行为的过程和结果与决定相一致是不同的任务,因此必须制定明确的财政法律规则规范政府的各项财政行为,从这一意义上来说,财政法定原则就是财政行为形式意义上的法治化,为此必须加强财政立法,缩减、控制授权立法。

我国由于长期行政主导的影响,财政立法相当薄弱,在财政收入领域只有6部,在财政管理领域只有2部,在财政支出法领域只有1部,许多重要法律如国债法、规费法、财政收支划分法、转移支付法等都付之阙如,其余大部分都是行政法规,有的甚至只是财政部或税务总局的规范性文件。可喜的是,自党的十八届三中全会提出"落实税收法定原则"以来,税收立法化的进程明显提速。2015年3月全国人大常委会法工委牵头起草的《贯彻落实税收法定原则的实施意见》经党中央审议通过,力争到2020年将国务院制定的税收条例全部上升为法律。同时,该实施意见还提出,待全部税收条例上升为法律或废止后,提请全国人民代表大会废止1985年制定的《关于授权国务院在经济体制改革和对外开放方面可以制定暂行的规定或者条例的决定》。2015年新修订的《立法法》规范了授权立法,第10条中规定:"授权决定应当明确授权的目的、事项、范围、期限以及被授权机关实施授权决定应当遵循的原则等。授权的期限不得超过五年,但是授权决定另有规定的除外。"第12条规定:"被授权机关应当严格按照授权决定行使被授予的权力。被授权机关不得将被授予的权力转手给其他机关。"这些进步无疑将对财政法定的实现起到巨大的推动作用。

三、市场经济兼容原则

政府收入的规模、获取收入的方式以及支出的范围和方向对市场主体的经济活动具有强烈的影响,早在100多年前美国最高法院的一项判决就充分揭示了这一点:"征税权是一种支撑国家组织的巨大力量。它对一个国家的存在和繁荣的必要性,犹如一个人需要呼吸空气一样。它不仅是毁灭的力量,也是生存的力量。"[①]19世纪世界主要国家的财政收入不足国民收入的10%,因此征税是主要影响因素,而20世纪尤其是第二次世界大战以来,各主要国家的财政收入高达国民收入的30%以上,因此财政支出的力量同样日益显著。国家对人民征税的前提是人民能够创造出可供征税的财富,而人民创造财富的能力依赖于良好的经济体制。改革开放以来,我国进行市场化改革,特

① [美]哈维·S.罗森、特德·盖亚:《财政学》(第10版),郭庆旺译,中国人民大学出版社2015年版,第246页。

别是党的十四大确立了社会主义市场经济体制，为经济的持续增长奠定了坚实的体制基础，2017 年全国财政收入 17.25 万亿元，比 1978 年的 1132 亿元增长了 150 余倍，年均增长 20%，成为紧随美国之后全球第二大财政收入经济体，充分显示出市场经济体制对国家财政活动的支撑力量，可以说，选择市场经济体制是我国改革开放中最重要的政策决定之一。为此，党的十八届三中全会提出“使市场在资源配置中起决定性作用”的论断，表明了坚持市场化改革的正确方向。要健全社会主义市场经济体制，就必须遵循市场决定资源配置这一市场经济的一般规律，而财政法治建设也必须与社会主义市场经济体制相适应，以便更好地发挥政府作用。

我国财政法中目前还存在一些与市场经济要求不一致的地方，政府的财政职能“缺位”和“越位”并存。在财政收入方面，长期以来财政增收速度远远高于国民生产总值的增长率，导致在国民收入分配格局中，居民部门收入占比与多数国家相比处于较低水平，而政府收入占比日益提高。过重的财政负担增加了市场主体的经营成本，抑制市场活力的焕发。在财政支出方面，财政支出结构中公共产品和公共服务的比重过低，没有发挥财政弥补市场失灵应有的功能，而大量的公共资金用于投资，导致权力寻租的现象，扰乱了市场经济的公平竞争秩序，破坏了市场经济的正常运行。

鉴于健全社会主义市场经济体制，使市场在资源配置中起决定性作用是我们今后全面深化改革中必须长期坚持的基本政策，因此在财税法的研究、制定和实施中，充分考虑市场经济这一面向，提出市场经济兼容原则作为财政法的基本原则是有充分根据的。

四、社会团结原则

财政法的社会团结原则，是指财政法通过政治体系从经济体系获取资金以保障社会体系的安全与和谐的原则。人类以国家为单位的共同生活可分为政治体系、经济体系和社会体系三个子系统，在市场经济、工业革命之前的传统社会中，这三个体系是一体化的、紧密结合的，如国王或封建领主通过控制土地和人力来行使统治权，土地、人力等经济资源直接置于政治权力的支配之下，特定地域的人以家族、村社、庄园为单位，以血缘、地缘为联系形成共同生产、互相协助的共同体，经济活动是在共同体内部完成的，或者如学者们所称的，经济生活“嵌入”在社会之中。随着生产力的发展、市场经济的诞生、工业革命的出现，人类生活中的这三个体系逐渐彼此分离，首先是人从身份等级社会的束缚中分离出来，成为独立的、平等的人；其次是土地、人力从政治权力控制下分离出来，变成了经济活动中土地、劳动力等生产要素，从而形成以交换为基础的市场经济。在市场经济成立的社会中，依然存在非市场性的人际关系，即基于血缘、地缘、友情等情感纽带的家庭、社区、朋友等共同体性人际关系，这种共同体性的人际关系就是社会体系。共同体性人际关系不同于市场中的交换关系，它是以无私的或互惠利他的无偿服务为基础，如家庭内部夫妻、父母子女之间的彼此照顾。随着社会变迁的加速，市场经济越发达，越是把共同体性的非市场人际关系变为市场人际关系，如家庭的生产功能瓦解，日益变成一个消费单元。共同体的经济功能日渐萎缩，但共同体的社会功能，如养育、生存照顾等功能依然是整个社会的基础，共同体内部的活动虽然是无偿的，但只有共同体从外部获得必要的资源后这种内部无偿活动才能进行。然而市场体系按照有偿原则运行，如果共同体不能向市场提供生产要素，就无法从市场获得使共同体维持下去的必要资源，这种情况下只有通过政治体系为共同体提供保障，政治体系提供保障的手段和基础就是公共财政。因此，政治体系通过财政这一纽带把社会的三大体系统合起来，把全体社会成员通过公共服务的纽带凝聚成一个大共同体，以实现社会团结。① 在我国未来少子化、老龄化的社会结构中，财政的社会团结功能将更为重要。

社会团结原则对财政法提出如下任务：

1. 生存权保障。国家税法制定，无论是直接税还是间接税，课税均不得触及最低生活水平线，以保证社会成员的尊严与生存。

2. 以经济能力为基础的平等课税。财政法应当按照宪法规定的平等原则在全体公民之间公平地分配税收负担，但这一公平并不是按人平均，而是按照人的经济能力分配，因此累进的所得税、财产税、遗产税等并不违反平等课税原则。

3. 逐步提高直接税的比重，充分发挥税法的再分配功能。

4. 公共服务的均等化。公民既是私人产品的消费者，也是公共产品的消费者，两种产品的消费共同决定公民的福利水平。随着经济社会发展，公共产品在消费总额中的比重日益提高，因此通过财政转移支付制度，向全国经济发展水平不同因而私人产品消费水平差异较大的地区提供均等化的公共服务，有助于弥合不同地区的经济差距，有效实现社会整合。

5. 婚姻家庭保护。家庭是社会体系的基础，经济体系的扩大引发社会体系的衰败，因此政治体系有必要通过财政法修复社会体系，巩固婚姻家庭的经济基础。

思考题

- 如何理解财政学在近代国家治理中的意义？
- 如何构建合理的财政法体系？
- 财政法的社会团结原则在现代工商业社会中有什么重要意义？
- 国家组织财政收入的方式对社会经济活动有什么影响？

---

① 本节关于社会团结原则的论述深受日本财政学家神野直彦的启示，有兴趣者可参见[日]神野直彦：《财政学——财政现象的实体化分析》，彭曦等译，南京大学出版社2012年版，第2章、第19章。

同步习题

1. 现代国家的财政职能,包括下列哪几项?(　　)

A. 资源配置　　B. 社会分配

C. 经济稳定　　D. 经济管制

【答案】ABC

【解析】通说认为现代国家财政职能包括资源配置、社会分配和经济稳定,这些政策目标都是通过预算、税收、支出等手段而实现,因此统称为财政职能。经济管制虽然也是国家作用于市场的方式,但主要通过对价格、市场进入和退出条件、特殊行业服务标准的控制而实现,并不借助于税收等措施,因此经济管制虽可称为国家的经济职能,但不是财政职能。

2. 财政学中"社会政策学派"的创立者是(　　)。

A. 亚当·斯密　　B. 约翰·穆勒

C. 瓦格纳　　D. 凯恩斯

【答案】C

【解析】这四位财政哲人都是对世界财政学和公共政策产生重大影响的人物。斯密的财政哲学通常被概括为"资源配置职能"。穆勒区分政府的"必要"职能和"最佳"职能,主张实现财富的公平分配,特别是通过继承税和赠与税来降低富人的后代自动成为富人的可能性,以实现机会平等。穆勒的观点已经向着瓦格纳的观点迈进,但尚未达到以社会分配为主要任务的程度。瓦格纳秉持德国人的政府哲学,不同意斯密和休谟"政府以个体为基础"的盎格鲁-撒克逊思想,认为政府不仅负有保护个体的责任,更是"社会生活的最基本条件和高级形式",因而更加重视政府通过社会分配以实现社会团结的积极职能,就此而言,"社会政策学派"是对瓦格纳学说的恰当概括。凯恩斯的财政学主张通常称为"经济稳定职能"。

3. 我国《立法法》第8条专属立法权规定中涉及财税法的内容有哪些?

【答案】《立法法》第8条规定:"下列事项只能制定法律……(六)税种的设立、税率的确定和税收征收管理等税收基本制度……(九)基本经济制度以及财政、海关、金融和外贸的基本制度。……"

【解析】我国《立法法》第8条规定了11项由全国人大及其常委会专属立法的事项,其中关于税收基本制度和财政基本制度的规定,体现了税收法定原则和财政法定原则。

参考阅读

1. [英]亚当·斯密:《国富论》,郭大力、王亚南译,商务印书馆2015年版,第五编"论君主或国家的收入"。

2. [美]理查德·A. 马斯格雷夫、艾伦·T. 皮考克主编:《财政理论史上的经典文献》,刘守刚、王晓丹译,上海财经大学出版社 2015 年版。

3. [日]神野直彦:《财政学——财政现象的实体化分析》,彭曦等译,南京大学出版社 2012 年版。

法规链接

1.《宪法》

2.《预算法》

第二章 预 算 法

内容简介

预算法是财政法研习的重点领域,是关涉有限财政资源合理用度的制度载体。本章以预算法作为学习对象,涉及财政预算制度发展脉络的梳理,财政预算编制在层级政府之间的分工,权力机关行使预算审批权力极力促成预算草案的审批通过,预算执行机构对业已通过审批的财政预算付诸实践等理论与实现问题。本章的难点在于理解预算权力在行政机关、权力机关之间的分配与平衡,在此基础上进一步感知《预算法》条文背后所蕴含的"控权"与"限权"精神。

第一节 预算法概述

一、财政预算概述及立法规制现状

(一)财政预算概述

财政预算(以下简称预算),是政府按照法律规定的程序编制,由全国或地方人民代表大会审查和批准的政府年度财政收支计划。财政预算不仅是政府筹集与分配有限财政资金的重要工具,还是贯彻宏观调控政策的核心渠道,在一定程度上反映出政府财政活动的程度与范围,因而是"政府行动的数字轨迹"。

我们可以从形式与内容两个维度考察预算。在形式维度上,将某一财政年度政府财政收入与支出无一遗漏地汇总在特定的预算表格中,反映出政府财政收支情况,使社会公众能够较清晰地掌握政府财政活动的基本情况;而在内容维度上,预算又被划分为编制、执行以及决算三个阶段。编制预算是计划与安排下一财政年度财政收支;执行预算则是将已经确定的财政收支计划落到实处;而决算则是将预算执行的情况加以归纳和总结。由此可见,预算不但发挥政府财政活动的"会计报表"的作用,还在一定程度上折射出政府活动范围、程度、政策的基本走向。

(二)财政预算发展历史

尽管当下预算已为世界各国所广泛认可并使用,但其并非是固有概念,而是社会发展的产物。在封建社会时期,拥有至高无上权力的统治者可以任意支配财政收入。由于挥霍无度,财政入不敷出的境况经常出现。事实上,国家并非生产性机构,其收入主要源于税收,贸然加税只会招致社会负面情绪的激增。因此,封建统治者将向新兴资产阶级举债视为弥补财政亏空的重要渠道。尽管作为国家债权人的新兴资产阶级所积累的财富日渐丰裕,但其政治地位却始终难以得到提升。为了限制和打压封建统治阶级,扭转局面,新兴资产阶级提出政府的财政收支应当编制透明公开的收支计划。随着封建统治阶级的财政权力受限,新兴资产阶级的政治利益逐渐得到实现。这一时期的政府收支计划是预算的"雏形"。

新兴资产阶级为了实现私人资本的原始积累,防止封建统治阶级过分地妨碍经济自由发展,将议会机构改造成国家财政收支的控制性装置。具体而言:议会审议批准的政府的年度财政收支计划,囊括了财政收入的取得与额度、财政支出方向、与财政收支有关的法律责任。一旦该项计划在议会通过,便产生法律拘束力。此种财政收支计划便是早期的国家预算。英国于17世纪开创设财政收支计划的先河,其他国家逐渐效仿。

英国的预算制度是逐渐形成的。英国正式预算文件出现于1789年。当时的首相威廉·皮特将全部财政收支统一在一个文件中提请议会审议。实际上有正式预算文件并不代表预算制度已经形成。事实上,英国按年度编制和批准预算的制度确立于19世纪初,其具体内容包括:预算编制是由政府财政大臣负责,在固定时间向议会提交财政收支"一揽子"文件;预算审批是由议会负责,审查具体财政收支的合法性;预算监督是由审计部负责,监督政府是否妥善地完成预算所设定的任务。与英国相比,其他资本主义国家预算制度发展相对迟缓。法国直到1817年,在《人权宣言》中对预算做了简短规定,即由立法机关管理和分配政府运行经费。1908年美国纽约市政府编制出了第一份现代意义上的预算,到1919年,美国44个州通过了《预算法》。1921年《预算与会计法》的通过标志着现代预算制度在美国建立。

(三)财政预算的立法规制

通常情况下,世界各国在普遍认可和接受预算制度后,将其以法律形式予以固定,创设出与预算相关的法律规范。具体而言,这些法律规范的外在表现形式无外两种:一是直接在一国宪法中将预算原则、编制、执行、监督等内容加以明确,二是制定专门调整与规制预算的部门法。德国预算法律规制是将上述两种方式相结合,既在具有宪法意义的德国《基本法》对预算原则加以规定,又专门制定了《联邦和州预算法原则法》以及《联邦预算法》。日本有关预算的法律规制模式基本与德国相同,在《日本国宪法》《财政法》《地方财政法》均对预算有相应的规定。美国则是选择制定专门调整和规制预算的部门法,包括了《国会预算法》《预算与会计法》《国会预算和拨款扣押控制法》《平衡预算和紧急赤字控制法》。

我国历来重视财政预算立法工作,先后四次修改预算法律法规,最终形成了现有的预算法律规范。1951年,政务院颁布了《预算决算暂行条例》,该条例沿用了40年之久;1991年10月,国务院发布了《国家预算管理条例》;1994年3月第八届全国人大通过《预算法》,该法是中华人民共和国的第一部规制预算的法律;1995年11月,国务院发布施行《预算法实施条例》。《预算法》的颁布与实施不但满足了从计划经济向市场经济转轨的需要,还在一定程度上强化了财政资金运行效率,保障了财政资金的安全。随着社会经济的发展、人民群众权利意思的不断增强,《预算法》已难以满足财政管理的需要,出现了一些亟待修复的问题,如大量存在的预算外资金如何妥当安置、预算审批的虚化、预算编制与执行透明度有限等。上述问题的出现限制了《预算法》功能的发挥,该法亟待修改。

对1994年《预算法》的修改可谓"十年磨一剑"。2004年起将《预算法》修改列入议事日程,直到2014年8月31日全国人大常委会表决通过《预算法修正案》,标志着《预算法》修改正式告一段落。其中,党的十八届三中全会后,预算体制改革成为财税体制改革的重点领域,为加速《预算法》修改提供了动力。2014年《预算法》有许多值得肯定之处,例如更新了立法理念,强化了预算编制、审批、执行的程序管理、增加和完善了地方发行债券、预算公开透明、国库集中支付、财政违法行为的法律责任等内容。上述内容对管控政府权力运行范围、保障有限财政资金安全有极为深远的意义。

值得强调是的,《预算法》立法理念由"政府管理的工具"逐渐向"管理政府的工具"转变。1994年《预算法》第1条规定:"为了强化预算的分配和监督职能,健全国家对预算的管理,加强国家宏观调控,保障经济和社会的健康发展,根据宪法,制定本法。"此种立法理念侧重于将财政预算表达为政府管理有限财政资源、进行宏观调控的重要途径,而忽视了《预算法》自身所携带的控权与限权的本性。2014年《预算法》第1条规定:"为了规范政府收支行为,强化预算约束,加强对预算的管理和监督,建立健全全面规范、公开透明的预算制度,保障经济社会的健康发展,根据宪法,制定本法。"此种立法理念的表述预示着,财政预算已不是政府宏观调控的工具,而是人民监督政府财政运作的显示器。这一修改表明了我国财政法的巨大进步,为《预算法》具体内容的修改奠定了坚实的总基调。

二、预算制度的原则

预算原则,是指在预算编制、批准、执行和监督过程中必须遵守的基本准则。20世纪以前,由于各国普遍信奉古典经济学及其预算平衡理论,所以在编制政府财政预算时,一般遵循以下五个主要原则:完整性、年度性、统一性、可靠性和公开性。在财政学理论中,这些原则被称为"传统预算原则"。垄断资本主义形成后,特别是20世纪30年代资本主义经济大危机后,凯恩斯主义风行西方各国。为了加强政府行政机构应付危机、治理经济的财政权,加强政府在预算问题上的主动性,预算原则有所修改和补充。总的精神是,加强政府的财政权,缩小国会的权力。它一方面反映了垄断资产阶级加强对财政的控制,另一方面也反映了20世纪30年代以来资本主义国家充分运用财政作为调节经济的手段。例如,日本有关财政立法中规定的四条原则是预算的事前议论原则、总计主义原则、公开性原则和分类原则。在法国预算立法中,也规定了年度性、完整性、包括性和实行专款专用原则。

虽然西方国家预算原则是随着资本主义政治和经济的发展,根据各国的国情而提出来的对预算加强管理的一种方法,但是这里面也包含了许多对国家财政活动内在规律性的认识,对预算活动的进行的确有较好的指导作用,因此可以为我国所借鉴。概括而言,预算活动主要应遵循以下原则:

(一)预算民主原则

预算民主原则,是指政府所编制的预算应当接受立法机关的审查与批准,将人民的意愿和利益诉求在财政预算予以表现。我国《预算法》第13条规定,“经人民代表大会批准的预算,非经法定程序,不得调整。各级政府、各部门、各单位的支出必须以经批准的预算为依据,未列入预算的不得支出”。政府所编制的预算之所必须接受立法机关的审查与批准,其根本原因在于立法机关是人民利益的代表机关,经过其审查批准的预算实质与人民集体同意是一致的。此乃《预算法》第13条形成的法理依据。素有政府“钱袋子”之称的财政预算的基本功能不仅在于健全政府对有限财政收支的管理,还在于实现社会公众参与政府财政运作,行使决定权与监督权。没有取得代议机构审批的预算,既不会对社会公众发生法律效力,也不会产生代议机关授权的效果。

(二)预算公开原则

预算公开原则,是指权力机关对政府所提交涵盖某一财政年度所有财政收入与支出的预算文件予以审查之后,应当按照一定程序向社会公众公布,以提高全社会对政府预算收支活动的监督力度。“阳光是最好的防腐剂”,一方面,社会公众在充分掌握预算收支信息的前提下,才能较好地行使监督权;另一方面,预算公开迫使政府机构在财政收支方面尽心尽力。《预算法》第1条为预算公开指明了方向,要求“建立健全全面规范、公开透明的预算制度”。同时《预算法》第14条将第1条的指导方向予以细化:“经本级人民代表大会或者本级人民代表大会常务委员会批准的预算、预算调整、决算、预算执行情况的报告及报表,应当在批准后二十日内由本级政府财政部门向社会公开,并对本级政府财政转移支付安排、执行的情况以及举借债务的情况等重要事项作出说明。经本级政府财政部门批复的部门预算、决算及报表,应当在批复后二十日内由各部门向社会公开,并对部门预算、决算中机关运行经费的安排、使用情况等重要事项作出说明。各级政府、各部门、各单位应当将政府采购的情况及时向社会公开。本条前三款规定的公开事项,涉及国家秘密的除外。”

(三)预算完整原则

预算完整原则,是指政府所编制的预算文件应当涵盖所有财政收入与支出,反映全部财政行为。此原则要求政府既不能有预算之外的财政收支,也不能出现预算文件以外的财政活动。《预算法》第4条规定:“预算由预算收入和预算支出组成。政府的全部收入和支出都应当纳入预算。”

我国曾经出现过大量有利于政府预算之外的财政收支,其一般不出现在政府预算文件之中,更不会接受立法机关的审查监督,成为政府自由资金,对经济政策的贯彻和中央宏观调控产生负面影响。2011 年财政部取消预算外收支,初步实现了政府预算的完整性。随着复式预算逐步建立,预算外收支渐次地被吸纳到除一般公共预算之外的其他预算系统之中。尽管《预算法》第 4 条提出在预算中应当无一遗漏地列明所有预算收支,但是仍需要其他财政管理制度的配合与协调。

(四)预算统一原则

预算统一原则实质各级政府预算均应按照统一的财政收支分类、政府收支科目、收支预算方法进行编制,以实现预算文件内容的协调。我国《预算法》第 32 条中规定:“各部门、各单位应当按照国务院财政部门制定的政府收支分类科目、预算支出标准和要求,以及绩效目标管理等预算编制规定,根据其依法履行职能和事业发展的需要以及存量资产情况,编制本部门、本单位预算草案。”此项规定就是预算统一原则的具体化。此外,预算收支应该体现总额主义,而不是净额主义,不允许预算单位坐收坐支,这也应是基本的资金核算方法,以保证政府预算口径的统一性。

(五)预算年度性原则

预算年度性原则,是指国家预算必须按预算年度编制,不应把本预算年度以外的财政收入列入本年度预算中。预算年度,又称财政年度或会计年度,是国家预算收支的起止期限,通常为 1 年。世界各国采取的预算年度有历年制和跨年制两种。我国和大多数国家都采用历年制,即预算年度始于公历 1 月 1 日,止于 12 月 31 日。有些国家采用跨年制,如日本的预算年度是从当年 4 月 1 日起至次年 3 月 31 日止。年度性原则的意义在于跟政府的施政计划保持一致,便于根据项目安排资金,也便于监督和问责。不过,随着预算管理技术的进步,周期预算或滚动预算的理念开始出现。中共中央十八届三中全会《中共中央关于全面深化改革若干重大问题的决定》就要求,要建立跨年度预算平衡机制,《预算法》修改后也增加了这个要求。① 尽管如此,跨年度预算只是年度预算的滚动,它需要以年度预算作为基础,因此,年度性原则仍可成为预算的一般性要求。

三、财政预算的具体类型

(一)中央预算和地方预算

中央预算与地方预算的类型划分是“一级政府,一级预算”原则的具体实现方式。中央预算是中央政府在某一财政年度的收支计划,一经最高权力机关批准,对中央政府的财政收支行为产生法律效力;地方预算是地方政府在某一财政年度的财政收支计划,一经本级权力机关批准,对地方政府的财政收支行为产生法律效力。转移支付是中央预算和地方预算的连接点,对中央政府来说是预算支出,但对地方政府来说则是预算收入。

---

① 《预算法》第 12 条第 2 款规定:“各级政府应当建立跨年度预算平衡机制。”第 32 条第 1 款继而规定:“各级预算应当根据年度经济社会发展目标、国家宏观调控总体要求和跨年度预算平衡的需要,参考上一年预算执行情况、有关支出绩效评价结果和本年度收支预测,按照规定程序征求各方面意见后,进行编制。”

值得注意的是,我国《宪法》第 62 条规定,全国人大审查和批准国家的预算和预算执行情况的报告。此处的"国家的预算"不是简单等同于中央预算,而是中央预算与地方预算汇总的结果。不过,全国人大审批地方预算与"一级政府,一级预算"原则不一致,因此,取消了国家预算。目前的要求是,财政部汇总各地预算草案,编制地方总预算,报全国人大审议,而不是审批。不过,这仅仅是针对一般公共预算而言,对政府性基金预算和社会保险基金预算,仍然存在汇总地方预算与中央预算,形成全国总预算后报全国人大审批的情况。这方面的内容有待国务院进一步明确和完善。

(二)单式预算和复式预算

单式预算,是指将政府在一个财政年度内的全部财政收支汇编于单一格式的总预算表内,而不区分各项财政收支的经济性质。复式预算,是指国家将本年度内的全部预算收支按照经济性质划分,分别编成两个或两个以上的预算。单式预算的优点在于具有很强的宏观性,便于编制,其缺点在于很难判断预算执行效果。复式预算的优点在于在详细的预算列表中清晰地展现出政府对有限财政资金的使用绩效,其缺点在于由于所列数据相对复杂,而权力机关与社会公众缺乏相应的专业知识,对其监督相对有限。

依据《预算法》的相关规定,我国政府预算属于复式预算。《预算法》第 5 条规定,预算包括一般公共预算、政府性基金预算、国有资本经营预算、社会保障基金预算。一般公共预算、政府性基金预算、国有资本经营预算、社会保险基金预算应当保持完整、独立。政府性基金预算、国有资本经营预算、社会保险基金预算应当与一般公共预算相衔接。对于我国所推行的复式预算仍有很多争议,一方面,复式预算类型划分的标准尚付阙如;另一方面,国有资本经营收益是否有必要单列预算,社会保险资金是否属于完全意义上的财政资金等还存在争议。上述争议为《预算法》进一步修改与完善留下了空间。

(三)政府预算、部门预算与单位预算

政府预算是一个相对抽象的概念,而其具象化则是由政府各部门(含直属单位)的预算聚合而成。部门预算则是由本部门及所属单位的预算组成的。由此可见,政府预算是部门预算和单位预算的上位概念,后者是前者的子集。

政府预算的范围直接关系权力机关监督效能的提升。如果政府预算能与部门预算和单位预算完全等同,那么权力机关的审查批准范围及于政府所有资金运作环节。如果政府预算不能与部门预算和单位预算完全等同,权力机关的审查批准将会受到影响。预算外资金的存在与否直接关系权力机关审查批准的范围与监督效能。由于财政政策与财政改革的推行,"部门预算"的范围包括了该部门所能掌控的全部资金,预算内外的资金均在其列。但是政府预算的范围仅限于预算内的财政资金。由此造成,本应是政府预算资金的子集的部门预算,其范围要大于政府预算。随着预算外资金被废除,这一问题基本解决。

在《预算法》范畴内需要继续思考,部门预算与单位预算是否能够成为法律概念,其法律效力状态如何的问题。部门预算是否还有必要报送权力机关审议;如果部门预算之和就等于政府预算,将来是否有可能推行按部门预算分项审批,以增加预算审批的灵活性;等等。

第二节 预算管理职权

由于政府预算涉及主体较为广泛,不同主体享有内容不同的预算管理职权,其核心在于处理权力机关与行政机关预算权力运行边界与互动。预算管理职权主要涉及两方面的问题:一是在政府预算编制、审查批准、执行、监督过程中权力机关与行政机关的权力分配问题;二是与预算管理相关的职权在权力机关与行政机关如何具体配置的问题。

一、各级权力机关的预算管理职权

(一)全国人大及其常委会的预算管理职权

全国人民代表大会是我国最高权力机关,对政府预算的管理与监督是其基本职权之一。根据《预算法》第20条第1项的规定,全国人民代表大会的预算管理职权主要有:(1)审查中央和地方预算草案及中央和地方预算执行情况的报告;(2)批准中央和中央预算执行情况的报告;(3)改变或者撤销全国人大常委会关于预算、决算的不适当的决议。

根据《预算法》第20条第2项的规定,全国人大常委会的预算管理职权主要有:(1)监督中央和地方预算的执行;(2)审查和批准中央预算的调整方案,审查和批准中央决算;(3)撤销国务院制定的同宪法、法律相抵触的关于预算、决算的行政法规、决定和命令,撤销省、自治区、直辖市人大及其常委会制定的同宪法、法律和行政法规相抵触的关于预算、决算的地方性法规的决议。

权力机关能否对行政机关所提交的预算草案进行修正一直存在争议,从现有的预算法律规则角度看,赋予权力机关预算草案审查权也就意味着赋予其预算草案修正权。

(二)各级人大及其常委会的预算管理职权

地方权力机关是地方各级人大及其常委会,其有权对地方政府预算进行管理。依据《预算法》第21条的规定,县级以上地方各级人大的预算管理职权主要有:(1)审查本级总预算草案及本级总预算执行情况的报告;(2)批准本级预算和本级预算执行情况报告;(3)改变或者撤销本级人大常委会关于预算、决算的不适当的决议,撤销本级政府关于预算、决算不适当的决定和命令。

县级以上地方各级人大常委会的预算管理职权主要有:(1)监督本级总预算的执行;(2)审查和批准本级预算的调整方案,审查和批准本级政府决算;(3)撤销本级政府和下一级人大及其常委会关于预算、决算的不适当的决定、命令和决议。

此外,根据我国《宪法》的规定,乡、民族乡、镇一级人大不设立常委会,其预算管理职权由乡、民族乡、镇人大直接行使。因此,按《预算法》的规定设立预算的乡、民族乡、镇人大的预算管理职权有:(1)审查和批准本级预算和本级预算执行情况的报告,审查和批准本级预算的调整方案,审查和批准本级决算;(2)监督本级预算的执行;(3)撤销本级政府关于预算、决算不适当的决定和命令。

二、各级行政机关的预算管理职权

依照《宪法》的规定,国务院是我国最高行政机关,是全国人民代表大会及其常务委员会的执行机关;地方各级政府则是地方各级人民代表大会及其常务委员会的执行机关。一方面,各级行政机关直接向本级人民代表大会及其常务委员会负责;另一方面,各级行政机关直接向本级人民代表大会及其常务委员会报告工作。合理明确地规定各级行政机关的预算管理职权,不仅有助于《预算法》的实施,还有助于已经各级权力机关批准的预算有效执行。

(一)国务院的预算管理职权

依据《预算法》第23条的规定,国务院的预算管理职权主要包括:(1)编制中央预算、决算草案、编制中央预算调整方案;(2)向全国人大作关于中央和地方预算草案的报告,将省、自治区、直辖市政府报送备案的预算汇总后报全国人大常委会备案,向全国人大、全国人大常委会报告中央和地方预算的执行情况;(3)组织中央和地方预算的执行;(4)决定中央预算预备费的动用;(5)监督中央各部门和地方政府的预算执行;(6)改变或撤销中央各部门和地方政府关于预算、决算的不适当的决定和命令。

(二)县级以上地方各级政府的预算管理职权

依据《预算法》第24条第1款的规定,县级以上地方各级政府的预算管理职权主要有:(1)编制本级预算、决算草案,编制本级预算的调整方案;(2)向本级人大作关于本级总预算草案的报告,将下一级政府报送备案的预算汇总后报本级人大常委会备案,向本级人大、本级人大常委会报告本级总预算的执行情况;(3)组织本级总预算的执行;(4)决定本级预算预备费的动用;(5)监督本级政府各部门和下级政府的预算执行;(6)改变或者撤销本级各部门和下级政府关于预算、决算的不适当的决定、命令。

(三)乡级政府的预算管理职权

作为最基层的行政机关的乡级政府,《预算法》同样赋予了一定的预算管理职权。依据《预算法》第24条第2款的规定,主要负责编制本级预算、决算草案;向本级人大作关于本级预算草案的报告;组织本级预算的执行;决定本级预算预备费的动用;编制本级预算的调整方案;向本级人大报告本级预算的执行情况。

由于乡镇财政存在一定的特殊性,《预算法》在肯定乡级预算的独立性的前提下,规定可以由上一级政府代为编制预算草案、预算调整方案、决算草案。《预算法》第24条第3款规定,经省、自治区、直辖市政府批准,乡、民族乡、镇本级预算草案、预算调整方案、决算草案,可以由上一级政府代编,并依照本法第21条的规定报乡、民族乡、镇的人民代表大会审查和批准。

三、各级财政部门的预算管理职权

（一）国务院财政部门的预算管理职权

代表国务院行使财政职能的机构主要是国务院财政部门。根据《预算法》第 25 条第 1 款规定，国务院财政部门的预算管理职权包括：（1）具体编制中央预算、决算草案，具体编制中央预算的调整方案；（2）具体组织中央和地方预算的执行；（3）提出中央预算费用的动用方案；（4）定期向国务院报告中央和地方预算的执行情况。

（二）地方各级政府财政部门的预算管理职权

代表政府具体行使财政管理职能的机构是地方各级政府财政部门。根据《预算法》第 25 条第 2 款规定，地方各级政府财政部门的预算管理职权包括：（1）具体负责本级预算、决算草案的编制，具体编制本级预算的调整方案；（2）具体组织本级总预算的执行；（3）提出本级预算费动用方案；（4）定期向本级政府和上一级政府财政部门报告本级总预算的执行情况。

四、部门、单位的预算管理职权

政府预算的具体执行是由各部门、各单位完成的。因此，预算执行的成效依赖于部门、单位预算管理的良莠。加强部门、单位的预算管理的法治化建设，不但有利于科学合理地执行预算，还有助于提升预算执行的绩效。根据《预算法》第 26 条的规定，部门、单位的预算管理职权包括：（1）各部门负责编制本部门预算、决算草案；组织和监督本部门预算的执行；定期向本级财政部门报告预算的执行情况。（2）各单位负责编制本单位的预算、决算草案；按照国家规定及时足额上缴预算收入，合理安排支出，并接受国家有关部门的监督检查。

第三节　预算编制程序

根据第二节的内容可知，我国预算管理权力的基本格局是行政机关负责预算编制、执行，立法机关负责预算的审查批准、监督。由此可见，预算编制是行政机关的职责所在，各级财政部门是预算编制的操作性机构。预算编制既是行政机关的权力，同时也是一项不可推卸的责任，意味着预算编制中不仅要体现责任政府的基本要求，还应当贯彻财政民主原则。

预算编制大致包括如下内容：其一，科学合理地界定政府收支范围与科目设置；其二，借助法律规则的权威性确定预算编制的基本依据；其三，按照《预算法》所确定的程序编制出预算草案，提交立法机关审查批准。

一、预算收支范围

《预算法》第 4 条规定，政府的全部收入和支出都应当纳入预算。这一规定构成了财政学意义上的全口径预算。同时《预算法》第 5 条规定，预算包括一般公共预算、政府性基金预算、国有资本经营预算、社会保险基金预算。预算类型不同其收支范围有明显差异。值得注意的是，四类预算的收支范围在《预算法》中规范程度有明显的差异，《预算法》对于一般公共预算的收支范围有明确的规定，而对于政府性基金预算、国有资本经营预算、社会保险基金预算的收支范围，则交由法律、行政法规和国务院的规定执行。

（一）一般公共预算

《预算法》第6条中规定："一般公共预算是对以税收为主体的财政收入，安排用于保障和改善民生、推动经济社会发展、维护国家安全、维持国家机构正常运转等方面的收支预算。"此条文意在表明一般公共预算收支范围的大致方向，解决钱从何而来，钱用到何处去的问题。一方面表明一般公共预算收入的来源主要依靠税收收入，另一方面表明一般公共预算的支出方向主要包括了民生、经济发展、国家安全、国家机构运转等基础事项。

具体而言，纳入一般公共预算的收入包括了六大类型，即各项税收收入、行政事业性收费收入、国有资源（资产）有偿使用收入、转移性收入和其他收入。一般公共预算的支出有功能性分类和经济性分类两种类型。前者包含了一般公共服务支出，外交、公共安全、国防支出，农业、环境保护支出，教育、科技、文化、卫生、体育支出，社会保障及就业支出和其他支出；而后者则包括工资福利支出、商品和服务支出、资本性支出和其他支出。

此外，由于我国实行分税财政体制，因此有中央一般公共预算与地方各级一般公共预算之分。根据《预算法》第6条第2款、第3款的规定，中央一般公共预算包括中央各部门、各直属单位的预算和中央对地方的税收返还、转移支付预算。中央一般公共预算收入包括中央本级收入和地方向中央的上解收入。中央一般公共预算支出包括中央本级支出、中央对地方的税收返还和转移支付。根据《预算法》第7条的规定，地方各级一般公共预算包括本级各部门、各直属单位的预算和税收返还、转移支付预算。地方各级一般公共预算收入包括地方本级收入、上级政府对本级政府的税收返还和转移支付、下级政府的上解收入。地方各级一般公共预算支出包括地方本级支出、对上级政府的上解支出、对下级政府的税收返还和转移支付。

（二）政府性基金预算

根据《预算法》第9条第1款的规定，政府性基金预算是对依照法律、行政法规的规定在一定期限内向特定对象征收、收取或者以其他方式筹集的资金，专项用于特定公共事业发展的收支预算。

《预算法》第9条第2款的规定，政府性基金预算应当按基金项目编制，做到以收定支。政府基金预算实际上是由若干种基金组成的，基金类型不同，预算便有所不同，按照一定行政级别，报送同级人民带代表大会审查批准。每一种基金预算都要做到自求平衡，不同基金的结余和赤字不能相互抵销。

（三）国有资本经营预算

按照《预算法》第10条的规定，国有资本经营预算是对国有资本收益作出支出安排的收支预算。同时《预算法》第10条第2款规定，国有资本经营预算应当按照收支平衡的原则编制，不列赤字，并安排资金调入一般公共预算。

将国有资本经营预算收入调入一般公共预算的理由在于：其一，预算法规则体系的要求。按照《预算法》第5条第2款的规定，一般公共预算、政府性基金预算、国有资本基金预算、社会保险基金预算应当保持完整、独立。政府性基金预算、国有资本经营预算、社会保险基金预算应当与一般公共预算相衔接。注意此处的衔接并不是一般公共预算与国有资本经营预算之间双向对流，而是由国有资本经营预算单向流入一般公共预算。其二，国有企业性质决定了将必要的资金调入一般公共预算。国有资本收益是全民所有的财产，理应全民受益，而不应仅在国有经济内部循环。其收入调入一般公共预算之后，可以用于全民所需要的任何用途，减少人民需要负担和缴纳的税款，这样才能真正体现国有经济的全民共益性。

国有资本经营预算的收入类型的法律依据主要是《企业国有资产法》第59条，具体包括：国家出资企业分得的利润、国有资产转让收入、从国家出资企业取得的清算收入、其他国有资本收入。

国有资本经预算的支出类型的法律依据主要是国务院《关于试行国有资本经营预算的意见》。按照该行政性规范文件要求，国有资本经营预算的支出包括：资本性支出、费用性支出和其他支出三种类型。前者主要是根据产业发展规划、国有经济布局和结构调整、国有企业发展要求，以及国家战略、安全等需要，安排的资本性支出。后者则是用于弥补国有企业改革成本等方面的费用性支出。其他支出属于兜底性条款，具体的支出范围需要依据国家宏观经济政策以及不同时期国有企业改革和发展的任务，统筹安排确定。

（四）社会保险基金预算

根据《预算法》第11条第1款的规定，所谓社会保险基金预算系指对社会保险缴款、一般公共预算安排和其他方式筹集的资金，专项用于社会保险的收支预算。此条文意在说明社会保险基金预算的收入来源与支出项目，由于社会保险并非完全依靠财政资金，其来源还包括了社会公众的缴款等其他方面。另外，社会保险基金预算支出时实行专款专用。

此外，根据《预算法》第11条第2款的规定，社会保险基金预算应当按照统筹层次和社会保险项目分别编制，做到收支平衡。设置此条文的背景建立统一社会保险基金的账户，但是当前我国社会保险分类建账，即基本养老保险基金、基本医疗保险基金、工伤保险基金、失业保险基金和生育保险基金均有对应的账户，其运行是按照险种类别进行的。因此，当前社会保险基金预算的收支范围按照各种不同类型保险基金分别确定。

此处需要注意两个问题：一是对于社会保险基金预算的财政补贴来源问题。社会保险基金预算经常会出现支大于收的不平衡现象,对此按照《社会保险法》第 65 条的规定,县级以上人民政府在社会保险基金出现支付不足时,给予补贴。此时的补贴资金主要来源两个方向,要么是一般公共预算,要么是国有资本经营预算。无论财政补贴资金来源何处,都在一定程度上体现出政府对社会保险的责任。二是社会保险基金预算与社会保障基金预算之间的区别。社会保障不仅包括基本养老保险基金、基本医疗保险基金、工伤保险基金、失业保险基金和生育保险基金,还会涉及社会优抚、社会救济、社会福利。我国《预算法》将社会保障基金预算限缩为社会保险基金的理由在于二者的资金来源存在差异,五类保险基金的资金主要来源于投保人的缴款,而除五类基金外的其他社会保障项目的资金主要来源于一般公共预算。由此观之,尽管二者的名称上都与社会保障有关,但由于资金来源性质的差异,难以在同一账本中融合。

二、政府收支分类体系

《预算法》第 32 条要求,各部门、各单位按照国务院财政部门制定的政府收支分类科目编制本部门、本单位预算草案。而政府收支分类科目中,支出应当按照其功能分类分为类、款、项,按其经济性质分类分为类、款。我国原有的预算科目体系是中华人民共和国成立初期参照苏联体制设计的,与计划经济体制下的建设型财政管理体制相适应,带有浓厚的计划经济条件下财政管理体制色彩。2007 年 1 月 1 日起,国务院批准实施《政府收支分类改革方案》,以“体系完善、反映全面、分类明细、口径可比、便于操作”为具体改革目标,新的政府收支分类体系主要包括建立新的收入分类、支出功能分类和支出经济分类三方面内容:

第一,对政府收入进行统一分类。从分类方法上看,原有收入分类基本上是罗列各种收入,如各项税收、行政事业性收费、罚没收入等。新的收入分类按照科学标准和国际通行做法将政府收入划分为税收收入、社会保险基金收入、非税收入、贷款转贷回收本金收入、债务收入以及转移收入等。从分类结构上看,原有收入分类分设类、款、项三级,改革后变为类、款、项、目四级。

第二,建立新的政府支出功能分类体系。政府支出原来总体上是按经费性质分类的,把预算支出分为基建费、行政费、事业费等,非常抽象。新的支出功能分类不再按经费性质设置科目,而是按政府的职能和活动设置科目。按照这种思路,支出功能分类设置类、款、项三级。类级科目反映政府的某一项职能,款级科目反映为完成某项政府职能所进行的某一方面工作,项级科目反映某一方面工作的具体支出。政府大的职能活动主要反映在“类级科目”中,分为 17 类,主要包括:一般公共服务,主要反映政府综合管理部门的支出;外交;国防;公共安全;教育;科学技术;文化体育与传媒;社会保障和就业;社会保险基金支出;医疗卫生;环境保护;城乡社区事务;农林水事务;交通运输;工业商业金融等事务;其他支出;转移性支出。如果想知道用在“医疗卫生”类上的钱具体又花在哪些方面,是“医疗服务”“疾病预防控制”“妇幼保健”,还是“农村卫生”,就需要查看款级科目。其中,“疾病预防控制”之下又设置了“疾病预防控制机构”“重大疾病预防控制”“突发公共卫生事件应急处理”等项级科目,都是社会各方面普遍关注的支出事项。

第三,建立新型的支出经济分类体系。支出经济分类是对支出的具体经济构成进行分类。如果说功能分类是反映政府支出“做了什么事”,经济分类则是反映“怎么去做”,它是财政预算管理和财务经济分析的重要工具和手段。按照这个思路,支出经济分类对原来的支出目级科目作了扩充和完善,按照简便、实用的原则,设置类、款两级。类级科目具体包括:工资福利、商品和服务支出、对个人和家庭的补助、转移支付、基本建设支出、其他资本性支出等。款级科目是对类级科目的细化,如其他资本性支出进一步细分为房屋建筑物购建、专用设备购置、大型修缮、土地资源开发等。

三、预算编制的基本依据

《预算法》第32条第1款规定,各级预算应当根据年度经济社会发展目标和国家宏观调控总体要求和跨年度预算平衡的需要,参考上一年预算执行情况、有关支出绩效评价结果和本年度收支预测,按照规定程序征求各方面意见后,进行编制。1994年《预算法》第25条规定,中央预算和地方各级政府预算,应当参考上一年度预算执行情况和本年度收支预测进行编制。现有的《预算法》的编制思路与现代财政预算学中提出的“零基预算”更接近,而1994年《预算法》的编制思路是将现代财政预算学中“增量预算”引入法律规范层面。

在“零基预算”模式中,政府编制预算是从零做起,根据现实的财政需要,逐项审查某一财政时间段内各类支出费用所对应内容及其标准的合理性,在综合平衡的前提下编制政府预算。“零基预算”模式最大优势在于摒弃了将上一财政预算期间内开支情况作为编制根据,此举在一定程度上利于节约有限财政资源、提高财政运行效率。

然而“增量预算”模式则与“零基预算”相反,其在预算编制过程上将上一财政预算期间的开支情况作为下一财政预算期间数据编制的基本依据,在这一依据做上下浮动。“增量预算”模式的弊端是十分显著的,一方面难以判断现有财政支出项目的合理性;另一方面原有的项目开支很难简并或删除,预算支出的合理性难以得到保证。

四、预算编制的基本准则

现行《预算法》在预算收入、预算支出、预算平衡、转移支付等方面设置了基本准则,这些规范对于预算编制的合理性、合法性、科学性都有极重要的作用。具体而言:

其一,在预算收入方面的基本准则。根据《预算法》规定,各级政府的财政预算编制收入时,应当充分考虑经济社会发展水平,与各种财政政策的要求相一致,避免冲突与矛盾。各级政府、各部门、各单位应当依照本法规定,将所有政府收入全部列入预算,不得隐瞒、少列。各级政府不得向预算收入征收部门和单位下达收入指标。

其二,在预算支出方面的基本准则。根据《预算法》的规定,各级预算支出应当依照本法规定,按其功能和经济性质分类编制。各级预算支出的编制,应当贯彻勤俭节约的原则,严格控制各部门、各单位的机关运行经费和楼堂馆所等基本建设支出。各级一般公共预算支出的编制,应当统筹兼顾,在保证基本公共服务合理需要的前提下,优先安排国家确定的重点支出。

其三,在预算平衡方面的基本准则。根据《预算法》的规定,中央一般公共预算中必需的部分资金可以通过举借国内和国外债务等方式筹措,举借债务应当控制适当的规模,保持合理的结构。地方各级预算按照量入为出、收支平衡的原则编制,除本法另有规定外,不列赤字。

其四,在转移支付方面的基本准则。根据《预算法》的规定,一般性转移支付应当按照国务院规定的基本标准和计算方法编制。专项转移支付应当分地区、分项目编制。县级以上各级政府应当将对下级政府的转移支付预计数提前下达下级政府。地方各级政府应当将上级政府提前下达的转移支付预计数编入本级预算。

其五,《预算法》对预算编制的其他硬性标准。例如,中央预算和有关地方预算中应当安排必要的资金,用于扶助革命老区,民族地区、边疆地区、贫困地区发展经济社会建设事业。各级一般公共预算应当按照本级一般公共预算支出额的1%至3%设置预备费,用于当年预算执行中的自然灾害等突发事件处理增加的支出及其他难以预见的开支。各级一般公共预算按照国务院的规定可以设置预算周转金,用于本级政府调剂预算年度内季节性收支差额。各级一般公共预算按照国务院的规定可以设置预算稳定调节基金,用于弥补以后年度预算资金的不足。

在编制预算时,各级政府上一年预算的结转资金,应当在下一年用于结转项目的支出;连续两年未用完的结转资金,应当作为结余资金管理。各部门、各单位上一年预算的结转、结余资金按照国务院财政部门的规定办理。

第四节　预算审批程序

预算审批,是指立法机关对行政机关所提交的预算草案审议批准,而此时审议批准的法律意义在于授予政府财政收支的权力。我国《预算法》规定,无论是中央预算还是地方各级预算都应经相应的人民代表大会审查批准。一旦预算经过人民代表大会审议通过,其具有刚性约束力,未经法定程序,不能进行调整。各级政府、各部门、各单位的支出必须以经批准的预算为依据,未列入预算的不得支出。

一、预算草案初步方案的初步审查

预算草案的初步方案实际上是预算草案正式形成前的状态,其不具有预算草案的法律效力。创设预算草案的初步方案的价值在于:一方面,为实现立法机关与行政机关之间互动沟通提供时间保障。由于人大会期相对较短,而政府预算内容却是海量的,二者之间存在一定的紧张关系。设置预算草案的初步方案既可以为人民代表大会的相关机构了解政府预算的动向提供平台,又为财政部门了解人大的态度和立场提供方便,在一定程度上缓解了人大会期较短所产生的矛盾。另一方面,在双方充分沟通的情况下,立法机关可以就初步方案中所存在的问题提醒行政机关予以完善,此项规定在一定程度起到了预算草案修正权的作用,对于预算草案的完善有实质性的意义。

《预算法》第 44 条规定,国务院财政部门应当在每年全国人民代表大会会议举行的 45 日前,将中央预算草案的初步方案提交全国人民代表大会财政经济委员会进行初步审查。省、自治区、直辖市政府财政部门应当在本级人民代表大会会议举行的 30 日前,将本级预算草案的初步方案提交本级人民代表大会有关专门委员会进行初步审查。设区的市、自治州政府财政部门应当在本级人民代表大会会议举行的 30 日前,将本级预算草案的初步方案提交本级人民代表大会有关专门委员会进行初步审查,或者送交本级人民代表大会常务委员会有关工作机构征求意见。县、自治县、不设区的市、市辖区政府应当在本级人民代表大会会议举行的 30 日前,将本级预算草案的初步方案提交本级人民代表大会常务委员会进行初步审查。

《预算法》第 22 条规定,设区的市、自治州以上各级人民代表大会有关专门委员会进行初步审查、常务委员会有关工作机构研究提出意见时,应当邀请本级人民代表大会代表参加。

二、预算草案的审查和批准

预算草案是在预算草案的初步方案经过各级人大的相关机关初步审查之后,由政府经过调整和优化的财政收支方案。对于预算草案的审查批准包括了两项强制性要求:预算草案的信息披露的底线和重点审查内容。

其一,预算草案信息披露细化的要求。根据《预算法》规定,报送各级人民代表大会审查和批准的预算草案应当细化。本级一般公共预算支出,按其功能分类应当编列到项;按其经济性质分类,基本支出应当编列到款。本级政府性基金预算、国有资本经营预算、社会保险基金预算支出,按其功能分类应当编列到项。国务院在全国人民代表大会举行会议时,向大会作关于中央和地方预算草案以及中央和地方预算执行情况的报告。地方各级政府在本级人民代表大会举行会议时,向大会作关于总预算草案和总预算执行情况的报告。

其二,人大审查预算草案重点内容的要求。根据《预算法》的规定,全国人民代表大会和地方各级人民代表大会对预算草案及其报告、预算执行情况的报告重点审查下列内容:(1)上一年预算执行情况是否符合本级人民代表大会预算决议的要求;(2)预算安排是否符合本法的规定;(3)预算安排是否贯彻国民经济和社会发展的方针政策,收支政策是否切实可行;(4)重点支出和重大投资项目的预算安排是否适当;(5)预算的编制是否完整,是否符合《预算法》第 46 条的规定;(6)对下级政府的转移性支出预算是否规范、适当;(7)预算安排举借的债务是否合法、合理,是否有偿还计划和稳定的偿还资金来源;(8)与预算有关重要事项的说明是否清晰。

全国人民代表大会财政经济委员会向全国人民代表大会主席团提出关于中央和地

方预算草案及中央和地方预算执行情况的审查结果报告。省、自治区、直辖市、设区的市、自治州人民代表大会有关专门委员会，县、自治县、不设区的市、市辖区人民代表大会常务委员会，向本级人民代表大会主席团提出关于总预算草案及上一年总预算执行情况的审查结果报告。审查结果报告应当包括下列内容：(1)对上一年预算执行和落实本级人民代表大会预算决议的情况做出评价；(2)对本年度预算草案是否符合本法规定，是否可行作出评价；(3)对本级人民代表大会批准预算草案和预算报告提出建议；(4)对执行年度预算、改进预算管理、提高预算绩效、加强预算监督等提出意见和建议。

在经过上述程序之后，由全国人大及地方人大的全体会议表决议案，如果获得大会表决时过半票数同意即为通过。值得注意的是，现行的《预算法》并未就预算草案未获得通过设置相应的解决方案。一方面，在财政实践中预算草案未获得通过属于小概率事件，但是不排除出现的可能性；另一方面，由于法律规范的不完善可能会造成权力机关审查批准的难题。因此在后续修改《预算法》时，有必要对这一问题提出解决方案。

三、预算备案程序

根据《预算法》的规定，乡、民族乡、镇政府应当及时将经本级人大批准的本级预算报上一级政府备案，县级以上地方各级政府应当及时将经本级人大批准的本级预算及下一级政府报送备案的预算汇总，报上一级政府备案。县级以上地方各级政府将下一级政府依照前款规定报送备案的预算汇总后，报本级人大常委会备案，国务院将省、自治区、直辖市政府依照前款规定报送备案的预算汇总后，报全国人大常委会备案。

《预算法》第51条规定，国务院和县级以上地方各级政府对下一级政府依照《预算法》第50条规定报送备案的预算，认为有同法律、行政法规相抵触或者有其他不适当之处，需要撤销批准预算的决议的，应当提请本级人民代表大会常务委员会审议决定。

预算备案制度法律价值在于两个方面：其一，通过预算备案制度将信息及时地传递给上级政府和人大。因为预算信息是政府运作的"数字轨迹"，上级政府和人大通过备案制度可以清晰明了地观察到下级政府行为的基本动态。其二，通过预算备案制度，上级政府和人大可以发现下级政府财政运作中的不当行为，为上级政府提请人大撤销违法或不当的财政预算作制度铺垫。

四、批复预算和下达转移支付

批复预算是指预算经过权力机关批注后，财政部门对政府其他部门预算信息的进一步确认。我国《预算法》第52条的规定，各级预算经本级人民代表大会批准后，本级政府财政部门应当在20日内向本级各部门批复预算。各部门应当在接到本级政府财政部门批复的本部门预算后15日内向所属各单位批复预算。值得注意的是，批复预算的法律效力在于，未经财政部门的预算批复，部门预算不得执行。因此，《预算法》就财政部门的预算批复设置了较为严格的时限。

实际上下达转移支付与预算批复都是财政确认程序。下达转移支付，是指上级政府向下级政府确认转移支付的具体金额。如果上级政府没有下达转移支付的金额，下级政府不能动用该笔资金。根据《预算法》第 52 条的规定，中央对地方的一般性转移支付应当在全国人民代表大会批准预算后 30 日内正式下达。中央对地方的专项转移支付应当在全国人民代表大会批准预算后 90 日内正式下达。省、自治区、直辖市政府接到中央一般性转移支付和专项转移支付后，应当在 30 日内正式下达到本行政区域县级以上各级政府。县级以上地方各级预算安排对下级政府的一般性转移支付和专项转移支付，应当分别在本级人民代表大会批准预算后的 30 日和 60 日内正式下达。对自然灾害等突发事件处理的转移支付，应当及时下达预算；对据实结算等特殊项目的转移支付，可以分期下达预算，或者先预付后结算。

县级以上各级政府财政部门应当将批复本级各部门的预算和批复下级政府的转移支付预算，抄送本级人民代表大会财政经济委员会、有关专门委员会和常务委员会有关工作机构。

第五节　预算执行程序

预算执行，是指经过权力机关审查批准的财政预算付诸实践。一般情况，财政预算一旦经过权力机关审查批准，就由具体的执行机关予以实施。当财政预算进入执行阶段，需要明确由哪一主体组织实施，实施过程中出现特殊情况该如何处理等。就预算执行主体而言，我国《预算法》第 53 条明确规定，各级预算由本级政府组织执行，具体工作由本级政府财政部门负责。各部门、各单位是本部门、本单位的预算执行主体，负责本部门、本单位的预算执行，并对执行结果负责。

一、预算执行的基本要求

（一）预算收入的征收

《预算法》第 55 条规定，预算收入征收部门和单位，必须依照法律、行政法规的规定，及时、足额征收应征的预算收入。不得违反法律、行政法规规定，多征、提前征收或者减征、免征、缓征应征的预算收入，不得截留、占用或者挪用预算收入。

此条文包括两个方面的含义：第一，征收预算收入的法律依据是相关的法律、行政法规，而不是经过权力机关审查批准的预算。第二，如果依据法律、行政法规某项财政收入已经超出了预算规定的范围，征收机构仍然要继续征收，而不能停止征收。从上述含义中，可以看出，经过权力审议批准的预算在收入层面对于征收机构不具有法律的拘束力。

实际上《预算法》第 55 条的拘束力不在于通过已获批准的预算在数量与规模上约束征收机关，而在于通过法律条文要求征收机关将其征收的财政收入全部上缴国库。对于任何部门、单位和个人得截留、占用、挪用或者拖欠持否定态度。

（二）预算资金的拨付

《预算法》第14条规定，经人民代表大会批准的预算，非经法定程序，不得调整。各级政府、各部门、各单位的支出必须以经批准的预算为依据，未列入预算的不得支出。同时《预算法》第57条规定，各级政府财政部门必须依照法律、行政法规和国务院财政部门的规定，及时、足额地拨付预算支出资金，加强对支出的管理和监督。各级政府、各部门、各单位的支出必须按照预算执行，不得虚假列支。各级政府、各部门、各单位应当对预算支出情况开展绩效评价。

从上述条文内容可知，《预算法》对于财政支出有较为严格的要求。衡量财政支出合法与否的标准，既有来自法定程序的要求，又有支出是否超标的要求。值得注意的是，与预算收入规则的弱规范性相比，预算支出规则具有明显的强制性，要求行政机关在进行支出时应当对照已获批准的预算案，明确其支出事项是否得到法定授权。

（三）收付实现制与权责发生制

《预算法》第58条第1款规定，各级预算的收入和支出实行收付实现制。收付实现制是以现金收到或付出为标准，记录收入的实现和费用的发生。现金收支行为在其发生的期间全部记作收入和费用，而不考虑与相关经济业务是否发生在本期。权责发生制是以应收应付作为确定本期收入和费用的标准，只要权利已经形成或义务（责任）已经发生，就确认收入和费用，不问是否在本期收到或付出现金。既然预算法确认财政收支实行收付实现制，意味着尚未入库的资金不计入预算收入，尚未拨付的资金不计入预算支出，不管其在法律上是否应该入库或拨付。

《预算法》第58条第2款确认，特定事项按照国务院的规定实行权责发生制的有关情况，应当向本级人民代表大会常务委员会报告。说明权责发生制在我国预算体系中并非绝对不可行，只不过需要按照国务院的规定特事特办。例如，《预算法》第97条就提到，各级政府财政部门应当按年度编制以权责发生制为基础的政府综合财务报告，报告政府整体财务状况、运行情况和财政中长期可持续性，报本级人民代表大会常务委员会备案。

（四）国库集中收缴和支付

《预算法》第61条规定，国家实行国库集中收缴和集中支付制度，对政府全部收入和支出实行国库集中收付管理。所谓的集中收缴，是指政府所有收入都必须进入国库，禁止预算执收单位设立过渡账户。而所谓的集中支付意味着政府所有开支都经由国库拨付，禁止预算单位自收自支。建立国库单一账户制度是实现集中收缴和支付的前提与基础。国库单一账户制度的核心要旨在于每一预算单位在国库中开设有且只有一个对应账户，既要提振政府内部的财务管理，也为社会公众的监督提供了现实可能性。

国库集中收付制度存在的价值在于，一方面为有限财政资金的运行提供了“安全阀”，另一方面为有限财政资金的使用效率的提供了管理平台。国库集中收付制度实现了收支分离，对于遏制行政机关内部设置小金库、过渡账户、财政透支等违法行为有明显的帮助。

二、预算执行的特别规则

（一）安排临时支出

由于预算年度与各级人大会期之间差异，造成我国预算执行过程中无预算可供执行的特殊情况。具体来说，我国预算年度的起止时间分别是公历1月1日和12月31日，而各级人大召开人民代表大会的时间通常都在1月1日之后，意味着从上一预算年度的12月31日到下一预算年度的财政预算获得权力机关批准之间有几个月的“真空”期。

为了解决“无预算可供执行”的特殊情况，我国《预算法》第54条规定，预算年度开始后，各级预算草案在本级人民代表大会批准前，可以安排下列支出：(1)上一年度结转的支出；(2)参照上一年同期的预算支出数额安排必须支付的本年度部门基本支出、项目支出，以及对下级政府的转移性支出；(3)法律规定必须履行支付义务的支出，以及用于自然灾害等突发事件处理的支出。根据前款规定安排支出的情况，应当在预算草案的报告中做出说明。预算经本级人民代表大会批准后，按照批准的预算执行。

实际上《预算法》第54条构筑了一个临时支出制度。尽管此制度在一定程度解决了“无预算可供执行”问题，不过也使已获各级人大批准的预算的约束力大为减损。由于时间不可逆，已获各级人大批准的预算在适用的时间跨度无形之中被压缩了。由此观之，临时支出制度只能是权宜之计，并不能从根本上解决这一棘手问题。对此，本书认为，有两种调整策略在后续的《预算法》修改中可以考虑：其一，调整预算年度的法定起止时间，使其与各级人大的会期相一致；其二，调整各级人大的会期时间，使其在预算年度开始之前进行，会议结束意味着下一预算年度开始。

（二）动用预备费

编制预算时不能下一预算年度的自然灾害等突发事件作出明确预测。事实上，政府应对自然灾害等突发事件时需要相应财政资金的支持。预备费实际上是为政府预留了某一预算年度解决自然灾害等突发事件处理增加的支出及其他难以预见的开支。为此，我国《预算法》就预备费用的启动、支出设置了专门规定，以期降低由非人为预见因素对预算的冲击。具体而言：《预算法》第64条规定，各级政府预算预备费的动用方案，由本级政府财政部门提出，报本级政府决定。《预算法》第69条规定，在预算执行中，由于发生自然灾害等突发事件，必须及时增加预算支出的，应当先动支预备费；预备费不足支出的，各级政府可以先安排支出，属于预算调整的，列入预算调整方案。

（三）启用预算周转金

在某一预算年度内，以月或季度为单位政府的预算收入与预算支出之间存在不平衡的现象，即收大于支，或者支大于收。缺乏相应的周转资金可能使年中已获权力机关批准的预算所设置的收支任务难以完成。针对这一情况，我国《预算法》要求：各级一般公共预算按照国务院的规定可以设置预算周转金，用于本级政府调剂预算年度内季节性收支差额。各级一般公共预算按照国务院的规定可以设置预算稳定调节基金,用于弥补以后年度预算资金的不足。对于预算周转金的使用《预算法》第 65 条规定,各级预算周转金由本级政府财政部门管理,不得挪作他用。

三、预算调整与变更

（一）预算调整

预算是对下一年度财政运行的大致估计,并不能代表实际情况。如果在财政实际运行过程中出现重大变化,而已获批准的预算固守不变,在一定程度上会引发财政实践操作的混乱。预算调整制度就是为应对预算执行过程中可能出现重大变化的情况,要求行政机关制定相应的调整方案报权力机关批准的制度。我国《预算法》就预算调整的情形、调整程序、相应的法律责任、不属于预算调整的范围做出明确规定,具体而言:

第一,预算调整的具体情况。我国《预算法》第 67 条规定,经全国人民代表大会批准的中央预算和经地方各级人民代表大会批准的地方各级预算,在执行中出现下列情况之一的,应当进行预算调整:(1)需要增加或者减少预算总支出的;(2)需要调入预算稳定调节基金的;(3)需要调减预算安排的重点支出数额的;(4)需要增加举借债务数额的。

在预算执行中,各级政府对于必须进行的预算调整,应当编制预算调整方案。预算调整方案应当说明预算调整的理由、项目和数额。在预算执行中,由于发生自然灾害等突发事件,必须及时增加预算支出的,应当先动支预备费;预备费不足支出的,各级政府可以先安排支出,属于预算调整的,列入预算调整方案。

第二,预算调整的法定程序。我国《预算法》规定,国务院财政部门应当在全国人民代表大会常务委员会举行会议审查和批准预算调整方案的 30 日前,将预算调整初步方案送交全国人民代表大会财政经济委员会进行初步审查。省、自治区、直辖市政府财政部门应当在本级人民代表大会常务委员会举行会议审查和批准预算调整方案的 30 日前,将预算调整初步方案送交本级人民代表大会有关专门委员会进行初步审查。设区的市、自治州政府财政部门应当在本级人民代表大会常务委员会举行会议审查和批准预算调整方案的 30 日前,将预算调整初步方案送交本级人民代表大会有关专门委员会进行初步审查,或者送交本级人民代表大会常务委员会有关工作机构征求意见。县、自治县、不设区的市、市辖区政府财政部门应当在本级人民代表大会常务委员会举行会议审查和批准预算调整方案的 30 日前,将预算调整初步方案送交本级人民代表大会常务委员会有关工作机构征求意见。

中央预算的调整方案应当提请全国人民代表大会常务委员会审查和批准。县级以上地方各级预算的调整方案应当提请本级人民代表大会常务委员会审查和批准;乡、民族乡、镇预算的调整方案应当提请本级人民代表大会审查和批准。未经批准,不得调整预算。经批准的预算调整方案,各级政府应当严格执行。

第三,违规预算进行预算调整的法律责任。未经《预算法》第 69 条规定的程序,各级政府不得作出预算调整的决定。对违反规定作出的决定,本级人大,本级人大常委会或者上级政府应当责令其改变或撤销。地方各级预算的调整方案经批准后,由本级政府报上一级政府备案。

第四,不属于预算调整范围的事项。《预算法》第71条规定,在预算执行中,地方各级政府因上级政府增加不需要本级政府提供配套资金的专项转移支付而引起的预算支出变化,不属于预算调整。接受增加专项转移支付的县级以上地方各级政府应当向本级人民代表大会常务委员会报告有关情况;接受增加专项转移支付的乡、民族乡、镇政府应当向本级人民代表大会报告有关情况。

(二)预算变更

预算变更和预算调整均属于预算变动的范畴,二者的区别之处在于是否需要报请权力机关审查批准。预算变更所涉及的内容往往是预算科目的调整,不会对已有的预算进行大幅度的修改,因而不需要经过权力机关批准。而预算调整则是对已有预算进行大幅度、大范围的修改,改变了原有授权的内容,因此其需要经过权力机关批准。具体而言,《预算法》第72条规定,各部门、各单位的预算支出应当按照预算科目执行。严格控制不同预算科目、预算级次或者项目间的预算资金的调剂,确需调剂使用的,按照国务院财政部门的规定办理。

值得注意的是,预算变更可能会为政府频繁动用预算裁量权提供制度空间。只要不对已获批准的预算案进行大面积、大幅的修改,将预算变更上升为预算调整,政府可以不经权力机关审批对已有预算进行任何变更。尽管《预算法》第72条以“按照国务院财政部门的规定办理”防止政府过分地动用预算变更,但是这一规定充其量是政府内部控制程序。在授权不断下移的情况,即国务院将决定权转交给地方财政部门,而地方财政部门又将决定转交给各部门,造成控制和监督将难以实现,《预算法》的“规范政府财政收支”的目标与宗旨有被架空的可能。

第六节 财政决算与监督

一、财政决算程序

财政决算是对预算年度内的收支执行情况的核算。如果将预算视为某一年度政府财政运作的起点,那么决算就是这一年度政府财政运作的重点。决算实际上是对某一财政年度政府预算执行总体情况的稽核。财政预算所呈现的某一财政年度开始之前,政府对财政收支预评估的数据,财政决算所承载的则是某一财政年度结束时,政府实际收支的具体数额。

财政决算包括了编制、审批和公示三个环节,在编制环节政府可以清晰地掌握上一财政年度政府财政收支的实际情况;在审批环节,权力机关可以通过决算数据发现在上一财政年度中政府财政实际运作中存在的问题；在公示环节，社会公众可以透过决算数据考评政府财政实际绩效，并以此为基础对其进行问责。总体上，决算是政府财政实际运作的总结，通过决算可以帮助政府改进财政收支中存在的问题。

(一)决算草案的编制

我国《预算法》对决算草案的编制时间、编制内容、编制程序都有明确的规定，这些规定可以保证决算数据的真实可靠，具体而言：

其一，决算草案编制时间的要求。决算草案是由各级政府、各部门、各单位，在每一预算年度终了后按照国务院规定的时间编制。

其二，决算草案编制内容的要求。决算草案编制决算草案，必须符合法律、行政法规，做到收支真实、数额准确、内容完整、报送及时。决算草案应当与预算相对应，按预算数、调整预算数、决算数分别列出。一般公共预算支出应当按其功能分类编列到项，按其经济性质分类编列到款。

其三，决算草案编制程序的要求。各部门对所属各单位的决算草案，应当审核并汇总编制本部门的决算草案，在规定的期限内报本级政府财政部门审核。各级政府财政部门对本级各部门决算草案审核后发现有不符合法律、行政法规规定的，有权予以纠正。

国务院财政部门编制中央决算草案，经国务院审计部门审计后，报国务院审定，由国务院提请全国人民代表大会常务委员会审查和批准。县级以上地方各级政府财政部门编制本级决算草案，经本级政府审计部门审计后，报本级政府审定，由本级政府提请本级人民代表大会常务委员会审查和批准。乡、民族乡、镇政府编制本级决算草案，提请本级人民代表大会审查和批准。

(二)决算草案的初步审查

除了乡镇一级决算外，其余各级政府的决算草案均要提交权力机关的相应机构进行初步审查。根据我国《预算法》的规定，国务院财政部门应当在全国人民代表大会常务委员会举行会议审查和批准中央决算草案的30日前，将上一年度中央决算草案提交全国人民代表大会财政经济委员会进行初步审查。省、自治区、直辖市政府财政部门应当在本级人民代表大会常务委员会举行会议审查和批准本级决算草案的30日前，将上一年度本级决算草案提交本级人民代表大会有关专门委员会进行初步审查。设区的市、自治州政府财政部门应当在本级人民代表大会常务委员会举行会议审查和批准本级决算草案的30日前，将上一年度本级决算草案提交本级人民代表大会有关专门委员会进行初步审查，或者送交本级人民代表大会常务委员会有关工作机构征求意见。县、自治县、不设区的市、市辖区政府财政部门应当在本级人民代表大会常务委员会举行会议审查和批准本级决算草案的30日前，将上一年度本级决算草案送交本级人民代表大会常务委员会有关工作机构征求意见。

全国人民代表大会财政经济委员会和省、自治区、直辖市、设区的市、自治州人民代表大会有关专门委员会，向本级人民代表大会常务委员会提出关于本级决算草案的审查报告。

(三)决算草案的审查和批准

根据我国《预算法》的规定,县级以上各级人民代表大会常务委员会和乡、民族乡、镇人民代表大会对本级决算草案,重点审查下列内容:(1)预算收入情况;(2)支出政策实施情况和重点支出、重大投资项目资金的使用及绩效情况;(3)结转资金的使用情况;(4)资金结余情况;(5)本级预算调整及执行情况;(6)财政转移支付安排执行情况;(7)经批准举借债务的规模、结构、使用、偿还等情况;(8)本级预算周转金规模和使用情况;(9)本级预备费使用情况;(10)超收收入安排情况,预算稳定调节基金的规模和使用情况;(11)本级人民代表大会批准的预算决议落实情况;(12)其他与决算有关的重要情况。

县级以上各级人民代表大会常务委员会应当结合本级政府提出的上一年度预算执行和其他财政收支的审计工作报告,对本级决算草案进行审查。常委会组成人员过半数表决通过,决算草案即为获得批准。

(四)决算的批复和备案

根据我国《预算法》的规定,各级决算经批准后,财政部门应当在20日内向本级各部门批复决算。各部门应当在接到本级政府财政部门批复的本部门决算后15日内向所属单位批复决算。

地方各级政府应当将经批准的决算及下一级政府上报备案的决算汇总,报上一级政府备案。县级以上各级政府应当将下一级政府报送备案的决算汇总后,报本级人民代表大会常务委员会备案。

国务院和县级以上地方各级政府对下一级政府报送备案的决算,认为同法律、行政法规相抵触或者有其他不适当之处,需要撤销批准该项决算的决议的,应当提请本级人大常委会审议决定;经审议决定撤销的,该下级人大常委会应当责成本级政府依照《预算法》规定重新编制决算草案,提请本级人大常委会审查和批准。

二、对预算、决算的监督

财政监督是预决算发挥作用的重要环节。财政监督是将政府权力关进制度笼子,通过监督促使政府谨慎地使用手中的权力。我国《预算法》从监督主体、监督方式、监督程序等方面筑造了财政监督体系,具体而言:

其一,预决算监督主体。预决算的监督主要权力机关对行政机关的监督,具体包括了全国人大及其常委会对中央和地方预算、决算进行监督;县级以上地方各级人大及其常委会对本级和下级预算、决算进行监督;乡、民族乡、镇人大对本级预算、决算进行监督。

其二,预决算监督方式与手段。(1)报告制度。国务院和县级以上地方各级政府应当在每年6月至9月向本级人民代表大会常务委员会报告预算执行情况。(2)组织调查。各级人民代表大会和县级以上各级人大常委会有权就预算、决算中的重大事项或者特定问题组织调查，有关的政府、部门、单位和个人应当如实反映情况和提供必要的材料；(3)询问与质询。各级人大和县级以上各级人大常委会举行会议时，人大代表或常委会组成人员可以依照法律规定程序就预算、决算中的有关问题提出询问或者质询，受询问或者受质询的有关政府或者财政部门必须及时给予答复。

其三，预决算监督的基本程序。各级政府监督下级政府的预算执行，下级政府定期向上一级政府报告预算执行情况。各级政府财政部门负责监督检查本级各部门及其所属各单位预算的编制、执行，并向本级政府和上一级政府财政部门报告预算执行情况。县级以上政府审计部门依法对预算执行、决算实行审计监督。政府各部门负责监督检查所属各单位的预算执行，及时向本级政府财政部门反映本部门预算执行情况，依法纠正违反预算的行为。

除了立法监督与行政监督外，社会监督也是财政预决算监督的重要组成部分。根据我国《预算法》规定，公民、法人或者其他组织发现有违反本法的行为，可以依法向有关国家机关进行检举、控告。接受检举、控告的国家机关依法进行处理，并为检举人、控告人保密。任何单位或者个人不得压制和打击报复检举人、控告人。

思考题

- 财政预算与预算法的区别与联系有哪些？
- 预算法的基本原则有哪些？
- 中央与地方各级政府的预算管理职权有哪些？
- 各级人民代表大会及其常务委员会的预算职权有哪些？

延伸阅读

加强对政府预算全口径审查、全过程监管

——全国人大常委会预算工作委员会有关负责人详解人大预算审查监督重点向支出预算和政策拓展

张　雪　曾金华

2018年3月，中共中央办公厅印发了《关于人大预算审查监督重点向支出预算和政策拓展的指导意见》（以下简称《指导意见》）。为什么要出台《指导意见》？其内容和意义是什么？实施程序和方法如何？全国人大常委会预算工作委员会有关负责人详细解读了这一指导意见。

依法加强和改进人大预算审查监督工作

作为“国家账本”，政府预算关乎经济社会发展方方面面，关乎广大人民群众切身

福祉。审查批准预算、决算和监督预算执行,是宪法和预算法、监督法等法律赋予全国人大及其常委会、地方各级人大及其常委会的重要职权。

然而,过去政府预算审核管理和人大预算审查监督的重点主要是赤字规模和预算收支平衡状况,对支出预算和政策关注不够,对财政资金使用绩效和政策实施效果关注不够,不利于发挥政策对编制支出预算的指导和约束作用,不利于提高人大预算审查监督的针对性和有效性。

"此次人大加强对支出预算和政策的审查监督,将有助于强化政策对支出预算的指导和约束作用,加强和改善宏观调控,提高支出预算编制质量和预算执行规范化水平。"这位负责人说。

他表示,这一改革举措也将有利于加强对政府预算的全口径审查和全过程监管,更好发挥财政在国家治理中的基础和重要支柱作用,更好发挥人民代表大会制度支撑国家治理体系和治理能力的根本政治制度作用。

对预算开展全口径审查、全过程监管

此次发布的《指导意见》明确了支出预算、支出政策的含义。"支出政策是政府根据党中央重大方针政策和决策部署、预算法等法律规定,制定的财政支出安排措施。支出预算是政府按照规定的程序、方法和标准编制的,对各种支出作出统筹安排,并报经本级人民代表大会审查批准后执行的财政支出计划。"这位负责人说。《指导意见》并称,按照党中央改革部署要求和预算法、监督法规定,人大对支出预算和政策开展全口径审查和全过程监管,包括五个方面的主要内容:支出预算的总量与结构、重点支出与重大投资项目、部门预算、财政转移支付和政府债务。其中,在政府债务方面,《指导意见》称,地方政府债务要重点审查债务纳入预算管理的情况;要根据各地的债务率、利息负担率、新增债务率等风险评估指标体系,结合债务资金安排使用和偿还计划,评价举债规模的合理性。"此外,还要加强对政府预算收入编制的审查。要强化对预算收入执行情况的监督,推动严格依法征收,不收'过头税'。推动依法规范非税收入管理。"这位负责人表示。

健全创新审查监督程序和方法

为了更好地实施这一改革举措,《指导意见》称,按照总结、继承、完善、提高的原则,在巩固完善现有程序和方法基础上,进一步探索健全程序,创新方式方法,提出了多项措施。

这位负责人介绍,这些举措包括了认真学习贯彻党中央重大方针政策和决策部署、充分听取意见建议、深入开展专题调研、探索开展预算专题审议、推动落实人大及其常委会有关预算决算决议和及时听取重大财税政策报告等。

同时,探索就重大事项或特定问题组织调查。根据《预算法》的规定,各级人大和县级以上各级人大常委会可以就预算、决算中的重大事项或特定问题组织调查。经全国人大常委会委员长会议专项批准,人大常委会预算工作委员会可以对各部门、各预算单位、重大建设项目的预算资金使用和专项资金的使用进行调查,政府有关部门和单位应当积极协助、配合。

“此外,还将加快推进预算联网监督工作。”这位负责人表示,要适应信息社会发展要求,实现预算审查监督信息化和网络化。充分利用预算联网平台,加强对支出预算和政策的审查监督,提升审查监督内容的翔实性和时效性,增强审查监督工作的针对性和有效性。

(资料来源 《经济日报》2018 年 3 月 8 日,第 3 版。)

同步习题

1. 下列关于决算的编制和审批的说法中,不正确的是( )。

A. 决算草案由各级政府、各部门、各单位在每一年预算年度终了后按照国务院规定的时间编制。

B. 各部门应当自本级政府财政部门批复本部门决算之日起 30 日内向所属单位批复决算。

C. 不得把预算内收入和支出转为预算外,不得随意把预算外收入和支出转为预算内。

D. 决算各项数字应当以经济核实的基层单位汇总的会计数字为准,不得以估计数字替代,不得弄虚作假。

【答案】B

【解析】各部门应当自本级政府财政部门批复本部门决算之日起 15 日内向所属单位批复决算。

2. 负责具体编制预算调整方案的机关是( )。

A. 国务院

B. 人民代表大会

C. 财政部门

D. 人民代表大会常务委员会

【答案】C

【解析】财政部门负责具体编制预算调整方案。

参考阅读

1. 刘剑文、熊伟:《财政税收法学》(第 7 版),法律出版社 2017 年版。
2. 熊伟:《财政法基本问题》,北京大学出版社 2012 年版。
3. 朱大旗:《中华人民共和国预算法释义》,中国法制出版社 2015 年版。
4. 蒋悟真:《中国预算法实施的现实路径》,载《中国社会科学》2014 年第 9 期。
5. 吴汉东:《国家治理现代化的三个维度:共治、善治与法治》,载《法制与社会发展》2014年第5期。

法规链接

1.《预算法》

2.《预算法实施条例(修订草案征求意见稿)》

3.《国有资产管理法》

4.《立法法》

第三章　公　债　法

内容简介

本章首先介绍了公债和公债法律关系的基本概念，梳理了我国公债制度的历史沿革。根据公债在主体上的分类，分别介绍了国家公债法律制度和地方公债法律制度。在国债法律制度部分，重点阐释了国债的发行、流通和管理环节的交易制度和监管制度。在地方债法律制度部分，梳理了我国地方债的发行历史，从理论和制度实践对我国地方债制度进行了系统的法律分析。本章的重点是国债的相关制度，难点是地方政府举债的理论和实践问题。

第一节　公债法律制度概述

一、公债概述

（一）公债：重要的财源和财政工具

私人借款的历史可以追溯到公元前，但国家借款的历史则相对较短。欧洲的国王们在 13 世纪中叶就已经开始借款。而一直到光荣革命之后，权利宪章规定课税要得到议会的承认，并且在发行国债时创设了保证支付利息的恒久税，才结束了国王私债的时代，进入了公债的时代。而由于利率与恒久税之间的对应关系，也使公债的信用走向稳定。

公债，即政府以其信用为基础，为满足财政支出的需要，以按期还本付息为条件，通过借款或发行有价证券等方式向社会筹集资金所形成的债务。借款形式的收入是政府的债务收入，同时也是政府的一种负债，政府必须按借款时的约定方式向债权人支付利息和偿还本金。

对于现代国家来说，作为重要的财政融资手段，公债收入已经成为政府财政收入中的重要组成部分。

公债的产生，往往是因被认为是财政收入的主体——税收，不能完全满足国家的财政需要。国家的存在以及维持其机能的正常运行，必须有充足的财源作为支持。现代国家作为税收国家，国家的支出应主要依赖于税收收入。但熊彼特在 1918 年的著名论文《税收国家的危机》中就曾指出,[1]考虑所得税必须是适度的(moderate),以至于不对生产、消费和居民的储蓄倾向造成明显影响,因而税率定然是有上限的。[2] 这一限制必然导致,税收仅能维持一个夜警国家的支出。而随着国家功能的日益膨胀,税收的增长将不能满足财政开支的剧增。同时,税收法定主义是税法至为重要的基本原则,或称税法的最高法律原则,[3]税收法定主义要求,对税的课赋、征收必须依据法律来进行。如果不依据法律,则国家不能进行课税、征税;国民亦不负纳税的义务。[4] 而立法程序往往是相对繁复的,特别是在立法过程中,各方利益的角逐往往延缓税法的变革。[5] 因此,税法不易根据国民经济的变化快速调整,税收收入难以应对突发事件引起的财政支出增长。因此,发行债券就成了税收的重要补充,使政府能更为灵活地获得财政收入。

而从另一个角度来看,公债能够为国民所接纳,并不能仅凭借国家权力,某种意义上国民对国家税收收入的信心,才是支撑其对公债信心的基础。可以说稳定的税源是公债兑付的基础。

(二)公债的分类

遵循不同的标准,公债可以有不同的类型划分。

按照发行主体的不同,可以将公债分为国债和地方债,而这是最具现实意义的一种划分。所谓国债,即国家债务,一般由财政部代表中央政府举借。地方债则是地方政府举借的债务。虽然二者均出政府信用担保,然而在单一制国家,地方债的合法性受到地方政府主体地位和地方财力范围的制约。在中国的特定背景下,这一分类具有现实意义。

按照举借债务方式的不同,可以分为政府债券和政府借款。前者是通过发行政府债券,可以说是公债的主要形式。而后者则是按照一定的程序和形式,由借贷双方共同协商,以签订协议或合同的形式。一般来说,政府债券是内债的主要形式,发行主体既包括中央政府也包括地方政府。而政府借款则受到国家结构形式的影响,作为外债的主要形式,在单一制国家中地方政府无法成为一方主体。

按照偿还期限不同,可以分为定期公债和不定期公债。前者即发行时有规定还本付息期限的公债。一般发行期限 1 年以内的为短期债券,发行期限在 1 年以上 10 年以下的为中期债券,而发行期限在 10 年以上的为长期债券。而不定期公债,则是不规定

---

① See Marz Eduard, Joseph Schumpeter, *Scholar*, *Teacherand Politician*, New Haven, Yale University Press, 1991, pp. 85 – 96.

② 当前世界众多国家的所得税税率已经大大超过了熊彼特所判断的上限,却并没有引起其预言的经济混乱。

③ 参见[日]中川一郎:《税法学体系总沦》,载林明锵:《当代公法理论》,台北,月旦出版社股份有限公司 1993 年版,第 607 页。

④ 参见[日]金子宏:《日本税法》,战宪斌、郑林根等译,法律出版社 2004 年版,第 57 页。

⑤ 税法的修改往往引起各方利益代表的反复争论,以至于立法过程变得十分漫长。以我国"两税合并"为例,经过了多年的研究和争论,才在 2007 年实现立法。

还本付息期限的债券,此类公债的持有人即债权人可以按期获得利息,但没有要求清偿债务的权利,目前此种债券较少见。

按照发行性质不同,可以分为自由公债和强制公债。前者主要是政府发行的由公民、法人或其他组织自愿认购的债券,是一种普遍采用的形式,而购买者在是否选择购买和购买数量上有较大的自由度。后者一般在战争时期或经济面临异常困难时出现,因此表现为政府凭借公权力强制出售债券,存在强制性。

按照是否可以自由流通,可以分为上市公债和不上市公债。前者是可以在债券市场上出售,并且可以转让的公债。上市公债增强了公债的流动性,多数的公债都是可以进入证券市场自由买卖的。而后者不能自由买卖,其发行往往基于政治、经济方面的特定原因和目的。为了保证发行,政府通常在利率和偿还方法上给予某些优惠。

(三)公债的功能

公债自其起源就具有工具属性,也称政策性①或"工具性格",②明显负载着政府特定的政策目标和意图。近代公债制度,至少可以上溯到13世纪的英国,当时的爱德华一世就是为了筹措对苏格兰战争的军费而发行公债。自此以来,筹措军费与筹集公共建设经费以及其他临时性的巨大支出成为发行公债的主要理由。

而在现代国家市场经济条件下,无论以何种形式发行的公债,都成为满足政府公共支出需要、弥补财政赤字的重要途径。一方面,通过发行政府公债可以有效调动社会闲散资金、弥补财政赤字,筹集基础设施建设资金,有利于我国经济社会发展。另一方面,国家通过发行公债特别是国债,由中央银行公开市场操作,同时影响着银行信贷规模和流通中的货币量,因此也成为连接财政政策和货币政策的桥梁。

因此可以说公债体现了国家对未来财政收入的提前预支,既建立在对政府财政收入的积累基础上,也建立在对政府未来财政收入的合理预期基础上,而通过公债的发行在某种程度上实现了对经济发展的推进。而在我国市场经济条件下的宏观调控中,公债杠杆是调节总供给与总需求平衡关系的重要工具;是调节积累与消费比例关系的重要工具;是协调财政与金融两大政策的重要工具。③ 公债作为融资工具的属性得到了凸显。

二、公债法律关系

(一)公债法律关系的特征

在公债法律关系中,政府作为债务人,而债权人可以是国内外的公民、法人或其他组织,也可以是某一国家或地区的政府以及国际金融组织。二者之间的债权债务关系

---

① 参见刘剑文主编:《财税法学》,高等教育出版社2004年版,第102页。

② 蔡茂寅:《论公债的宪法课题》,载李鸿禧教授六秩华诞祝贺论文集编辑委员会编:《现代国家与宪法:李鸿禧教授六秩华诞祝贺论文集》,台北,月旦出版社股份有限公司1997年版,第1413页。

③ 参见李兰英:《公债杠杆:市场经济中政府宏观调控的重要手段》,载《现代财经》2001年第3期。

以债的一般原则作为处理依据，然而作为一种公法上的债权债务关系，公债又与民法上的债存在差异。

第一，债务人只能是政府，既包括中央政府，也包括地方政府。政府作为一方主体参加公债法律关系，是公债区别于其他债的关系的显著特征。而没有政府的参与，也不可能有公债法律关系。

第二，公债法律关系虽然是一种意定之债，但其发生、变更和消灭较多体现政府单方面的意志，也呈现出公共利益优先的价值选择。但在债权人、债务人之间的平等性更为突出，即公债体现为国家与平等的民事主体之间发生的债权债务关系。因此与税收之债相比较而言，其契约性和对价性特征更突出。

第三，公债以政府信用为担保，尤其是国债以国家信用及国家财政收入为担保，其信用等级最高，享有"金边债券"之称；而地方债虽然安全系数较国债低，但地方债仍然有一定的地方财力担保，具有较高的可信赖性。

第四，对于债权人通过购买公债获得的利息偿付，在税法上享受特定的所得税免税优惠，在某种程度上也是对债权人支援国家建设的褒奖。

（二）公债法律关系的分类

公债法律制度的调整对象是在公债的发行、使用、偿还和管理的过程中所发生的社会关系。依据上述调整对象所涉及的公债活动的环节，我们可以将公债法律关系分为：公债发行法律关系、公债使用法律关系、公债偿还法律关系和公债管理法律关系。

第一，公债发行法律关系，是因公债的发行而产生的政府与相对应的权利主体之间的社会关系，它是公债关系中的基础性关系，是其他公债关系产生的前提。

第二，公债使用法律关系，政府将取得的公债收入进行使用的过程中所产生的社会关系，以及在公债的权利主体行使其公债权利的过程中所产生的社会关系，该关系体现了公债的发行目的和公债的宏观调控功能。而公债发行主体和实际使用主体在很多场合也是不一致的。

第三，公债偿还法律关系，是在政府于公债的还本付息过程中政府和相应的权利主体之间的社会关系。换言之，公债偿还法律关系体现了公债权利义务的终结。当然就债的双方主体而言，发行和偿还在主体上应当具有对称性。然而，由于公债使用主体的非对称性，也带来了公债发行和公债偿还主体的不匹配。

第四，公债管理法律关系，是在对公债流动进行管理的过程中所发生的社会关系，既包括预算管理的层面，也包括监督的层面。这种关系一方面体现了国家干预的精神，与国家对经济运行的宏观调控是分不开的；另一方面在某种程度上也暗含着债权人的权利所在。

三、我国公债制度的历史沿革

在中华人民共和国成立初期，为弥补战争经费造成的资金短缺，我国于1950年发行中华人民共和国历史上的第一次国债——"人民胜利折实公债"，公债的募集和还本付息均以实物为计算标准。随着国家进入大规模经济建设时期,国家需要通过发行公债为实现社会主义工业化筹集资金。自1954年开始,中央连续5年发行“国家经济建设公债”以支持国家建设。5年实际发行35.44亿元,超过计划发行总额的16.96%,相当于同期国家预算经济建设支出总数的4.11%,发行所筹集的资金由国家集中起来重点投向国民经济最为需要的地方。在20世纪50年代的兴起之后,我国公债的发行经历了60年代的低落、70年代的复苏和80年代之后的高涨。随着1981年1月《国库券条例》的颁布,财政部开始发行国债。

如果说改革开放前的公债更多体现的是政府的计划行为,那么20世纪80年代以来的公债发行则是逐渐与市场经济体制的建立相适应,使公债发行具有显著的市场经济特征。可以说经历了80年代的行政分配,90年代初的承购包销,到目前的定向发售、承购包销和招标发行并存的发展过程,总的变化趋势是不断趋向低成本、高效率的发行方式,逐步走向规范化与市场化。

随着公债由计划走向市场,我国公债也经历了集中化向分散化的趋势,即对地方政府债券从严格限制向逐步放开和强化中央政府对地方举债的控制。

第二节 国家公债法律制度

一、国家公债的概念

国家公债简称国债,是国家以其信用为基础,按照债的一般原则,通过向社会筹集资金所形成的债权债务关系。我国的国债专指财政部代表中央政府发行的国家公债,由于主体为国家,由国家财政信誉作担保,因此国债具有最高的信用度,被认为是最安全的投资工具。

我国现行《预算法》第34条规定:“中央一般公共预算中必需的部分资金,可以通过举借国内和国外债务等方式筹措,举借债务应当控制适当的规模,保持合理的结构。对中央一般公共预算中举借的债务实行余额管理,余额的规模不得超过全国人民代表大会批准的限额。国务院财政部门具体负责对中央政府债务的统一管理。”可以认为该条款为我国国债发行的法律依据所在。

随着现代国家逐步由税收国家向债务国家转化,国债的作用已经越来越多地被人们所认识。国债不仅是政府筹集资金弥补财政赤字的手段,更是个人投资者进行投资的较为安全、可靠的一种投资方式。也有学者指出,国债具有其战略意义:一是有助于实施互利共赢的开放战略。二是有助于推动人民币国际化。国债由于数量大、风险低等特点,可作为此种资产的主要选择。三是有助于促进经济发展方式转变。①

① 参见龚刚:《国债战略:历史借鉴及现实意义》,载《中国社会科学报》2012年10月10日,B04版。

二、我国国债制度的立法沿革

中华人民共和国成立初期中央政府每发行一笔经济建设公债，都出台一部条例，如1958年《地方经济建设公债条例》。这些法律文件虽然名称上称为条例，但是实际上是由全国人大常委会通过或由中央人民政府委员会通过，从效力层级上看不是行政法规，而是法律。[①] 目前，根据全国人民代表大会常务委员会《关于批准法制工作委员会关于对1978年年底以前颁布的法律进行清理的情况和意见的报告的决定》，上述条例全部已经失效。

改革开放以来，我国关于公债的法律规范主要是国务院颁发的行政法规和财政部等部门颁发的规章。1981年，国务院颁布了《国库券条例》（以下简称"81条例"）用以整体规范之后的国库券发行，此后1982～1991年每一年都颁布专门的年度国库券条例对当年的国库券发行工作作出具体规定，[②]以条例形式对每年的国债发行的利率、期限、偿还方式等相关事宜进行针对性规定，是这一时期国债管理的一大特点，凸显了国债发行正处于恢复阶段，各种相关制度远未完善甚至处于空白状态的客观现实。如1983年颁布了《一九八三年国库券条例》；1989～1991年颁布了3个特种国债条例用以规范3次特种国债发行；[③]1990～1992年国务院发布3个转换债的通知规定旧债换新债的工作，[④]其中每年发布的年度国库券条例和3个特种国债条例已经失效。

直到1992年，国务院颁布了新的《国库券条例》，该条例规定"每年国库券的发行数额、利率、偿还期等，经国务院确定后，由财政部予以公告"，此后国务院不再为每年发行的新国债颁布条例，而改由财政部就国债的发行、兑付等事宜发布相关公告。该条例在2011年1月8日根据国务院《关于废止和修改部分行政法规的决定》修订，删去了"对倒卖国库券的，按照投机倒把论处"一款。

除上述行政法规外，财政部等部门还颁布了一些部门规章，如《全国银行间债券市场债券交易管理办法》（中国人民银行令〔2000〕第2号）、《商业银行柜台记账式国债交

---

① 由全国人大常委会通过的文件包括：《1955年国家经济建设公债条例》《1956年国家经济建设公债条例》《1957年国家经济建设公债条例》《1958年国家经济建设公债条例》《地方经济建设公债条例》。由中央人民政府委员会通过的文件包括：《关于发行人民胜利折实公债的决定》《1954年国家经济建设公债条例》。1954年之前，中华人民共和国还没有《宪法》，也没有确立人民代表大会制度，当时的中央人民政府委员会实际上行使了立法权。因此，本书认为上述两条例在效力层级上也应当属于法律。

② 包括1981年、1982年、1983年、1984年、1985年、1986年、1987年、1988年、1989年、1990年、1991年年度国库券条例，均已经失效。2001年国务院发布《关于废止2000年底以前发布的部分行政法规的决定》（国务院令第319号），其中确认了1982年到1991年的年度国库券条例"适用期已过，实际上已经失效"，但对1981年颁布的《国库券条例》的效力没有规定。2008年国务院《关于废止部分行政法规的决定》（国务院令第516号）废止了"81条例"。

③ 包括1989年、1990年、1991年《特种国债条例》，均已经失效。

④ 包括国务院《关于发行1990年转换债的通知》《关于发行1991年转换债的通知》《关于发行1992年转换债的通知》。

易管理办法》(中国人民银行令〔2002〕第2号),[1]《国债承销团成员资格审批办法》(财政部、中国人民银行、中国证券监督管理委员会令第39号)、[2]《国债一级自营商管理办法》(财国债字〔1993〕100号)、[3]《国债一级自营商资格审查与确认实施办法》(财国债字〔1993〕100号)、[4]《国债托管管理暂行办法》(财国债字〔1997〕25号)等。另外存在大量通知、公告形式的规范性文件,如《国债承销团组建工作管理办法》(财库〔2017〕145号)、《国债做市支持操作规则》(财库〔2016〕154号)。

而具体到国债的上市交易,我国证券市场中法律位阶最高的为全国人大常委会1998年12月29日发布的《证券法》,但当时并不适用于"政府债券的发行和交易",换言之仅仅是规范除政府债券以外的其他证券的发行和交易行为。[5] 然而2005年修订后,"政府债券、证券投资基金份额的上市交易,适用本法;其他法律、行政法规另有规定的,适用其规定"。[6] 换言之如法律、行政法规无特别规定,国债的上市交易也适用证券法的一般性规定;但也限于原则性规定,并不能体现国债的特殊性。

由此不难看出,虽然国债发行在我国已经有了比较长久的历史,但国债法律规范却还在十分芜杂的阶段。目前不仅没有全面规范国债发行、资金使用、兑付和监督的法律规范,甚至直接与国债有关的法律条款也寥若晨星,尤其是对涉及发行、兑付、资金使用和监督等核心问题的法律规范几乎为空白。而即便是部门规章或其他规范性文件,涉及具体制度规定时,也存在冲突、重叠处;尤其在国债监管方面措施与手段都较有限。

三、国债发行制度

国债的发行是国债运行的起点环节,具体是指国债售出及被个人和企业认购的过程。国债发行法律制度主要涉及国债决策主体、发行方式及发行对象。

(一)国债发行的种类

按照形式的不同,国债可以分为无记名国债、凭证式国债、记账式国债和储蓄国债(电子式)四种。目前在深、沪证券交易所上市的国债为记账式国债,而凭证式国债和储蓄国债则不在交易所上市。而无记名国债已经退出历史舞台。

1. 无记名国债为实物国债,是一种票面上不记载债权人姓名或单位名称,以实物券面形式(券面上印有发行年度、券面金额等内容)记录债权而发行的国债,又称实物券。是我国发行历史最长的一种国债。从形式上看,20世纪50年代发行的经济建设公债

---

① 根据《中国人民银行公告〔2014〕第28号》,该办法自公告之日(2014年11月28日)废止。

② 根据《财政部关于废止部分规章和规范性文件的决定》(财政部令第77号),该办法自公告之日(2015年2月2日)废止。

③ 根据《国债承销团成员资格审批办法》(财政部令第39号),该办法自公布之日(2006年7月4日)废止。

④ 同上。

⑤ 参见1998年、2004年《证券法》第2条。

⑥ 2005年《证券法》第2条。

和从1981年起发行的国库券实质上都可以归入无记名国债范畴。历年来发行的无记名国债面值有1元、5元、10元、100元、500元、1000元、5000元、10,000元等。1981～1994年,面向个人发行的国债一方只有无记名国库券一种。随着2000年国家发行的最后一期实物券(1997年3年期债券)的券面到期,无记名国债宣告退出国债发行市场的舞台。

2. 凭证式国债,是指国家采取不印刷实物券,而用填制“国库券收款凭证”的方式发行的国债,有固定面值及票面利率,通过纸质媒介记录债权债务关系。我国从1994年开始发行凭证式国债。凭证式国债具有类似储蓄、又优于储蓄的特点,是一种储蓄性国债,即是以储蓄为目的的个人投资者理想的投资方式。与储蓄相比,凭证式国债的主要特点是安全、方便、收益适中。

3. 记账式国债,是指没有实物形态的票券,又称无纸化国债。记账式国债一般分为交易所市场发行、银行间债券市场发行以及同时在银行间债券市场和交易所市场发行(又称为跨市场发行)三大情况。记账式国债一般具有成本低、收益好、安全性好、流通性强的特点。具体又分为记账式贴现国债和记账式付息国债,前者以低于票面金额的价格贴现发行。

4. 储蓄国债(电子式)是2006年推出的国债新品种,是由财政部面向境内中国公民储蓄类资金发行的,以电子方式记录债权的不可流通的人民币债券。

此外,我国在历史上还发行过三次特别国债。第一次,经第八届全国人大常委会第三十次会议审议批准,财政部于1998年8月向四大国有独资商业银行发行了2700亿元长期特别国债,所筹集的资金全部用于补充国有独资商业银行资本金。第二次,2007年十届全国人大常委会第二十八次会议决定批准发行15,500亿元特别国债,用于购买约2000亿美元外汇,作为即将成立的中国投资有限责任公司的资本金。第三次,由于2007年第一期6000亿元特别国债将于2017年8月29日到期兑付,为做好特别国债兑付工作,经国务院批准,财政部2017年8月22日发布通知,决定采取滚动发行的方式,依法合规、稳妥有序地向有关银行定向发行6000亿元特别国债。由此可见,特别国债一般是为实施某种特殊政策,具有特定目标和明确用途。

(二)国债发行的历史演进

1. 行政摊派向市场化的转型

1981年1月,我国颁布了《国库券条例》,财政部开始发行国债,正式命名为“中华人民共和国国库券”,属实物券。国债恢复发行之初,由财政部门直接向认购人(主要是企业和居民个人)出售国债,带有半摊派的性质。1988年,我国尝试通过商业银行和邮政储蓄的柜台销售方式发行实物国债,开始出现了国债一级市场。

从决策主体来看,这一阶段国债的发行经历了一个由央行主管到由政府领导、财政部门和央行共同管理的过程,央行在国债发行中的地位趋于下降,财政部门的地位则逐渐上升。[①] 起初,发行事宜由中国人民银行及其所属机构办理。之后,国库券发行方面的规定多次发生变化。1987 年国库券发行改为由中国人民银行和工农中建四大行及所属机构办理;1988 年改为由中国人民银行组织这四大行及其所属机构办理;1989 年又改为由中国人民银行组织各专业银行及其他金融机构办理;1990 年和 1991 年则改为由各级人民政府统一领导,银行、财政、邮政部门多渠道办理。1992 年以后改为在各级人民政府统一领导下,由财政部门和中国人民银行组织有关部门多渠道办理。

从发行方式和发行对象来看,国债发行方式比较单一,长期以行政分配为主,引入市场化后基本以承购包销为主。1981 年恢复发行国内债券时,国库券主要向国营企业、集体所有制企业、企业主管部门和地方政府分配发行;同时,机关、团体、部队、事业单位和农村富裕的社队可以适当认购,个人也可以自愿认购。这种以行政分配为主的发行方式直到 1990 年才开始有所改变,逐步引入市场因素。1990 年,财政部将 25 亿元国库券中的一部分进行柜台推销的试点,为建立国债发行市场创造了条件。

2. 国债发行市场的兴起

我国国债发行市场始建于 1991 年。财政部第一次组织国债发行的承购包销,这标志着国债一级市场初步建立起来。各地的国债承销机构组成承销团,通过与财政部签订承销协议来决定发行条件、承销费用和承销商的义务,这在一定范围内改变了通过行政分配认购发行国债的办法。作为一种协议性的市场发行制度,这种发行方式有两个特点:一是由承销合同确定发行人与承销人的权利义务关系;二是承销人向投资人分销,而分销不出去的部分由承销人自己认购。这反映了国债市场发展的客观需要,同时又是在国债市场发展的基础上实现的。

我国从 1993 年年底开始实行国债一级自营商制度。所谓国债一级自营商,是指具备一定资格条件,经财政部、中国人民银行的中国证监会共同审核确认的银行、证券公司和其他非银行金融机构。其主要职能是参与财政部国债招标发行,开展分销、零售业务,促进国债发行,维护国债市场顺畅运转。[②] 实行国债一级自营商制度是国际上较为通行的做法,对完善我国国债发行与流通的市场机制,推动国债市场的发展,起了重要的促进作用,同时提高了国债的发行效率,降低了发行成本。

1994 年《预算法》禁止财政部向央行借款,从此出纳发售国债这种更加合理的方式成为弥补财政赤字的主要形式。

由此可见我国形成了这样一种发行市场的结构:以差额招标方式向国债一级承销商出售可上市国债;以承销方式向承销商,如商业银行和财政部门所属国债经营机构,销售不上市的储蓄国债(凭证式国债);以定向招募方式向社会保障机构和保险公司出

---

① 参见汤林闽、汪德华:《国债恢复发行以来管理改革的回顾及评价》,载《当代中国史研究》2015 年第 2 期。

② 参见《国债一级自营商管理办法(试行)》(财国债字〔1993〕100 号)第 2 条。

售定向国债。

(三)国债发行的竞争性招标机制

1995年在无纸化发行取得成功的基础上,引进招标发行方式,以记账形式成功地发行了一年期国债。而自1999年第9期记账式国债开始,中国的国债市场发行基本上采用招标机制。在较长的一段时期内,我国国债招标方式采用的是三段论,1年以内的贴现式国债采用多重价格,1年至10年采用混合式招标,10年以上采用单一价格招标。

自2016年以来,我国国债发行竞争性招标方式包括单一价格、修正的多重价格(混合式)。[①] 即10年以下的全部采用混合式招标,10年以上的采用荷兰式招标,1年以下的贴现债不再使用美国式招标。招标标的为利率或价格。

单一价格招标即荷兰式招标方式下,标的为利率时,全场最高中标利率为当期(次)国债票面利率,各中标国债承销团成员(以下简称中标机构)均按面值承销;标的为价格时,全场最低中标价格为当期(次)国债发行价格,各中标机构均按发行价格承销。

混合式招标方式下,标的为利率时,全场加权平均中标利率为当期(次)国债票面利率,低于或等于票面利率的中标标位,按面值承销;高于票面利率的中标标位,按各中标标位的利率与票面利率折算的价格承销。标的为价格时,全场加权平均中标价格为当期(次)国债发行价格,高于或等于发行价格的中标标位,按发行价格承销;低于发行价格的中标标位,按各中标标位的价格承销。

多重价格招标即美国式招标方式下,标的为利率时,全场加权平均中标利率为当期国债票面利率,中标机构按各自中标标位利率与票面利率折算的价格承销;标的为价格时,全场加权平均中标价格为当次国债发行价格,中标机构按各自中标标位的价格承销。此种方式因为中标价格各不相同,最能体现投标商的认购能力,公开竞争性较为明显。然而也带来了较大压力。因此2016年开始作出了上述变更。

四、国债流通制度

发行国债筹集的资金,由国务院统一安排使用和流通。国债的流通体现为不同流通形式的组合,根据流通地点不同,可分为场内交易和场外交易。场内交易是格局证券交易所制定的交易规则且在证券交易所的监督下实现的交易。场外交易是在交易所市场之外的国债交易,灵活性较强,是场内交易的重要补充。

(一)国债的流通历史

自1981年恢复发行国债之后,经历了长达7年的有债无市的历史过程。"81条例"明确规定"国库券不得当作货币流通,不得自由买卖"。[②]

---

① 《2016年记账式国债招标发行规则》(财库〔2016〕4号)和《2017年记账式国债招标发行规则》(财库〔2016〕234号)明确"竞争性招标方式包括单一价格、单一价格与多重价格结合的混合式"。《2018年记账式国债招标发行规则》(财库〔2018〕1号)则将混合式的表述为"修正的多重价格"。

② 1981年《国库券条例》第9条。

1. 国债流通实物券柜台市场主导(1988～1993 年)

1988 年 5 月 18 日,财政部《关于转发〈开放国库券转让市场试点实施方案〉的通知》确定于 1988 年 4 月上旬和 5 月上旬在第一批和第二批试点城市开办国库券转让业务。该通知明确指出"国库券的发行和流通是一个整体,财政部门负责发行必然要管流通,只管发行不管流通,流通市场一旦出现问题就会波及发行市场,影响今后国库券的发行。因此,财政部门要积极参与流通市场的管理,并通过办理国库券中介业务引导市场",并指出"财政部门同人民银行管理国库券流通市场的着眼点不尽相同,财政部门具有国库券发行者和流通市场管理者双重身份,既要促进国库券的流通,又要使流通市场的交易活动有利于国库券的发行。因此,财政部门在制定国库券开盘价格时,应有充分的发言权"。在具体的管理措施方面,主要包括取缔国库券黑市交易活动、做好国库券交易中的防假和鉴别工作、实行保护价格、宣传工作等。随着财政部在全国 61 个城市进行国债流通转让的试点,中国国债二级市场(柜台交易市场)也初步形成。1991 年,财政部、中国人民银行联合发布《关于全面开放国债转让市场的通知》(财国债字〔1991〕第 012 号),决定"在全国地市级以上的城市和地区所在的县级市(西藏除外)全面开放国债转让市场"。

1990 年 12 月上海证券交易所成立,开始接受实物债券的托管,并在交易所开户后进行记账式债券交易,形成了场内和场外交易并存的市场格局。但 1994 年前交易所的交易量一直很小。当时债券市场的主要特点是不记名的实物券没有统一的托管机构,而是发行后再分散托管在代保管机构,交易只能在代保管机构所在地进行,不能跨地区交易。而托管的分散加大了托管真实性监管的难度,[①]其教训证明,无论债券交易采取何种形式,前提都需要记账式债券和统一的托管。

2. 交易所债券市场主导(1994～1996 年)

鉴于实物券流通中所发生的问题,主管部门将其归因于场外市场的存在,并认为记账式债券是交易所才可能拥有的特性。1995 年 8 月,国家正式停止了一切场外债券市场,证券交易所变成了中国唯一合法的债券市场。同时,随着债券回购交易的展开,初步形成了交易所债券市场体系。

3. 银行间债券市场的兴起与主导(1997 年以来)

1997 年 6 月,人民银行发布了中国人民银行《关于各商业银行停止在证券交易所证券回购及现券交易的通知》(银发〔1997〕240 号),要求商业银行全部退出上海和深圳交易所市场,商业银行在交易所托管的国债全部转到中央国债登记结算有限责任公

---

① 1994 年以后,机构以代保管单的形式超发和卖空国库券的现象相当普遍,市场风险巨大。以各级财政部门的国债服务部、信托和证券公司为主的无记名实物券国债柜台转让市场,因滥发假国债代保管单而被关闭。以武汉证券交易中心等为代表的区域性国债回购市场,由于虚假的国债抵押,而市场回购资金又有相当部分投向房地产或股市,导致它们在 1995 年最终关闭。

司;同时规定各商业银行可使用其在中央结算公司托管的国债、中央银行融资券和政策性金融债等自营债券通过全国银行间同业拆借中心提供的交易系统进行回购和现券交易,这标志着机构投资者进行债券大宗批发交易的场外市场——银行间债券市场正式启动。1998 年 5 月,中国人民银行恢复了公开市场业务,有力地促进了银行间债券市场的发展。央行通过公开市场操作,来调控和引导一级交易商在市场的交易,并传递和影响银行间债券市场债券交易结算业。

由此国债交易形成了交易所市场和银行间市场两市分立的结构,前者定位于个人和中小机构投资者,通过集中撮合方式进行交易;而后者定位于机构投资者,通过一对一询价方式进行交易,为场外批发市场。

2000 年 4 月,中国人民银行颁布《全国银行间债券市场债券交易管理办法》(中国人民银行令〔2000〕第 2 号),旨在提供明确的规定和指引。根据该办法下列机构可成为全国银行间债券市场参与者,从事债券交易业务:(1)在中国境内具有法人资格的商业银行及其授权分支机构;(2)在中国境内具有法人资格的非银行金融机构和非金融机构;(3)经中国人民银行批准经营人民币业务的外国银行分行。

2002 年 4 月 15 日将银行间债券的准入制度由审批制改为备案制。实行准入备案制,向所有可以投资国债和金融债的金融机构以及各类投资资金开放了全国银行间债券市场。

4. 债券柜台交易市场的再度兴起(2002 年以来)

2002 年 4 月 3 日,中国人民银行和财政部颁布了《商业银行柜台记账式国债交易管理办法》(中国人民银行令〔2002〕第 2 号),允许我国商业银行开办记账式国债柜台交易业务,以满足没有证券账户的投资者方便地买卖记账式国债的市场需求。2002 年 6 月 17 日起,商业银行柜台记账式国债交易开始试点,将个人投资者纳入银行间市场。

(二)国债的交易类型

国债交易包括现货交易、回购交易,也包括 2005 年 6 月和 2006 年 2 月推出的远期和利率互换相继出现。

国债现货交易,是指投资者根据合同商定的付款方式买卖国债,在一定时期内进行券款的交割,实现债券所有权的转让,是我国国债流通的最主要方式。国债现货交易必须在国家批准的证券交易场所和国债流通服务机构内进行,交易价格一般通过市场竞价的方式确定。在 1997 年之前,国债交易基本上都是现货交易。

国债回购交易,是指交易所挂牌的国债现货的持有方(融资者、资金需求方)以持有的证券作为抵押,获得一定期限内的资金使用权,期满后须归还借贷的资金并按约定支付一定利息;而资金的贷出方(融券方、资金供应方)则暂时放弃相应资金的使用权,从而获得融资方的证券抵押权,并于回购期满时归还对方抵押的证券,收回融出资金并获得一定的利息。国债回购交易有质押式回购①和买断式回购②两种,根据上交所交易业务规则,只有机构投资者方可从事国债买断式回购交易,个人投资者可以参与质押式回购(实行标准券制度的债券回购)。

国债期货交易,是指通过有组织的交易场所,按预先确定的买卖价格,在未来特定时间内进行券款交割的国债交易方式。我国1993年建立国债期货市场,但在实际试点中,国债期货市场屡次发生的严重违规交易表明我国尚不具备开展国债期货交易的基本条件。为了保证金融市场的健康发展,国家决定自1995年5月18日起暂停国债期货交易试点。

而在国债交易机制上,由过去的单边报价过渡到双边报价。双边报价,实际上就是国外的做市商制度。这一制度对于活跃债券交易,更好地发现债券价格非常有利。

五、国债管理制度

(一)国债的偿还

国债偿还是指政府按照约定,对到期国债支付本金和利息的行为,它是国债运行的终点。

国债偿还的资金来源一般包括:(1)经常性预算收入,将每年的国债偿还数额作为财政支出的一个项目列入当年支出预算,由正常的财政收入主要是税收保证国债的偿还。(2)预算盈余,在预算执行结果有盈余时,动用这种盈余来偿付当年到期国债的本息。(3)举借新债,政府通过发行新债券,作为还旧债的资金来源。实质是债务期限的延长。(4)设置偿债基金,政府预算设置专项基金用于偿还国债,每年从财政收入中拨付专款设立基金,专门用于偿还国债。从我国的实践来看,目前主要通过举借新债来偿付旧债,虽然这种方法也基本上为各国所采用,但资金来源过于单一导致了国债规模过快膨胀,从而使财政陷入了"本息偿付—债务规模扩大—本息偿付"的恶性循环。

国债偿还的方式一般有:(1)分期逐步偿还法。即对一种国债规定几个还本期,直到国债到期时,本金全部偿清。(2)到期一次偿还法。即实行在国债到期日按票面额一次全部偿清。(3)抽签轮次偿还法。即通过定期按国债号码抽签对号以确定偿还一定比例国债,直到偿还期结束,全部国债皆中签偿清时为止。(4)市场购销偿还法。即从证券市场上买回国债,以至期满时,该种国债已全部被政府所持有。(5)以新替旧偿还法。即通过发行新国债来兑换到期的旧国债。我国主要以到期一次偿还为主。

(二)国债余额管理

国债余额,是指中央政府历年的预算差额,即预算赤字和预算盈余相互冲抵后的赤字累计额和经全国人大常委会批准的特别国债的累计额。国债余额管理指立法机关不具体限定中央政府当年国债发行额度,而是通过限定一个年末不得突破的国债余额上

---

① 1997年银行间债券开展质押式回购业务。

② 2004年我国推出买断式回购。

限以达到科学管理国债规模的方式。美国从1917年起即开始实行对国债筹资设置最高限额的方式,国会不再审批国债发行额度。在德国、法国、日本以及加拿大等国家,其立法机关通常在审批政府预算报告时一并审批预算赤字或预算盈余,只控制国债规模的增减量,将国债借新还旧部分授权财政部自行运作。①

自1981年恢复发行国债以来,我国一直采取逐年审批年度发行额的方式管理国债。然而这种管理方式存在五个方面的问题:年度国债发行额不能全面反映国债规模及其变化情况,控制年度国债发行额不利于合理安排国债期限结构,不利于促进国债市场平稳发展,不利于财政与货币政策协调配合,不利于提高国债管理效率。

2005年12月16日第十届全国人大常委会第四十次委员长会议通过了全国人大常委会预算工作委员会关于实行国债余额管理的意见。这意味着自2006年起,我国将参照国际通行做法,采取国债余额管理方式管理国债发行活动,以科学地管理国债规模,有效防范财政风险。

全国人大常委会预算工作委员会关于实行国债余额管理的意见同意了国务院提出的五条建议:一是在每年向全国人民代表大会作预算报告时,报告当年年度预算赤字和年末国债余额限额,全国人民代表大会予以审批;一般情况下,年度预算赤字即为当年年度新增国债限额。二是在年度预算执行中,如出现特殊情况需要增加年度预算赤字或发行特别国债,由国务院提请全国人大常委会审议批准,相应追加年末国债余额限额。三是当年期末国债余额不得突破年末国债余额限额。四是国债借新还旧部分由国务院授权财政部自行运作。财政部每半年向全国人大有关专门委员会书面报告一次国债发行和兑付等情况。五是每年一季度在中央预算批准前,由财政部在该季度到期国债还本数额以内合理安排国债发行数额。

2014年修订的《预算法》也在第34条确认了"对中央一般公共预算中举借的债务实行余额管理,余额的规模不得超过全国人民代表大会批准的限额"。

(三)国债的监管

我国国债市场上,财政部、中国人民银行、中国证券监督管理委员会对国债的监管都享有一些职权,但是他们之间的职权界限不清晰,也没有一部法律就此做出完整明确的规定,各部门都在各自的职权范围内各司其职、各自为政。同时,由于国债监管以政府监管为主,缺乏行业自律性监管,国债市场的自律性监管不能很好地发挥作用,中国国债协会、中国证券业协会、上海和深圳交易所等国债自律性组织虽然都订立了自制性规则,但执行力度不够或者效果差强人意。因此未来如何实现国债的统一监管是值得关注的议题。

---

① 参见马洪范:《国债余额管理、国库现金运作及货币政策协调》,载《中国金融》2006年第6期。

第三节 地方公债法律制度

一、地方公债与地方主体法律地位

地方公债一般简称地方债，也被称为“市政债券”，作为地方政府筹措财政收入的一种形式其收入列入地方政府预算，由地方政府安排调度。可以说地方政府的举债权是地方政府财权的重要内容。

政府的财政预算是分层级的，各级政府都要有收入才能维持其开支。在市场经济条件下，财政分权是与之相配的财政体制：各级政府作为一级政权，承担一级事权与支出责任，更需要有相应的财权作为支撑。与中央政府一样，地方政府的收入同样以税收为主，但地方政府有限的税收收入同样不能满足不断扩张的财政开支。因此，地方政府同样面临着通过发行公债来进行融资的问题。可以说财权既体现为税基也体现为举债权，而在形式上则表现为一级预算。换言之，即《预算法》上的“一级政府一级预算”的表述。然而1994年分税制改革虽然对财政收支在中央与地方之间的权力配置进行了安排，但并非建立在地方政府拥有一级产权的基础上，而一级产权在某种意义上体现了独立承担责任的财产能力。换言之，就规则层面而言，我国地方政府并不享有举债权。

二、我国地方债的制度演进

（一）我国地方债发行的历史

中华人民共和国成立后，在1949年至1958年，我国曾发行过两种地方公债：一是1950年，东北行政委员会决定发行上下两期“东北生产建设折实公债”，均以分为单位，每分值以一定数量米、布、盐、煤的市价折合计算。[①] 二是1958年4月，中共中央作出了《关于发行地方公债的决定》，决定从1959年起停发全国性经济建设公债，允许地方发行公债筹集建设资金。1958年6月5日，全国人大常委会通过《地方经济建设公债条例》对发行地方经济建设公债的目的、发债的权限、所筹集资金的使用以及债券的面额和期限做出了规定。该条例是中华人民共和国唯一的地方公债法规，但规定相当粗疏，全文仅500余字。20世纪50年代末60年代初，少数省份发行了“地方经济建设公债”。[②] 地方经济建设公债在1960年后停止发行，并于1965年前后基本完成还本付息工作。

---

① 参见辽宁省地方志编纂委员会办公室编：《辽宁省志财政志》，辽宁人民出版社2000年版；高培勇、宋永明编著：《公共债务管理》，经济科学出版社2004年版，第21页。

② 例如，黑龙江省1959～1960年发行了地方经济建设公债，主要推销给职工、工商界、市民和农民。1959年全省共推销地方公债4931万元，当年全省财政收入208,125万元，财政支出122,527万元。参见黑龙江省地方志编纂委员会编：《黑龙江省志·第23卷·财政卷》，黑龙江人民出版社1991年版，第233页。

此后,直至1980年,中国处于著名的“既无内债也无外债”的特殊时期。

(二)改革开放以后对地方债发行的基本态度

改革开放后,我国政府从1981年开始恢复发行公债,但一直都没有地方公债的发行。究其原因,国家之所以禁止地方政府发债就是担心地方政府非理性滥发债券而扰乱金融秩序,影响社会稳定。

1985年9月9日国务院办公厅《关于暂不发行地方政府债券的通知》(国办发〔1985〕63号)的颁发,则是明确禁止地方政府发行债券。该通知指出:“发行地方政府债券将会扩大固定资产投资总规模,继续加大已经膨胀了的固定资产投资。当前经济形势中存在的主要问题是国民经济增长速度过快,固定资产投资增加过猛,如不加以控制,就会超过国家财力和物力的承受能力,导致大量增发货币冲击市场,造成物价上涨,直接影响国民经济的健康发展和经济体制改革的顺利进行。”因此要求各地方政府不要发行地方政府债券。

1991年10月国务院颁布《国家预算管理条例》,在条例中明确了“中央建设性预算的部分资金,可以通过举借国内和国外债务的方式筹措,但是借债应当有合理的规模和结构;地方建设性预算按照收支平衡的原则编制”。由此可见,在当时地方政府无权举债。

1993年4月11日国务院《关于坚决制止乱集资和加强债券发行管理的通知》(国发〔1993〕24号)进一步强调对债券发行的控制,指出“加强债券发行管理,严格控制各项债券的年度发行规模。国家下达的债券发行计划指标为年度债券发行的最高限额,各地区和有关部门必须严格执行,未经国家计委和国务院证券委同意,不得擅自突破规模,也不得随意调整计划内的各项指标。……地方人民政府不得发行或变相发行地方政府债券”。

1993年12月1日,时任国务院总理的李鹏在全国经济工作会议上强调:“财政安排要坚持从紧的原则,地方财政要自求平衡,一律不打赤字。”①

而国发〔1993〕24号文和李鹏总理的这次讲话更是对其后审议的1994年《预算法》起到了直接的指导作用。

(三)1994年预算法的限制和地方政府收支不匹配的冲突

我国1994年颁布的《预算法》第28条明确规定:地方各级预算按照量入为出、收支平衡的原则编制,不列赤字。除法律和国务院另有规定外,地方政府不得发行地方政府债券。

时任财政部长刘仲藜在《关于〈中华人民共和国预算法(草案)〉的说明》中对此是这样解释的:“财政的平衡,是保持经济总量基本平衡的重要内容,也是国家实施宏观

---

① 李鹏:《加快建立社会主义市场经济体制的改革步伐,保持国民经济持续、快速、健康发展》(1993年12月1日),载《十四大以来重要文献选编》(上),人民出版社1996年版,第573页。

调控的重要手段。因此,中央政府预算和地方政府预算都不应列赤字。同时,考虑到在今后若干年内,国家要建设,人民生活要改善,改革要深化,再加上还债即将进入高峰期,中央预算中举借一定数额的债务用于必需的建设投资和还本付息支出,是必要的。因此,草案第二十七条规定:'中央政府公共预算不列赤字。''中央预算中必需的建设投资的部分资金,可以通过举借国内和国外债务等方式筹措,但是借债应当有合理的规模和结构。'该草案第二十八条规定:'地方各级预算按照量入为出、收支平衡的原则编制,不列赤字。''除法律和国务院另有规定外,地方政府不得发行地方政府债券。'"①

全国人大法律委员会《关于〈中华人民共和国预算法(草案)〉审议结果的报告》特别提及:对地方政府不列赤字的规定,有的代表赞成,有的代表不赞成。"法律委员会会同财经委员会、民族委员会、国务院法制局、财政部共同研究了代表们的意见,认为规定地方政府各级预算的编制不列赤字,对于保障经济的健康发展,是十分必要的,这是国家实施宏观调控的重要手段。因此,建议维持草案的上述规定,不作修改。"②而最后通过的《预算法》除了第27条增加了1款作为第3款("中央预算中对已经举借的债务还本付息所需的资金,依照前款规定办理")外,第27条和第28条其余条款原封不动予以保留。

《预算法》这一规定虽然在原则上禁止了地方政府发行债券的权力,但与此前的条例相比却又留下了可以变通之处。一方面,在"除国务院另有规定外"的语意下,地方政府也知道国务院一般不会批准其发行债券,因此,在现实生活中,就演变为地方政府普遍、大量地变相举债。另一方面,该条的但书规定实际上又为地方政府债券的发行开了个口子、留了后路。换言之,为地方政府变相举债提供了合法性的潜在空间。

而从地方政府本级财政支出状况来看,虽然1994年分税制改革对中央和地方的事权进行了分配,但地方政府依然承担了众多的地方管理事务。如市政建设、医疗、教育等经费来源依然是地方政府,中央政府仅就个别全国性重点工程等予以投入。1994年分税制实施之后,中央政府的财政权大幅度提高,地方财政权大幅度下降,但中央政府与地方的事权划分幅度较小。据统计,1994~2004年中央财政收入年均占比52.4%,地方财政收入年均占比47.6%;中央财政支出年均占比29.9%,地方财政支出年均占比70.1%。这样的收支冲突带来的是地方政府财政入不敷出,反映出的是分税制的不彻底。

分税制改革之后,法律中并没有明确的划分与授权,因此争议的发生只能通过政治

---

① 《关于〈中华人民共和国预算法(草案)〉的说明——1994年3月15日在第八届全国人民代表大会第二次会议上》。

② 《全国人大法律委员会关于〈中华人民共和国预算法(草案)〉审议结果的报告——1994年3月19日第八届全国人民代表大会第二次会议主席团第三次会议通过》。

手段解决,这种不彻底实际上反映了中央与地方之间的利益妥协。① 在这种非制度化的分税制下,地方政府在财政上对中央政府的依赖较分税制之前更加大,原因主要有二:一是税收立法权的集中、地方扩大税源的法定权力基本缩减为零,比如明显限制了地方政府在税收立法方面的自主权、明令禁止地方与企业订立包税合同,②用透明的税收体系代替谈判方式,减少地方财政自主权,使财政制度更加趋向中央集权化。二是地方财源限缩,原本归属地方或享有高比例分成的税种,比例分成逐步向中央倾斜,而自筹资金的空间又为法律所限制。地方政府的财政收入权受到法律上更严格的监管与控制。地方尤其是贫穷落后地区对中央财政转移支付的依赖性日增,而来自转移支付的中央政府支出份额并不足以应对地方的赤字。由此地方开启了自谋财源的各种探索。

(四)现实中的地方债与地方融资平台的历史沿革

在预算法明文规定地方各级政府不列赤字的规定下,③地方政府只能通过预算外活动筹集资金进而完成部分市政支出项目,以达到支出和收入的预算平衡。主要的手段有:一是批地引资,地方政府利用土地资源,通过无偿或者低廉的土地出让金,吸引土地开发商和建设商来进行各种旧城改造和城市基础设施建设;二是通过国有或国有控股企业的产权重组等获得部分资金;三是向商业银行贷款;四是引进外资;五是发行"准市政债券",由那些和地方政府有密切关系的企业发行,所募集资金用于城市或地方基础设施建设等用途的债券。其中最突出的便是1997年之后的地方政府融资平台。

地方政府融资平台公司是由地方政府及其部门和机构等通过财政拨款或注入土地、股权等资产设立,承担政府投资项目融资功能,并拥有独立法人资格的经济实体,④具体包括各类综合性投资公司,如建设投资公司、建设开发公司、投资开发公司、投资控股公司、投资发展公司、投资集团公司、国有资产运营公司、国有资本经营管理中心等,以及行业性投资公司,如交通投资公司等。在地方公共设施建设需求迅速增长,但财政资金和地方政府的融资渠道有限⑤的情况下、国家开发银行和其他国有银行的"打捆贷

---

① 如地方非预算收入在统计数上一直不包括在政府财政性资金中。具体参见刘云龙:《民主机制与民主财政——政府间财政分工及分工方式》,中国城市出版社2001年版,第285~291页。

② 如国家税务总局《关于生猪生产流通过程中有关税收问题的通知》(国税发〔1999〕113号)。虽然税收承包无论在法理上还是在实践中,都与税法规范和税法精神相违背,但长期以来地方政府与企业签订税收承包合同却也是不争的事实。随着税制改革的深入,对超承包目标税收的调整也成为税制改革的内容之一。如财政部、国家税务总局《关于对安徽省马钢公司1993~1995年税收承包返还问题的函》(财预函〔2002〕3号)。

③ 参见1994年《预算法》第28条。

④ 参见国务院《关于加强地方政府融资平台公司管理有关问题的通知》(国发〔2010〕19号)。

⑤ 除了1994年《预算法》的限制,《贷款通则》(中国人民银行令1996年2号)明确规定,借款人应当是工商行政管理机关(或主管机关)核准登记的企(事)业法人、其他经济组织、个体工商户或具有中华人民共和国国籍的具有完全民事行为能力的自然人。关于《贷款通则》这一规定,各大商业银行建议地方政府成立融资平台公司,来负责承接来自商业银行的贷款。

款”催生了一批内地省市级地方政府融资平台，改善了地方政府融资平台的治理状况和经营能力，并把地方政府融资平台直接推入快速发展阶段。

2008 年为应对金融危机，国务院推出“四万亿投资计划”，但这一计划需要地方政府提供 2.82 万亿元的配套资金。2009 年 3 月 24 日，中国人民银行、中国银行业监督管理委员会发布了《关于进一步加强信贷结构调整　促进国民经济平稳较快发展的指导意见》（银发〔2009〕92 号），“支持有条件的地方政府组建投融资平台，发行企业债、中期票据等融资工具，拓宽中央政府投资项目的配套资金融资渠道”。在此背景下，平台公司成为地方政府筹集资金的主要渠道，地方政府融资平台得到了高速发展。地方融资平台公司举债融资主要用于地方安排的保障性安居工程、农村民生工程、基础设施、社会事业、生态环保、自主创新等方面公益性项目建设。

从融资平台公司的所有权、平台公司资金投向的决策权和融资平台债务担保义务来看，地方政府融资平台债务实质上属于地方政府的隐性负债，当融资平台公司无法依靠土地增值收益和自身经营业务偿还债务时，地方政府将成为债务“兜底人”，这将给地方财政带来巨大的压力。当地方政府也无法依靠财政收入偿还平台公司的债务时，就会引发财政风险。随着融资平台公司举债融资规模迅速膨胀，运作不够规范；地方政府违规或变相提供担保，偿债风险日益加大；部分银行业金融机构风险意识薄弱，对融资平台公司信贷管理缺失等种种问题的出现，2010 年对融资平台开始了清理规范。

2010 年银监会发布《流动资金贷款管理暂行办法》与《个人贷款管理暂行办法》与之前的《固定资产贷款管理暂行办法》和《项目融资业务指引》，为银行业开展贷款业务、规避贷款风险提供了具体的法律依据。同年的 6 月 10 日，国务院发布了《关于加强地方政府融资平台公司管理有关问题的通知》（国发〔2010〕19 号）。该文对地方融资平台债务进行规范分类，按照类别对债务进行清理整顿，同时对地方融资平台的融资管理和银行业等金融机构的信贷管理等进行了相应的制度性安排。7 月 30 日财政部等发布了《关于贯彻国务院关于加强地方政府融资平台公司管理有关问题的通知相关事项的通知》（财预〔2010〕412 号）进一步明确了对融资平台公司进行清理规范和加强对融资平台公司的融资管理和银行业金融机构等的信贷管理等措施。12 月 16 日，银监会出台了《关于加强融资平台贷款风险管理的指导意见》（银监发〔2010〕110 号），规定了融资平台贷款的五级分类规则和风险权重系数，真实反映和评价地方政府融资平台的风险状况，以此为依据对地方政府融资平台进行分类整理。2011 年，银监会为加强商业银行担保类和部分承诺类表外业务风险管理，发布《商业银行表外业务风险管理指引》，对商业银行的贷款业务进行严格把关，以降低银行信贷风险。

（五）2009 年之后的地方债制度的突破

正是在金融危机的影响之下，作为应对措施之一，2009 年 7 月，财政部代理发行了总金额为 2000 亿元的地方债。

2011 年 10 月 20 日，酝酿多年的地方政府“自行发债”终于迈出了新步伐。当日财政部公布,经国务院批准,2011 年上海市、浙江省、广东省、深圳市开展地方政府自行发债试点。虽然此次批复的发债计划只是在给定规模前提下的自行发债,而不是真正意义上的自主发债,但毫无疑问迈出了地方自主发债的第一步。

代理发债和地方政府自行发债的区别在于:(1)债券发还不同。前者由财政部代理发行并代办还本付息和支付发行费,后者为自发自还;(2)发行方式不同。前者采用招标方式,后者采用招标方式或承销方式;(3)托管单位不同。前者在中央国债登记结算有限责任公司及中国证券登记结算有限责任公司上海、深圳分公司选择托管,后者在中央结算公司办理总登记托管,在国家规定的证券登记结算机构办理分登记托管。

而法律层面上地方政府有权直接发债则是源于 2014 年国务院发布 43 号文《关于加强地方政府性债务管理的意见》(国发〔2014〕43 号),2014 年修订的《预算法》以及财政部 2014 年 5 月发布《2014 年地方政府债券自发自还试点办法》(财库〔2014〕57 号)。

三、我国现行的地方债法律制度框架

(一)2014 预算法以来的制度框架

2014 年《预算法》修订,确定了法律层面地方政府的发债权,可以说,地方政府债成为地方政府唯一合法的举债途径。该法第 35 条规定,经国务院批准的省、自治区、直辖市的预算中必需的建设投资的部分资金,可以在国务院确定的限额内,通过发行地方政府债券举借债务的方式筹措。举借债务的规模,由国务院报全国人民代表大会或者全国人民代表大会常务委员会批准。省、自治区、直辖市依照国务院下达的限额举借的债务,列入本级预算调整方案,报本级人民代表大会常务委员会批准。举借的债务应当有偿还计划和稳定的偿还资金来源,只能用于公益性资本支出,不得用于经常性支出。

由此,地方政府通过发行债券的举债行为被纳入现行《预算法》的框架,标志着我国对地方政府债务管理迈入法治化轨道。随后,国务院《关于加强地方政府性债务管理的意见》(国发〔2014〕43 号)、财政部《关于对地方政府债务实行限额管理的实施意见》(财预〔2015〕225 号)、《地方政府一般债务预算管理办法》(财预〔2016〕154 号)、《地方政府专项债务预算管理办法》(财预〔2016〕155 号)、《地方政府性债务风险应急处置预案》(国办函〔2016〕88 号)、《财政部驻各地财政监察专员办事处实施地方政府债务监督暂行办法》(财预〔2016〕175 号)等一系列行政法规和部门规章颁布施行,从而为依法依规发行地方政府债券、实行地方政府债务限额管理、将地方政府债务全部纳入预算管理、发行新增地方政府债券、锁定并置换存量政府债务、实施地方政府债务风险预警、建立地方政府债务日常监督机制、建立地方政府债务应急处置机制等构建了涵盖地方政府债务管理全流程的法律法规制度框架,形成了依法依规管理地方政府债务的基本格局。

(二)地方政府举债融资机制的规范化

地方政府举债融资机制的规范化主要从以下方面实现:

1. 赋予地方政府依法适度举债权限。经国务院批准,省、自治区、直辖市政府可以

适度举借债务,市县级政府确需举借债务的由省、自治区、直辖市政府代为举借。明确划清政府与企业界限,政府债务只能通过政府及其部门举借,不得通过企事业单位等举借。

2. 地方政府举债采取政府债券方式。没有收益的公益性事业发展确需政府举借一般债务的,由地方政府发行一般债券融资,主要以一般公共预算收入偿还。有一定收益的公益性事业发展确需政府举借专项债务的,由地方政府通过发行专项债券融资,以对应的政府性基金或专项收入偿还。

3. 推广使用政府与社会资本合作模式。鼓励社会资本通过特许经营等方式,参与城市基础设施等有一定收益的公益性事业投资和运营。

4. 加强政府或有债务监管。剥离融资平台公司政府融资职能,融资平台公司不得新增政府债务。地方政府新发生或有债务,要严格限定在依法担保的范围内,并根据担保合同依法承担相关责任。地方政府要加强对或有债务的统计分析和风险防控,做好相关监管工作。

(三)地方政府债务的规模控制与预算管理

首先,对地方政府债务实行规模控制。地方政府债务规模实行限额管理,地方政府举债不得突破批准的限额。地方政府一般债务和专项债务规模纳入限额管理,由国务院确定并报全国人大或其常委会批准,分地区限额由财政部在全国人大或其常委会批准的地方政府债务规模内根据各地区债务风险、财力状况等因素测算并报国务院批准。

其次,严格限定地方政府举债程序和资金用途。地方政府在国务院批准的分地区限额内举借债务,必须报本级人大或其常委会批准。地方政府不得通过企事业单位等举借债务。地方政府举借债务要遵循市场化原则。建立地方政府信用评级制度,逐步完善地方政府债券市场。地方政府举借的债务,只能用于公益性资本支出和适度归还存量债务,不得用于经常性支出。

最后,把地方政府债务分门别类纳入全口径预算管理。地方政府要将一般债务收支纳入一般公共预算管理,将专项债务收支纳入政府性基金预算管理,将政府与社会资本合作项目中的财政补贴等支出按性质纳入相应政府预算管理。地方政府各部门、各单位要将债务收支纳入部门和单位预算管理。或有债务确需地方政府或其部门、单位依法承担偿债责任的,偿债资金要纳入相应预算管理。

(四)地方政府性债务风险的控制和化解

首先,建立地方政府性债务风险预警机制。地方各级政府要全面掌握资产负债、还本付息、财政运行等情况,加快建立政府综合财务报告制度,全面评估风险状况,跟踪风险变化,切实防范风险。中央和省级财政部门要加强对地方政府债务的监督,根据债务率、新增债务率、偿债率、逾期债务率或有债务代偿率等指标,及时分析和评估地方政府债务风险状况,对债务高风险地区进行风险预警。

其次,建立债务风险化解和应急处置机制。要硬化预算约束,防范道德风险,地方政府对其举借的债务负有偿还责任,中央政府实行不救助原则。各级政府要制定应急处置预案,建立责任追究机制。地方政府出现偿债困难时,要通过控制项目规模、压缩公用经费、处置存量资产等方式,多渠道筹集资金偿还债务。地方政府难以自行偿还债务时,要及时上报,本级和上级政府要启动债务风险应急处置预案和责任追究机制,切实化解债务风险,并追究相关人员责任。

最后,严肃财经纪律。建立对违法违规融资和违规使用政府性债务资金的惩罚机制,加大对地方政府性债务管理的监督检查力度。地方政府及其所属部门不得在预算之外违法违规举借债务,不得以支持公益性事业发展名义举借债务用于经常性支出或楼堂馆所建设,不得挪用债务资金或改变既定资金用途;对企业的注资、财政补贴等行为必须依法合规,不得违法为任何单位和个人的债务以任何方式提供担保;不得违规干预金融机构等正常经营活动,不得强制金融机构等提供政府性融资。地方政府要进一步规范土地出让管理,坚决制止违法违规出让土地及融资行为。

(五)地方债的配套制度

1. 完善债务报告和公开制度。完善地方政府性债务统计报告制度,加快建立权责发生制的政府综合财务报告制度,全面反映政府的资产负债情况。对于中央出台的重大政策措施如棚户区改造等形成的政府性债务,应当单独统计、单独核算、单独检查、单独考核。建立地方政府性债务公开制度,加强政府信用体系建设。各地区要定期向社会公开政府性债务及其项目建设情况,自觉接受社会监督。

2. 建立考核问责机制。把政府性债务作为一个硬指标纳入政绩考核。明确责任落实,各省、自治区、直辖市政府要对本地区地方政府性债务负责任。强化教育和考核,纠正不正确的政绩导向。对脱离实际过度举债、违法违规举债或担保、违规使用债务资金、恶意逃废债务等行为,要追究相关责任人责任。

3. 强化债权人约束。金融机构等不得违法违规向地方政府提供融资,不得要求地方政府违法违规提供担保。金融机构等购买地方政府债券要符合监管规定,向属于政府或有债务举借主体的企业法人等提供融资要严格规范信贷管理,切实加强风险识别和风险管理。金融机构等违法违规提供政府性融资的,应自行承担相应损失,并按照商业银行法、银行业监督管理法等法律法规追究相关机构和人员的责任。

思考题

- 公债法律关系与一般债权债务关系的区别有哪些?
- 我国国债和地方债在理论和实践上的差异有哪些?
- 如何理解我国地方债制度的演进?
- 如何实现我国公债制度的法律化?

延伸阅读

2018年5月16日财政部公布的统计数据显示，截至2018年4月末，全国地方政府债务余额166,101亿元（人民币，下同），控制在全国人大批准的限额之内。其中，一般债务104,355亿元，专项债务61,746亿元；政府债券152,661亿元，非政府债券形式存量政府债务13,440亿元。

经第十三届全国人民代表大会第一次会议审议批准，2018年全国地方政府债务限额为209,974.30亿元。其中，一般债务限额123,789.22亿元，专项债务限额86,185.08亿元。

2018年1月到4月累计，全国发行地方政府债券5213亿元。其中，一般债券3636亿元，专项债券1577亿元；按用途划分，全部是置换债券或再融资债券。

据统计，政府债务总额前四名是江苏（12,026.28亿元）、广东（10,730.60亿元）、山东（10,196.80亿元）、贵州（8607.15亿元）。2017年年末地方政府债券余额情况见表3-1，2017年年末地方政府债券余额结构情况见表3-2。

表3-1　2017年年末地方政府债务余额情况

地区	总额（亿元）	常住人口数（万人）	人均债务余额（元/人）
北京	3875.59	2170.70	17,854
天津	3424.00	1556.87	21,993
河北	6150.97	7519.52	8180
山西	2578.56	3702.35	6965
内蒙古	6217.37	2528.60	24,588
辽宁	8455.00	4368.90	19,353
吉林	3193.27	2717.43	11,751
黑龙江	3802.00	3788.70	10,035
上海	4694.20	2418.33	19,411
江苏	12,026.28	8029.30	14,978
浙江	9230.09	5657.00	16,316
安徽	5823.36	6254.80	9310
福建	5467.86	3911.00	13,981
江西	4265.03	4622.10	9227
山东	10,196.80	10,005.83	10,191
河南	5549.10	9559.13	5805

续表

地区	总额(亿元)	常住人口数(万人)	人均债务余额(元/人)
湖北	5715.53	5902.00	9684
湖南	7755.70	6860.20	11,305
广东	10,730.60	11,169.00	9607
广西	4836.72	4885.00	9901
海南	1719.26	925.76	18,571
重庆	4018.50	3075.16	13,068
四川	8503.00	8302.00	10,242
贵州	8607.15	3850.00	22,356
云南	6736.80	4770.50	14,122
西藏	98.64	337.15	2926
陕西	5392.40	3835.44	14,059
甘肃	2067.30	2625.71	7873
青海	1512.57	598.38	25,278
宁夏	1248.40	681.79	18,311
新疆	3377.80	2444.67	13,817

表3-2 2017年年末地方政府债务余额结构情况

地区	一般债务(亿元)	专项债务(亿元)	总额(亿元)
北京	1859.12	2016.47	3875.59
天津	—	—	3424.00
河北	—	—	6150.97
山西	—	—	2578.56
内蒙古	5219.55	997.82	6217.37
辽宁	6115.00	2340.00	8455.00
吉林	2352.13	804.14	3193.27
黑龙江	3046.20	755.80	3802.00
上海	2523.50	2170.70	4694.20
江苏	6668.48	5357.80	12,026.28

续表

地区	一般债务(亿元)	专项债务(亿元)	总额(亿元)
浙江	5159.55	4079.54	9239.09
安徽	3415.27	2408.09	5823.36
福建	2783.96	2683.90	5467.86
江西	—	—	4265.03
山东	6189.70	4007.10	10,196.80
河南	—	—	5549.10
湖北	3402.56	2312.97	5715.53
湖南	5146.33	2608.87	7755.70
广东	6476.74	4253.86	10,730.60
广西	3049.68	1787.04	4836.72
海南	1162.38	556.88	1719.26
重庆	2235.80	1782.70	4018.50
四川	5176.00	3327.00	8503.00
贵州	5113.68	3493.47	8607.15
云南	4767.30	1969.50	6736.80
西藏	77.46	21.18	98.64
陕西	3152.10	2240.30	5392.40
甘肃	1397.50	669.80	2067.30
青海	1253.21	259.36	1512.57
宁夏	1002.90	245.50	1248.40
新疆	—	—	3377.80

数据来源：各省区市2018年预算报告、地方政府债券发行信息披露文件、2017年国民经济和社会事业统计公报等。表3-2中留白省份为未能从公开资料中找到相关数据地区。

同步习题

1. 地方政府债分为<u>地方政府一般债券</u>和<u>地方政府专项债券</u>。

2. 地方政府一般债对应<u>公共财政预算收支</u>。专项政府债对应<u>政府性基金预算收支</u>。

参考阅读

1. [日]富田俊基:《国债的历史——凝结在利率中的过去与未来》,彭曦等译,南京大学出版社 2011 年版。

2. 赵谦:《我国国债的风险和成本管理研究》,经济科学出版社 2010 年版。

3. 刘剑文、熊伟:《财政税收法学》(第 7 版),法律出版社 2017 年版,第四章。

4. 刘剑文:《财政法学》,北京大学出版社 2009 年版,第四章。

法规链接

1.《预算法》

2.《国务院关于加强地方政府性债务管理的意见》

3.《国务院办公厅关于进一步加强城市轨道交通规划建设管理的意见》

4. 财政部《地方政府一般债务预算管理办法》

5. 财政部《地方政府债务信息公开办法(试行)》

第四章　政府采购与转移支付法

内容简介

政府采购法的主要意义在于,通过公开招标等公开竞价采购方式,提高财政资金的使用效率,防止腐败。政府采购的方式和程序,遵循法定原则而不是意思自治原则。政府采购,以公开招标为原则,以其他采购方式为例外,其他采购方式均有严格的适用条件。财政转移支付制度根据的是宪法所定平等原则。财政转移支付制度的主要目标是基本公共服务均等化。我国现行财政转移支付主要包括一般性转移支付和专项转移支付(专项补助)。

第一节　政府采购法

一、政府采购法概述

财政(或者政府)的基本职能,是向社会提供市场不能有效提供的公共物品和公共服务。向社会提供公共物品和公共服务,是各级政府的法定职责。当然,在我国,具体向社会提供公共物品和公共服务的,除政府及其所属部门外,还包括各类事业单位和团体组织。

国家机关、事业单位和团体组织,既然承担了向社会提供公共物品和公共服务的职责,就有权利获得相应的财政资金,这些财政资金是由预算安排的。拥有这些预算资金,还只是第一步。为了有效地向社会提供公共物品和公共服务,有必要向市场采购相应的物资和设备。比如,为了向社会提供教育服务,必须添置办公场所、教学设施等;为了提供市内公交服务,必须购置相应的交通工具等;为了建设铁路、公路、机场、港口、码头等公共基础设施,甚至需要把工程交给建筑施工企业,需要向市场采购相应的工程项目。这些采购活动,就具有政府采购的性质。

按我国现行《政府采购法》的规定,政府采购是指各级国家机关、事业单位和团体组织,使用财政性资金采购依法制定的集中采购目录以内的或者采购限额标准以上的货物、工程和服务的行为。

政府集中采购目录和采购限额标准,依照《政府采购法》规定的权限制定。这里所说的采购,指以合同方式有偿取得货物、工程和服务的行为,包括购买、租赁、委托、雇用等。其中,货物指各种形态和种类的物品,包括原材料、燃料、设备、产品等;工程指建设工程,包括建筑物和构筑物的新建、改建、扩建、装修、拆除、修缮等;服务指除货物和工程以外的其他采购对象。

政府采购法,指调整政府采购活动中所产生的社会关系的法律规范的总称。政府采购法的基本依据,是2002年6月29日第九届全国人大常委会第二十八次会议通过并于2003年1月1日起施行的《政府采购法》(2014年8月31日修改),以及国务院2014年12月31日通过并于2015年3月1日实施的《政府采购法实施条例》。此外,财政部相继发布过《政府采购信息公告管理办法》《中央单位政府采购实施办法》《政府采购非招标采购方式管理办法》《政府采购货物和服务招标投标管理办法》等。这里主要介绍《政府采购法》的相关规定。

政府采购本质上属于一种交易行为,是国家以私法主体的身份参与的交易活动,因此需要遵循一般的交易规则即《合同法》。但政府采购不同于一般的交易行为,而是一种由国家直接参与的国家行为。这种国家行为性质的关键,不在于采购人主要是国家机关,而在于采购时使用的资金是财政性资金。我们知道,财政资金具有强烈的公益性质,代表的是社会公共利益,而非个体利益。政府采购所兼有的这种国家行为性质决定了,政府采购不仅要适用一般的交易规则即《合同法》,更要适用特殊的交易规则即专门的《政府采购法》。这种特殊的交易规则的特殊性表现在,政府采购在采购范围、采购方式和采购程序上,都要遵循法定原则,而不是意思自治原则;政府采购纠纷的解决方式,不是和解、协商、仲裁、诉讼等民事纠纷解决途径,而是质疑、投诉、行政复议和行政诉讼等行政纠纷解决途径。另外,一般私人当事人之间的交易,并不影响整个宏观经济的运行,但政府采购往往是国家宏观调控的重要手段,例如我国现行《政府采购法》规定,政府采购应该有助于实现国家的经济和社会发展政策目标,包括保护环境、扶持不发达地区和少数民族地区、促进中小企业发展等。

作为特殊交易规则的《政府采购法》,与作为一般交易规则的《合同法》之间的关系,是特别法与一般法的关系。按照特别法优于一般法的法理,政府采购应当优先适用《政府采购法》,只有当《政府采购法》欠缺相关规定时,才适用《合同法》的一般规定。

从财政的角度看,政府采购属于财政支出的范畴。理论上,财政支出包括购买性支出和转移性支付(包括政府间的转移支付和对单位或个人的补助、社会保障支付等)两部分,政府采购属于其中的购买性支出。因此,政府采购法适用于使用财政性资金购买货物、工程和服务的行为。具体而言,政府采购法适用的资金范围为财政性资金;适用的客体范围包括货物、工程和劳务;适用的主体范围主要是政府采购的当事人包括采购人、采购代理人和供应商,也包括作为政府采购监督管理部门的各级财政部门等。当然,按《政府采购法》的规定,并不是所有使用财政性资金采购货物、工程和服务的行为,都要适用《政府采购法》,只有使用财政性资金采购依法制定的集中采购目录以内的或者采购限额标准以上的货物、工程和服务的行为,才适用《政府采购法》。

按规定,作为采购人的国家机关、事业单位和团体组织使用财政性资金采购依法制定的集中采购目录以内的或者采购限额标准以上的货物、工程和服务的行为，都要适用《政府采购法》。《政府采购法》第6条规定，政府采购应当严格按照批准的预算执行。依此规定，所谓的财政性资金，受预算约束，特指预算资金，不纳入预算管理的资金，应该不适用《政府采购法》。我们知道，作为采购人的国家机关、事业单位和团体组织的经费，并不都来自财政资金，因此其对外的采购活动，并不都适用《政府采购法》。国家机关履行法定职责所需要的经费，一律由财政拨款。国家机关虽然在特定情况下可以按规定向市场收取一定的费用（规费），但国家机关收取的规费必须上缴财政，不得自收自支。因此，国家机关对外采购活动，都属于使用财政性资金的采购，都应适用《政府采购法》。以前，国家机关的部分经费来自预算外收入，这部分预算外资金不受预算约束，使用预算外资金本来不用适用《政府采购法》。但2014年修订的《预算法》规定，政府的全部收入和支出都应当纳入预算。现在的国家机关，已经不存在预算外收支了，这意味着国家机关的全部经费都属于预算资金，国家机关的所有采购活动都属于使用财政性资金的采购活动，都要适用《政府采购法》（集中采购目录以外或者采购限额标准以下的采购除外）。我国的事业单位被分为三类：财政全额拨款、财政部分拨款和自筹经费（企业化运作）的事业单位。可见，我国部分事业单位的经费并非来自财政拨款，不属于财政性资金，其使用也不适用《政府采购法》。同样，我国的团体组织的经费，既有财政拨款，也有会员缴纳的会费和相关收益，并不都属于财政性资金，因此其使用过程也不当然适用《政府采购法》。值得一提的是，国有企业的全部财产都属于全民所有，而且从现行《预算法》关于国有资本经营预算看，国有企业的财产也属于预算资金即财政性资金，但由于《政府采购法》适用的有关采购人的主体范围不包括企业，因此国有企业的采购活动不适用《政府采购法》。

二、政府采购法的意义

《政府采购法》第1条规定："为了规范政府采购行为，提高政府采购资金的使用效益，维护国家利益和社会公共利益，保护政府采购当事人的合法权益，促进廉政建设，制定本法。"第9条规定："政府采购应当有助于实现国家的经济和社会发展政策目标，包括保护环境，扶持不发达地区和少数民族地区，促进中小企业发展等。"

可见，政府采购法的意义，主要表现在下述四个方面：

（一）提高财政资金的使用效率

政府采购使用财政性资金。按产权学派的观点，财政资金属于公共资源，其产权归属不明，结果是财政性资金的使用人不受产权约束，并不真正关心财政资金的使用状况，必然导致财政资金使用效率低下，浪费严重。之所以需要在意思自治原则支配下的一般交易规则即《合同法》外，另定特殊的交易规则即政府采购法，其目的就在于通过采购方式和程序的法定性，通过主要以公开招标这种竞争性的采购方式，在政府采购活动中引入竞争机制，以便能够以最有利的价格采购到所需要的货物、工程和服务，提高财政资金的使用效率。此外，《政府采购法》所规定的集中采购制度，也有利于实现规模效应，节约采购成本，提高财政资金的使用效率。

（二）防止腐败，维护社会公共利益

政府采购所使用的财政性资金，本身代表国家利益或者社会公共利益。采购人不受产权的约束，极容易导致牺牲国家利益或者社会公共利益以谋取个人私利的现象发生。政府采购法通过集中采购方式和采购程序的公开性，防止"暗箱"操作，防止腐败。《政府采购法》第11条规定："政府采购的信息应当在政府采购监督管理部门指定的媒体上及时向社会公开发布，但涉及商业秘密的除外。"

（三）保护政府采购当事人特别是供应商的合法权益

公开的采购信息和采购程序、集中采购制度、回避制度，都有利于保护政府采购当事人特别是供应商的合法权益。《政府采购法》第12条规定，在政府采购活动中，采购人员及相关人员与供应商有利害关系的，必须回避。供应商认为采购人员及相关人员与其他供应商有利害关系的，可以申请其回避。前款所称相关人员，包括招标采购中评标委员会的组成人员，竞争性谈判采购中谈判小组的组成人员，询价采购中询价小组的组成人员等。此外，按《政府采购法》规定，供应商如果对采购活动有疑问，或者认为不公平，可以依法向采购人或者采购代理机构提出询问或质疑，采购人或者采购代理机构应及时答复。如果供应商得不到答复，或者对答复不满意，可以依法向同级政府采购监督管理部门投诉。供应商对投诉处理结果不服，或者政府采购监督管理部门对投诉未作处理的，可以申请复议或者向人民法院提起行政诉讼。这种权利救济程序也有助于保护供应商的权利。

（四）宏观经济调控

政府采购使用财政性资金。现代各国财政资金往往规模庞大，占GDP的比例较高，整个财政资金的使用方向往往对整个宏观经济的运行产生重大影响，因此政府采购已经成为各国宏观调控的重要手段。在我国，政府采购的宏观调控功能具体表现在采购本国货物，保护民族产业；政府采购应当有助于实现国家的经济和社会发展政策目标，包括保护环境、扶持不发达地区和少数民族地区、促进中小企业发展等方面。要实现这些政策目标，就应当运用制定采购需求标准、预留采购份额、价格评审优惠、优先采购等措施。①

三、政府采购法的基本原则

（一）一般原则

《政府采购法》第3条规定：政府采购应当遵循公开透明原则、公平竞争原则、公正原则和诚实信用原则。

作为公开透明原则，《政府采购法》第11条规定，政府采购的信息应当在政府采购

---

① 参见张守文：《财税法学》，中国人民大学出版社2016年版，第82页。

监督管理部门指定的媒体上及时向社会公开发布,但涉及商业秘密的除外。《政府采购法》第63条规定,政府采购项目的采购标准应当公开。采购人在采购活动完成后,应当将采购结果予以公布。

作为公平竞争原则,《政府采购法》第5条规定,任何单位和个人不得采用任何方式,阻挠和限制供应商自由进入本地区和本行业的政府采购市场。同时,《政府采购法》第25条第1款规定,政府采购当事人不得以任何手段排斥其他供应商参与竞争。该法第64条第2款规定,任何单位和个人不得违反规定,要求采购人或者采购工作人员向其指定的供应商进行采购。

作为公正原则,《政府采购法》第12条规定,在政府采购活动中,采购人员及相关人员与供应商有利害关系的,必须回避。供应商认为采购人员及相关人员与其他供应商有利害关系的,可以申请其回避。前款所称相关人员,包括招标采购中评标委员会的组成人员,竞争性谈判采购中谈判小组的组成人员,询价采购中询价小组的组成人员等。

(二)集中采购与分散采购相结合原则

《政府采购法》第7条规定,政府采购实行集中采购与分散采购相结合。

所谓集中采购,指由专门设立的集中采购机构代理采购。集中采购机构,包括设区的市、自治州以上人民政府设立的集中采购机构(通常称为集中采购中心)和各行业设立的行业集中采购机构。《政府采购法》第7条规定,纳入集中采购目录的政府采购项目,应当实行集中采购。集中采购的范围由省级以上人民政府公布的集中采购目录确定。属于中央预算的政府采购项目,其集中采购目录由国务院确定并公布;属于地方预算的政府采购项目,其集中采购目录由省、自治区、直辖市人民政府或者其授权的机构确定并公布。

分散采购,指采购人自行采购或者自主委托采购代理机构在委托的范围内代理采购。按《政府采购法》相关规定的精神,集中采购目录以外的和采购限额标准以下的政府采购项目,不适用《政府采购法》,可以由采购人自行采购,且可不遵循《政府采购法》规定的采购方式和采购程序。采购限额标准以下的或者没有纳入集中采购目录的政企采购项目,可以由采购人自行采购或者委托采购代理机构在委托的范围内代理采购。而纳入集中采购目录的政府采购项目,则应当实行集中采购。但按《政府采购法》第18条的规定,纳入集中采购目录但本单位有特殊要求的政府采购项目,经省级以上人民政府批准,可以自行采购。可见,即使纳入集中采购目录的政府采购项目,也不完全实行集中采购。

依据《政府采购法》第8条的规定,政府采购限额标准,属于中央预算的政府采购项目,由国务院确定并公布;属于地方预算的政府采购项目,由省、自治区、直辖市人民政府或者其授权的机构确定并公布。

(三)采购本国货物原则

《政府采购法》第10条规定,政府采购应当采购本国货物、工程和服务。但有下列情形之一的除外:(1)需要采购的货物、工程或者服务在中国境内无法获取或者无法以合理的商业条件获取的;(2)为在中国境外使用而进行采购的;(3)其他法律、行政法规另有规定的。本国货物、工程和服务的界定,依照国务院有关规定执行。

依此规定,政府采购原则上应当采购本国货物、工程和服务。这意味着规模庞大的政府采购市场并不对外特别是对WTO成员开放。这容易引起是否抵触WTO规则的疑问。

实际上,长期以来各国都将政府采购作为保护国内企业的重要措施,政府采购市场不对外开放。例如,美国早在1933年就制定了《购买美国产品法》,规定政府出于公共目的必须购买美国产品。只是到1979年美国加入《政府采购协议》后,才相应制定《贸易协定法》,作为《购买美国产品法》的例外,即对WTO《政府采购协议》参加方的例外。

1947年关贸组织制定的《关税和贸易总协定》,也没有将政府采购纳入国民待遇的适用范围。直到1979年,关贸组织才将政府采购纳入贸易投资自由化谈判领域,并制定了《政府采购协议》(《1979年协议》)。后经多次修改,相继形成《1994年协议》和《2007年协议》。《政府采购协议》是WTO管辖的单项贸易协议,不属于加入世界贸易组织所需签订的"一揽子"协议范围,而是由WTO成员自愿加入。《政府采购协议》只约束签字接受它的WTO缔约方,是各参加方对外开放政府采购市场,以实现政府采购国际化和自由化的法律文件。未签字加入的WTO成员不承担《政府采购协议》规定的义务,当然也不享有其规定的权利,本国货物、工程和服务也无法进入他国的政府采购市场。目前有美国、欧盟等14个参加方,共41个国家和地区(数据来自中国政府采购网)签署了《政府采购协议》,主要是一些发达国家。我国已于2007年提交了加入《政府采购协议》的申请,并启动了加入《政府采购协议》的谈判。但到目前为止未能加入。因此,《政府采购法》关于采购本国货物、工程和服务的规定,符合WTO规则。一旦中国加入《政府采购协议》,采购本国货物原则就应当对《政府采购协议》的参加方例外。

货物作为一个整体,通常包括众多的零部件。这些零部件有本国生产的,也有外国生产的。那么,所谓本国货物,应该怎么认定?《政府采购法》规定,本国货物、工程和服务的标准,依照国务院有关规定执行。在国外,本国货物的认定标准,有采实质性标准的,即货物中外国生产的零部件的成本低于整个货物成本的50%,也有采100%标准的。

四、政府采购当事人

政府采购当事人,指在政府采购活动中依法享有权利并承担义务的各类主体,包括采购人、供应商和采购代理机构等。

(一)采购人

采购人,是指依法进行政府采购的国家机关、事业单位、团体组织。

政府采购法的目的是要规范使用财政性资金对外进行的采购活动。财政性资金,本身代表社会公共利益,不直接参与营利性的经济活动,一般依照年度预算分配(划拨)给国家机关、事业单位和公益性团体。但是除国家机关履行法定职责所需经费全部由财政拨款外,事业单位和团体组织所需经费可能只有部分依靠财政拨款。所以,只有当事业单位和团体组织使用财政性资金对外采购货物、工程和劳务时,才适用《政府采购法》。

本来,国有企业的财产属全民所有,可以看作广义的财政性资金,并且预算法将国有资本经营预算单列一类。但国有企业的财产实行企业化经营,以营利为目的之一,与纯以公益为目的的一般性财政资金有所不同。所以《政府采购法》规定的采购人中并不包括国有企业。国有企业生产经营中发生的对外采购活动,不适用《政府采购法》。

(二)采购代理机构

采购代理机构分为集中采购机构和其他采购代理机构。集中采购机构与采购人的关系通常具有强制性,属法定代理。其他采购代理机构与采购人的关系具有任意性,属意定代理。其他采购代理机构通常是具有相应经营资质的公司、企业。

集中采购机构为采购代理机构。设区的市、自治州以上人民政府根据本级政府采购项目组织集中采购的需要设立集中采购机构。这些集中采购机构一般称为政府采购中心。另外,《政府采购法》规定了行业集中采购,但没有明确规定设立行业集中采购机构。集中采购机构是非营利事业法人,根据采购人的委托办理采购事宜。

集中采购制度的目的,一方面在于通过采购代理人采购以防止采购人自行采购可能发生的腐败现象;另一方面在于实现规模效应,试图通过大规模的采购以获得更低的价格和更高的质量,提高财政资金的使用效率。因此,《政府采购法》第 17 条规定,集中采购机构进行政府采购活动,应当符合采购价格低于市场平均价格、采购效率更高、采购质量优良和服务良好的要求。

采购人采购纳入集中采购目录的政府采购项目,必须委托集中采购机构代理采购;采购未纳入集中采购目录的政府采购项目,可以自行采购,也可以委托集中采购机构在委托的范围内代理采购。集中采购也有例外。纳入集中采购目录属于通用的政府采购项目的,应当委托集中采购机构代理采购;属于本部门、本系统有特殊要求的项目,应当实行部门集中采购;属于本单位有特殊要求的项目,经省级以上人民政府批准,可以自行采购。

未纳入集中采购目录但在采购限额标准以上的政府采购项目,可由采购人自行采购,也可以委托集中采购机构以外的采购代理机构,在委托的范围内办理政府采购事宜。采购人有权自行选择采购代理机构,任何单位和个人不得以任何方式为采购人指定采购代理机构。

采购人依法委托采购代理机构办理采购事宜的,应当由采购人与采购代理机构签订委托代理协议,依法确定委托代理的事项,约定双方的权利义务。

(三)供应商

供应商是指向采购人提供货物、工程或者服务的法人、其他组织或者自然人。

《政府采购法》第22条规定,供应商参加政府采购活动应当符合下列条件:

1. 具有独立承担民事责任的能力;
2. 具有良好的商业信誉和健全的财务会计制度;
3. 具有履行合同所必需的设备和专业技术能力;
4. 有依法缴纳税收和社会保障资金的良好记录;
5. 参加政府采购活动前3年内,在经营活动中没有重大违法记录;
6. 法律、行政法规规定的其他条件。

采购人可以根据采购项目的特殊要求,规定供应商的特定条件,但不得以不合理的条件对供应商实行差别待遇或者歧视待遇。

采购人可以要求参加政府采购的供应商提供有关资质证明文件和业绩情况,并根据《政府采购法》规定的供应商条件和采购项目对供应商的特定要求,对供应商的资格进行审查。

两个以上的自然人、法人或者其他组织可以组成一个联合体,以一个供应商的身份共同参加政府采购。此时,各供应商均应具备法定条件,并应向采购人提交联合协议。联合体各方应当共同与采购人签订采购合同,就采购合同约定的事项对采购人承担连带责任。

五、政府采购的方式和程序

政府采购的方式和程序实行法定原则而不是意思自治原则,政府采购只能按法定的方式和法定程序进行。《政府采购法》第26条规定,政府采购采用以下方式:(1)公开招标;(2)邀请招标;(3)竞争性谈判;(4)单一来源采购;(5)询价;(6)国务院政府采购监督管理部门认定的其他方式。

按规定,公开招标应作为政府采购的主要方式。这意味着除非存在特殊情况不适合公开招标方式,政府采购都要采用公开招标方式,其他政府采购方式只是公开招标方式的例外,因此有明确的适用条件。

(一)公开招标

政府采购原则上采用公开招标方式,其他方式只是公开招标方式的例外。专门的《政府采购法》的意义之一,就是通过公开招标这种竞争性的采购方式,以获得更低的采购价格和更高的质量,提高财政资金的使用效率。

按规定,政府采购工程进行招标投标的,适用招标投标法。因此只有以招标方式采购货物和服务,才适用《政府采购法》规定的程序。

采购人采购货物或者服务应当采用公开招标方式的,其具体数额标准,属于中央预算的政府采购项目,由国务院规定;属于地方预算的政府采购项目,由省、自治区、直辖市人民政府规定;因特殊情况需要采用公开招标以外的采购方式的,应当在采购活动开始前获得设区的市、自治州以上人民政府采购监督管理部门的批准。采购人不得将应当以公开招标方式采购的货物或者服务化整为零或者以其他任何方式规避公开招标采购。

(二)邀请招标

《政府采购法》第29条规定,符合下列情形之一的货物或者服务,可以采用邀请招标方式:(1)具有特殊情形,只能从有限范围的供应商处采购的;(2)采用公开招标方式的费用占政府采购项目总价值的比例过大的。

(三)招标方式采购的程序

《政府采购法》第34条规定,货物或者服务项目采取邀请招标方式采购的,采购人应当从符合相应资格条件的供应商中,通过随机方式选择3家以上的供应商,并向其发出投标邀请书。

可见,公开招标与邀请招标的区别仅在于,公开招标面对所有符合条件的供应商,所有符合条件的供应商都有资格参与投标,而邀请招标只面向采购人随机选择的3家以上的供应商。除此之外,公开招标与邀请招标在程序上没有太大的区别。实际上,《政府采购法》只规定了以招标方式采购的部分程序,完整的程序是由财政部2004年发布的《政府采购货物和服务招标投标管理办法》规定的。

1. 货物和服务项目实行招标方式采购的,自招标文件开始发出之日起至投标人提交投标文件截止之日止,不得少于20日。

2. 在招标采购中,出现下列情形之一的,应予废标:

(1)符合专业条件的供应商或者对招标文件作实质响应的供应商不足3家的;

(2)出现影响采购公正的违法、违规行为的;

(3)投标人的报价均超过了采购预算,采购人不能支付的;

(4)因重大变故,采购任务取消的。

废标后,采购人应当将废标理由通知所有投标人。

3. 废标后,除采购任务取消情形外,应当重新组织招标;需要采取其他方式采购的,应当在采购活动开始前获得设区的市、自治州以上人民政府采购监督管理部门或者政府有关部门批准。

(四)竞争性谈判

符合下列情形之一的货物或者服务,可以依照《政府采购法》采用竞争性谈判方式采购:

1. 招标后没有供应商投标或者没有合格标的或者重新招标未能成立的;

2. 技术复杂或者性质特殊,不能确定详细规格或者具体要求的;

3. 采用招标所需时间不能满足用户紧急需要的;

4. 不能事先计算出价格总额的。

采用竞争性谈判方式采购的,应当遵循下列程序:

1. 成立谈判小组。谈判小组由采购人的代表和有关专家共 3 人以上的单数组成，其中专家的人数不得少于成员总数的 2/3。

2. 制定谈判文件。谈判文件应当明确谈判程序、谈判内容、合同草案的条款以及评定成交的标准等事项。

3. 确定邀请参加谈判的供应商名单。谈判小组从符合相应资格条件的供应商名单中确定不少于 3 家的供应商参加谈判，并向其提供谈判文件。

4. 谈判。谈判小组所有成员集中与单一供应商分别进行谈判。在谈判中，谈判的任何一方不得透露与谈判有关的其他供应商的技术资料、价格和其他信息。谈判文件有实质性变动的，谈判小组应当以书面形式通知所有参加谈判的供应商。

5. 确定成交供应商。谈判结束后，谈判小组应当要求所有参加谈判的供应商在规定时间内进行最后报价，采购人从谈判小组提出的成交候选人中根据符合采购需求、质量和服务相等且报价最低的原则确定成交供应商，并将结果通知所有参加谈判的未成交的供应商。

（五）单一来源采购

符合下列情形之一的货物或者服务，可以依照《政府采购法》采用单一来源方式采购：

1. 只能从唯一供应商处采购的；

2. 发生了不可预见的紧急情况不能从其他供应商处采购的；

3. 必须保证原有采购项目一致性或者服务配套的要求，需要继续从原供应商处添购，且添购资金总额不超过原合同采购金额 10% 的。

采取单一来源方式采购的，采购人与供应商应当遵循《政府采购法》规定的原则，在保证采购项目质量和双方商定合理价格的基础上进行采购。

（六）询价

采购的货物规格、标准统一、现货货源充足且价格变化幅度小的政府采购项目，可以依照《政府采购法》采用询价方式采购。

采用询价方式采购的，应当遵循下列程序：

1. 成立询价小组。询价小组由采购人的代表和有关专家共 3 人以上的单数组成，其中专家的人数不得少于成员总数的 2/3。询价小组应当对采购项目的价格构成和评定成交的标准等事项作出规定。

2. 确定被询价的供应商名单。询价小组根据采购需求，从符合相应资格条件的供应商名单中确定不少于 3 家的供应商，并向其发出询价通知书让其报价。

3. 询价。询价小组要求被询价的供应商一次报出不得更改的价格。

4. 确定成交供应商。采购人根据符合采购需求、质量和服务相等且报价最低的原则确定成交供应商，并将结果通知所有被询价的未成交的供应商。

六、政府采购合同

政府采购合同适用合同法。政府采购合同采用局面形式。采购人与中标、成交供应商在中标、成交通知书发出之日起30日内,按照采购文件确定的事项签订政府采购合同。中标、成交通知书对采购人和中标、成交供应商均具有法律效力。中标、成交通知书发出后,采购人改变中标、成交结果的,或者中标、成交供应商放弃中标、成交项目的,应当依法承担法律责任。

经采购人同意,中标、成交供应商可以依法采取分包方式履行合同。政府采购合同分包履行的,中标、成交供应商就采购项目和分包项目向采购人负责,分包供应商就分包项目承担责任。

政府采购合同履行中,采购人需追加与合同标的相同的货物、工程或者服务的,在不改变合同其他条款的前提下,可以与供应商协商签订补充合同,但所有补充合同的采购金额不得超过原合同采购金额的10%。

政府采购合同的双方当事人不得擅自变更、中止或者终止合同。政府采购合同继续履行将损害国家利益和社会公共利益的,双方当事人应当变更、中止或者终止合同。有过错的一方应当承担赔偿责任,双方都有过错的,各自承担相应的责任。

第二节　财政转移支付制度

一、财政转移支付制度概述

财政活动包括财政收入和财政支出两个方面。财政支出包括购买性支出如政府采购和转移性支出。其中转移性支出又可分为政府间的转移支付和对企业或者个人的转移性支出(补贴、社会保障支出等)。所谓财政转移支付,专指政府之间财政资金的单向转移,不包括依法向企业或者个人转移的财政资金。

从公共财政的观点看,财政(政府)的主要职能是向社会提供市场所不能有效提供的公共物品和公共服务,履行这一职能所需要的资金主要通过强制性的税收等方式获得。公共物品具有层次性,如国防、外交是全国性公共物品,而自来水供应、城市公交等则是地方性公共物品。这样,各级政府都依法承担向社会提供公共物品和公共服务的职责,都有权利获得相应的、与其承担的职责相匹配的财政资金。因此,通过强制性的税收等方式所筹集到的公共财政资金必须首先通过某种方式在各级政府之间进行分配。

政府间财政资金分配关系涉及两项基本财政制度。首先是分税制。所谓分税制,指在划分各级政府事权和支出责任的基础上,按税种划分各级政府财政收入来源的财政体制。分税制的目标是实现财政分权,属于分权财政体制(与计划经济年代统收统支的高度集中的财政体制相对应),确保各级政府特别是地方政府相对独立的自主财源,从而是成为相对独立的利益主体,具有相对独立的人格,有利于调动地方政府的积极性。分税制是市场经济国家通行的财政体制。我国自1992年实行市场经济,1994年相应实行分税制。

分税制按税种划分各级政府财政收入来源,并以此作为其自主财源,可能会出现这样一种现象:经济相对发达地区由于经济相对发达、税源变充沛,财政收入较多,除了满足其基本财政支出需要外还有多余财力;相反,经济落后地区税源不足,通过相同的地方税税种只能筹集到有限的财政收入,不能满足其基本财政支出的需要,形成财力缺口。这样,分税制可能在政府间形成财力不均衡的现象,包括两个方面:一是纵向财力不均衡,即不同级别政府间财政能力不同,财权与事权不平衡;二是横向财力不均衡,即同一级别不同地区的地方政府间财政能力不同,事权与财权不平衡。这种财力不均衡的现象,如果没有制度性的解决方法,将导致财力不足的地方政府要么减少公共物品和公共服务的供应,要么通过非正式制度安排为公共物品和公共服务融资。后者正是我国地方政府债务规模过大的重要原因。

分税制所带来的政府间财力不均衡的制度性解决方法就是财政转移支付制度。同分税制一样,财政转移支付制度调整政府间的财政资金分配关系。二者不同之处在于,分税制的目标是财政分权,确保地方政府一定程度上的自主财源,而财政转移支付制度的目标则是在政府间均衡财力。因此,财政转移支付制度的存在意味着,财力有余的地方政府需要将其多余的财力贡献出来,通过某种方式转移给财力不足的地方政府。不过这一含义可能只是隐含的,因为分税制可以通过具体的分税办法将大部分财政资金集中到中央财政,致使任何一个地方的地方政府的自主财源都不足以满足其基本财政支出的需要,都要依赖中央财政的转移支付。在这种情形下,经济相对发达地区对国家财政的贡献,是隐含在具体的分税办法之中的。

二、财政转移支付制度的基本目标

财政转移支付制度的表面目标是在各级政府间均衡财力,但由于财政的基本职能是向社会提供市场所不能有效提供的公共物品和公共服务,因此财政转移支付的实质目标是实现公共物品和公共服务的均等化。政府提供的公共物品和公共服务,种类繁多,受限于我国现阶段的经济发展水平和财力,要全面实现公共物品和公共服务均等化不现实,我国现行法律《预算法》只是将财政转移支付的目标法定为基本公共服务(当然包含公共物品)均等化。我国《预算法》第16条规定,国家实行财政转移支付制度,财政转移支付以推进地区间基本公共服务均等化为主要目标。

均等化目标的具体含义是指,凡我国居民,不管居住在何处,即不管居住在东中西部还是居住在农村或者城镇地区,都有权利平等分享由政府提供的公共物品和公共服务。我国《宪法》规定,中华人民共和国公民在法律面前人人平等。按法理学上的解释,法律面前人人平等,指平等地享有权利并平等地承担义务。平等地享有权利,其中既包括平等地享有经济政治权利,也包括平等地享有由政府提供的公共物品和公共服务的权利。当然,在我们平等分享由政府提供的公共物品和公共服务的同时,不应忘记，还应该平等地为公共物品和公共服务承担义务即平等地承担纳税的义务。税收实际上是我们为分享政府提供的公共物品和公共服务而必须支付的代价。可见，财政转移支付均等化目标的宪法根据，就是宪法所定平等原则。

财政转移支付均等化目标，有利于实现全社会共享改革发展成果。同时，财政转移支付均等化目标意味着经济相对发达地区应当将其多余的财力贡献出来，交给财力不足的经济相对落后地区，意味着经济相对发达地区对相对落后地区承担财政责任。从这一角度看，财政转移支付制度带有劫富济贫的意义。那么，财政转移支付制度的均等化目标的理论根据是什么？简单地讲，就是要实现分配正义。分配正义不同于机会均等这种程序正义，而是要实现结果上的相对公平。正如我国老子的《道德经》所说，天之道，损有余而补不足。分配正义是天道，就是要实现结果公平。

由于我国《预算法》规定，财政转移支付的主要目标是基本公共服务均等化，而不是全部公共服务的均等化。这里就有必要区别一下基本公共服务与非基本公共服务。实际上，我国现行的规范性文件中并没有基本公共服务的定义。仅从理论上讲，所谓基本公共服务，是指与保障每个人的基本生存权和发展权密切相关的，要求在全国范围内、在居民个体意义上分享的，在种类、数量和质量上都基本相同的那部分公共物品和公共服务，如义务教育、社会保障等。其余的公共服务则为非基本公共服务。非基本公共服务目前在法律上并不要求实现均等化。不过，从财政部每年发布的《中央对地方均衡性转移支付办法》来看，通过均衡性转移支付实现均等化的公共服务范围并不完全限于上述定义的范围。这表明，我国法律上所谓基本公共服务的具体范围并不明确。

均等化目标在财政转移支付制度中的意义表现在，均等化目标决定各地方财政所能获得的上级财政的转移支付的数额。即下级财政所能获得的转移支付的数额取决于下级财政在分税制下所能获得的自主财力与根据均等化目标所应该拥有的财力之间的差额。按照财政部发布的《2017 年中央对地方均衡性转移支付办法》的规定，就是标准财政收入与标准财政支出之间的差额。上级政府对下级政府正是通过这样的转移支付，以均衡财力，弥补下级政府财力缺口，实现基本公共服务的均等化。

均等化目标的具体含义和评价指标是什么？即怎样才算实现了基本公共服务的均等化？这是一个重要问题，因为这涉及每个地方政府根据均等化目标所应该拥有的财力，以及应获得的转移支付的具体数额。本书认为，所谓基本公共服务的均等化，指居民对基本公共服务大体上相同的消费水平。因此，均等化的最佳评价指标，应该是人均财政支出水平。不过，相同的人均财政支出水平，并不一定带来相同的基本公共服务消费水平，其原因在于不同地区的公共服务的供给成本不完全相同，有时甚至差异很大。比如，因为人力成本差别较大，在农村和城镇地区提供教育服务、医疗服务、治安服务等的成本就有很大不同。另外，在道路交通等公共基础设施的供给上，对于人口密度较低的农村地区和人口密度较高的城镇地区，相同的人均财政支出水平远不能带来相同的公共基础设施的消费水平。要实现基本相同的公共基础设施的消费水平，农村地区所需要的投资远大于城镇地区。因此,考虑到公共服务的供给成本的不同,均等化目标的评价标准,应该以人均财政支出水平为基础,但需要经过公共服务供给成本因素的矫正。接下来的问题是,哪些因素会导致公共服务供给成本出现差异?参考财政部每年发布的《中央对地方均衡性转移支付办法》,这些影响因素包括海拔、人口密度、温度、地表状况、运输距离、少数民族、地方病等,当然后两项因素即少数民族和地方病并不是影响公共服务供给成本的因素,而是应当相应增加转移支付数额的特别因素。

从基本公共服务均等化目标来检讨和反思我国公共物品和公共服务的供给现状,就会发现,现实与均等化理想还有不小的差距,公共物品和公共服务的供给水平还存在较明显的地区差距。这种地区差距,既表现在东中西部之间,如东部地区的基础设施明显强于中西部,也表现在城乡之间。可以说,我国城镇和乡村之间在公共物品和公共服务供给水平上的差距,是我国地区间经济发展不平衡的主要表现和根源。只要稍微观察便可发现,相对于城镇地区,我国农村地区道路泥泞、水电气不通、优质的教育资源医疗资源全部集中在城镇地区、农村垃圾未经处理、农村居民养老保障不尽如人意。

我国城乡之间在公共物品和公共服务供给水平上的巨大差距的形成,是有历史原因的。中华人民共和国成立之初,我国是一个非常落后的农业国家。为了发展经济,国家确立了优先发展重工业的战略,并通过人为制造的工农业产品价格剪刀差的办法为发展工业筹集必要资金。当时,有限的国家财力还顾不上向农村地区提供公共物品和公共服务。除此之外,我国计划经济年代追求公有化程度越高越好,经济活动主体主要是国有企业(当时叫国营企业)和集体企业,基本不存在个体私营和外资企业。当时,国家与国有企业的分配关系,实行高度集中的统收统支办法,即国有企业所需要的资金全部由财政拨款,国有企业经营中实现的利润全部上缴财政。由于所有制性质有别,国家与集体企业的分配关系当然不能套用国家与国有企业间的统收统支的做法,而是实行依法纳税,税后利润归集体经济组织的办法。这样,整个国家的财政收入,主要来自国有企业的上缴利润,只有少部分来自集体企业缴纳的税收。既然财政收入主要来自国有企业,国家财政当然就专注于向国有经济集中的城镇地区提供公共物品和公共服务,没有承担起向农村地区提供公共物品和公共服务的职责。当时,农村地区必要的公共物品和公共服务,如乡村道路、基础教育和医疗、水利设施、民兵建设等,基本上是由集体经济组织通过向其成员收取"三提五统"(村提留乡统筹)等费用自我提供的。很明显,农村集体经济组织自我供给公共物品和公共服务的能力是相当有限的,其结果就是我国农村地区公共物品和公共服务供给上的严重短缺。

改革开放以后,特别是市场经济体制改革以来,随着财政方面的不断改革,国家财政相继承担起了向农村地区提供公共物品和公共服务的职责。如废除农业税费,废除了几千年的农业税,取消了"三提五统"等农村收费项目,相关的经费改由政府财政承担。国家财政出资建设村村通工程,承担起向农村地区供给公共基础设施的职责。在农村推行合作医疗及新型农村合作医疗,并初步建立起农村居民的养老保险制度。先后进行的一系列的改革，让农村居民能够分享到由政府提供的公共物品和公共服务，得以共享改革发展成果，公共财政的阳光开始照耀到广大农村地区。经过改革，国家财政从基本放弃对农村地区提供公共物品和公共服务的职责，到主动承担起该职责，城乡之间在公共物品和公共服务供给水平上的巨大差距发生了较大改变。资料显示，目前我国农村的广播电视和通信信号的覆盖率很高，自来水供给率、无害化厕所使用率、垃圾处理率都达到一定程度。很多乡村之间甚至开通了公交车。城乡之间公共物品和公共服务供给水平上的巨大差距已经有了较大改观，基本公共服务均等化正迈出坚实的步伐。这一切都得益于财政转移支付制度。

三、我国财政转移支付制度的主要内容

政府间的财政转移支付，包括纵向转移支付和横向转移支付。纵向转移支付指上下级政府间的转移支付，包括上级政府向下级政府的转移支付，也包括下级政府向上级政府的转移支付（我国一般称上解）。横向转移支付指相同级别不同地区的地方政府间的转移支付。一般而言，财力有余的地方政府可以将其多余财力上解给上级政府直到中央政府，然后由上级政府按照基本公共服务均等化的要求层层向下级政府转移支付，也可实现均等化目标。因此横向转移支付在逻辑上没有存在必然性。各国的财政转移支付主要是纵向转移支付，并且主要是上级政府向下级政府的转移支付，只有德国等少数国家才存在横向转移支付。我国现行的财政转移支付以上级政府对下级政府的纵向转移支付为主，没有横向转移支付。在我国，分税制所确立的分税办法使财力向中央集中，结果是地方政府相对于均等化所要求的财力很难有所剩余，很少发生需要将多余财力上解的情况，所以我国的财政转移支付主要是上级政府对下级政府的转移支付。

我国《预算法》第16条规定，财政转移支付包括中央对地方的转移支付和地方上级政府对下级政府的转移支付。

我国的财政转移支付制度是为了配合1994年实行分税制财政体制而逐步建立的。1993年12月15日，国务院发布《关于实行分税制财政管理体制的决定》，规定了维护原包干财政体制下地方既得利益的税收返还制度和原体制补助、上解和结算制度。1995年财政部发布《过渡期财政转移支付办法》，标志着以均等化公共物品和公共服务为目的的财政转移支付制度正式建立，以后每年根据情况变化修订完善后重新发布，但整个制度框架没有根本变化。2002年后，原来的《过渡期转移支付办法》被改称为《一般性转移支付办法》，作为财力性转移支付办法的重要组成部分。到2009年，《一般性转移支付办法》被改称为《均衡性转移支付办法》，原来的财力性转移支付则相应改称一般性转移支付。此外，我国还存在众多的专项补助。

这样，我国中央政府对省级政府财政转移支付制度的主要内容包括原体制补助及上解、税收返还、一般性转移支付和专项补助。其中，原体制补助及上解、税收返还因数额相对固定，占整个国家财政资金的比例会随着经济的发展、财政收入的增加而越来越小，影响有限。因此现行财政转移支付制度的主要部分是一般性转移支付和专项补助两类。这两类转移支付,对地方财政影响较大,个别省级行政单位甚至超过一半的一般公共财政收入来自中央财政的转移支付。2017 年,中央对地方一般性转移支付预算为 35,030.49 亿元(其中均衡性转移支付预算为 22,308.83 亿元),专项转移支付预算为 21,481.51 亿元,而税收返还预算仅有 9138 亿元。2017 年全国一般性公共预算收入 172,567 亿元。(数据来自财政部网站)预算的转移支付总额(特指一般性转移支付、专项转移支付和税收返还的总和)65,650 亿元,约占全国一般性公共预算收入 172,567 亿元的 38%。

需指出的是,我国现行《预算法》的文字规定中,将税收返还与转移支付相提并论,似乎转移支付不包括税收返还。根据这种立场,转移支付仅包括一般性转移支付和专项补助两项。考虑到原体制补助及上解、税收返还形式上更像转移支付,因此我们将其列入转移支付制度的内容中。

(一)一般性转移支付

我国《预算法》第 16 条规定,财政转移支付包括中央对地方的转移支付和地方上级政府对下级政府的转移支付,以为均衡地区间基本财力、由下级政府统筹安排使用的一般性转移支付为主体。

一般性转移支付在 2009 年前被称为财力性转移支付,指为弥补财政实力薄弱地区的财力缺口,均衡地区间财力差距,实施地区间基本公共服务的均等化,中央财政对省级地方财政的转移支付。一般性转移支付资金不规定用途,由地方统筹安排,也不要求地方配套资金。

一般性转移支付,以均衡性转移支付为主,但除均衡性转移支付外,还存在其他一些不属于均衡性转移支付的项目。例如,2017 年中央对地方一般性转移支付预算为 35,030.49 亿元,其中的均衡性转移支付预算只有 22,308.83 亿元。通常,一般性转移支付中的非均衡性转移支付项目,主要是对因特定项目的改革而利益受到影响的地方政府的补偿。表面上看,这些一般性转移支付中的非均衡性转移支付项目,跟专项转移支付类似,但它们之间是有区别的。非均衡性转移支付项目,是一般公共财政的正常支出范围,这些开支项目是每年都会发生的。而专项转移支付是为了实现特定政策目的设立的,一旦特定政策目的得以实现,该专项转移支付就应退出,不会一直存在下去。

一般性转移支付中,只有均衡性转移支付才真正以实现基本公共服务均等化为目标,因此财政部每年发布的《中央对地方均衡性转移支付办法》被认为是我国今后制定转移支付法的制度蓝本。

根据财政部发布的《2017 年中央对地方均衡性转移支付办法》,中央财政对省级地方财政均衡性转移支付数额分省计算,根据各省标准财政收入和标准财政支出差额,以及转移支付系数计算确定。各省的标准财政收入,指在分税制财政体制下,各省应该拥有的自主财源。使用应有的财政收入而不是实际地方财政收入作为标准财政收入,目的是防止地方政府不当减免税以争取更多转移支付数额。标准财政支出指根据均等化目标所应当达到的财政支出水平。以在分税制下地方财政应该拥有的财政收入(标准财政收入)与根据均等化目标所应当达到的财政支出水平之间的差额,作为转移支付的数额,可以较好地实现基本公共服务的均等化。标准财政收入与标准财政支出,由于是应该拥有的数额,而不是实际发生的数额,因此其计算相对复杂,具体计算方法可参见财政部发布《2017 年中央对地方均衡性转移支付办法》。转移支付系数的存在表明,除非中央财政有足够的资金弥补地方财政的财力缺口,地方财政缺口将不能得到完全弥补。

(二)专项转移支付

专项转移支付,也称专项补助,是指上级政府对下级政府限定用途的专项拨款,下级政府对专项补助只能用于指定的用途。

根据财政部公布的《2017 年中央对地方税收返还和转移支付预算表》,目前我国还存在众多的专项转移支付项目,具体项目多达几十项,如监狱和强制隔离戒毒补助资金、支持学前教育发展资金、农村义务教育薄弱学校改造补助资金、改善普通高中学校办学条件补助资金、中小学及幼儿园教师国家级培训计划资金、现代职业教育质量提升计划专项资金、特殊教育补助经费、学生资助补助经费、支持地方高校改革发展资金、中央财政引导地方科技发展资金、中央补助地方公共文化服务体系建设专项资金、国家文物保护专项资金、非物质文化遗产保护专项资金、中央自然灾害生活补助资金,等等。

专项转移支付通常是为了特定政策目的而设立,一旦相应的政策目的得以实现,该专项转移支付就应该退出。因此可以把很多的专项补助看作阶段性的财政支出项目。专项转移支付也不是普惠性的财政支出项目,根据具体情况,有的地方可能不能获得特定专项补助或者只能获得较少的特定专项补助,比如非物质文化遗产保护专项资金。专项转移支付强调特定政策目的的实现,并不以基本公共服务均衡化为目标。正因如此,我国《预算法》第 16 条规定,财政转移支付以为均衡地区间基本财力、由下级政府统筹安排使用的一般性转移支付为主体,而不是以专项转移支付为主体。该条规定还体现了从严控制专项转移支付项目的精神。我国《预算法》第 16 条规定,按照法律、行政法规和国务院的规定可以设立专项转移支付,用于办理特定事项。建立健全专项转移支付定期评估和退出机制。市场竞争机制能够有效调节的事项不得设立专项转移支付。上级政府在安排专项转移支付时,不得要求下级政府承担配套资金。但是,按照国务院的规定应当由上下级政府共同承担的事项除外。

专项转移支付具体由财政部根据法律、行政法规和国务院的相关规定设立。由于专项转移支付不以基本公共服务均等化为目的,专项转移支付的项目应该严格控制和清理。为了加强对专项转移支付的管理,财政部于 2015 年 12 月 30 日发布《中央对地方专项转移支付管理办法》。

(三)原体制补助及上解、税收返还

原体制补助及上解,是指 1994 年以前原包干财政体制下中央对地方的补助或地方对中央的上解,在分税财政体制下维持不变。这是为了保证地方的既得利益不因分税制改革而受到影响。中央政府的这种补助不规定用途,地方政府可用于经常性支出。目前,这一部分占整个财政转移支付的比例已经很小。从财政部每年公布的《中央对地方税收返还和转移支付预算表》看,这一部分似乎已被纳入一般性转移支付中,成为一般性转移支付项目之一。

1. 增值税消费税基数返还和增量返还

从1994年开始,我国从原来的包干财政体制改行分税制,将增值税改为共享税,消费税改为中央税,影响了原体制下的地方既得利益。为了不触动地方既得利益,使分税制改革得以顺利实行,中央财政对地方实行税收返还,数额以1993年为基期年核定。按照1993年地方实际收入,以及税制改革和中央与地方收入划分情况,核定1993年中央从地方净上划收入(消费税+75%增值税-中央下划收入),全额返还地方,并以此作为以后中央对地方返还基数。此为增值税、消费税基数返还。1994年后,税收返还额在1993年基础上逐年递增,递增率按全国增值税和消费税的平均增长率的1:0.3系数确定,即上述两税全国平均每增长1%,中央财政对地方的税收返还增长0.3%。[①] 此为增值税消费税增量返还。

2. 所得税基数返还

2002年前,我国个人所得税是地方税,国有企业缴纳的企业所得税按国有的隶属关系分属中央税和地方税。从2002年开始,个人所得税与企业所得税改为共享税。为不触动地方既得利益,规定以2001年为基期年,按改革方案所确定的分享范围和比例,地方分享的所得税收入,如果小于地方实际所得税收入,差额部分由中央作为基数返还地方。[②] 此项税收返还一般称为所得税基数返还。

3. 全面"营改增"后增值税基数返还

1994年税制改革形成的流转税格局中,对生产和流通行业征收增值税,对服务性行业即第三产业征收营业税。营业税按流转额全额计税,属于传统流转税制度,存在重复征税弊端。增值税作为新型流转税,不再按商品或服务的流转额全额计税,而只按其中的增值额计税,可以有效克服传统流转税所存在的、对商品或服务价值中属于生产资料转移价值部分的重复征税现象,更好地体现了现代税法的税收公平原则。经过几年"营改增"试点,我国决定于2016年5月1日全面推行营业税改增值税改革。

按之前的分税办法,营业税属地方税。营业税事实上成为各省级财政的主体税种,成为省级财政除土地出让金外的重要财政收入来源。增值税一直是共享税,且大部分(75%)由中央财政享有,地方只能分享到小部分(25%)。全面"营改增"重塑了整个税收制度的公平性,有其必要性,但明显使地方政府失去了一项重要的财政收入来源,损

① 参见李萍、许宏才:《中国政府间财政关系图解》,中国财政经济出版社2006年版,第313页。

② 同上书,第317页。

害了地方自主财源。为保障地方既有财力，国务院于 2016 年 4 月 29 日发布了《全面推开营改增试点后调整中央与地方增值税收入划分过渡方案》，重新调整了增值税中央与地方间的分享比例，规定中央分享增值税的 50%，地方按税收缴纳地分享增值税的 50%。并以 2014 年为基数，将中央从地方上划收入通过税收返还方式给地方，确保既有财力不变。

思考题

➢ 试述政府采购法的意义。
➢ 试述政府采购法的基本原则。
➢ 试述财政转移支付制度的宪治和理论根据。
➢ 什么是基本公共服务均等化？有何意义？

延伸阅读

表 4－1 是根据财政部网站和其他相关资料整理的 2017 年全国各省、自治区、直辖市财政自给率。其中列出了各地 2017 年一般公共财政预算收入和一般公共财政预算支出数据，其间的差额就是中央对地方的转移支付数额。我们可以从中看出各地的财政自给程度以及对中央财政的转移支付的依赖程度。财政自给率越高，对中央财政转移支付的依赖越低，比如上海、北京的财政自给率超过 80%，这意味着两地对中央财政转移支付的依赖不到 20%。东部沿海经济相对发达的 8 个省区市加上西部的重庆市财政自给率都超过 50%。相反，财政自给率越低，对中央财政转移支付的依赖越高。全国有 22 个省区市财政自给率不足 50%，意味着这些省区市对中央财政转移支付的依赖程度超过 50%。当然，这些省区市主要位于经济相对落后的中西部地区。

必须指出，这里的财政自给率是根据分税制所决定的地方自主财力的基础上计算的，也许不能算作真正的财政自给率，因为地方的全部财政收入，除地方自主财力外，还应该加上通过中央税和共享税由中央财政占有的那部分财政收入。否则我们就无法解释为什么全国所有的省区市的财政都做不到自给自足，都要依赖中央财政的转移支付。

从这里我们可以看出，尽管沿海经济相对发达的省区市的财政收入，相对于均等化所要求的财政支出水平有余，完全可以做到财政自足，但我们的分税财政体制所决定的全国任何一个地方的自主财力均不足以满足其基本财政需求，较多的财力通过中央税和共享税的方式集中于中央财政。中央财政集中了全国较多的财力(50%左右)，远远超过中央财政自身基本支出需要，其中多出的部分就被用于对省级地方财政的转移支付，以在全国范围内实现基本公共服务的均等化。

表 4－1 2017 年全国各省、自治区、直辖市财政自给率统计

行政区划	一般公共预算收入(亿元)	一般公共预算支出(亿元)	财政自给率(%)
上海	6642.30	7547.60	88.01
北京	5430.80	6540.50	83.03
浙江	5803.38	7530.27	77.07
江苏	8171.53	10,622.18	76.93
广东	11,315.21	15,043.09	75.22
天津	2310.00	3282.00	70.38
山东	6099.00	9258.00	65.88
福建	2808.70	4719.29	59.52
重庆	2252.20	4337.00	51.93
山西	1866.79	3756.73	49.69
辽宁	2390.20	4842.90	49.35
河北	3233.30	6615.20	48.88
湖北	3248.00	6832.00	47.54
安徽	2812.00	6202.00	45.34
江西	2246.90	5123.70	43.85
陕西	2006.40	4833.10	41.51
河南	3397.00	8224.70	41.30
四川	3579.80	8686.10	41.21
湖南	2756.75	6857.70	40.20
内蒙古	1703.40	4523.10	37.66
贵州	1613.64	4604.57	35.04
海南	674.10	1943.00	34.69
云南	1886.20	5713.00	33.02
广西	1615.03	4912.89	32.87
新疆	1465.50	4641.20	31.58
宁夏	417.50	1375.90	30.34
黑龙江	1243.20	4640.70	26.79

续表

行政区划	一般公共预算收入(亿元)	一般公共预算支出(亿元)	财政自给率(%)
吉林	1210.82	4690.67	25.81
甘肃	815.60	3307.30	24.66
青海	246.10	1530.30	16.08
西藏	185.83	1692.22	10.98

同步习题

1. 政府采购的当事人包括采购人、采购代理机构和供应商。

2. 政府采购原则上采用公开招标方式,其他方式只是公开招标的例外。其他方式包括邀请招标、竞争性谈判、单一来源采购以及询价。

3. 财政转移支付主要包括一般性转移支付和专项转移支付。

4. 我国《预算法》第16条第1款规定,国家实行财政转移支付制度。财政转移支付应当规范、公平、公开,以推进地区间基本公共服务均等化为主要目标。

参考阅读

1. 李萍主编:《中国政府间财政关系图解》,中国财政经济出版社2006年版。
2. 张怡、邓甲明主编:《财税法实务教程》,中国人民大学出版社2013年版。
3. 张守文:《财税法学》,中国人民大学出版社2016年版。

法规链接

1.《预算法》(2015年)
2.《政府采购法》
3. 国务院《政府采购法实施条例》
4.《国务院关于实行分税制财政管理体制的决定》
5. 财政部各年中央对地方均衡性转移支付办法

下篇　税　收　法

第五章　税收与税法基础

内容简介

本章内容涉及税收与税法基础,重要性不言而喻。本章首先介绍税收与税法的基本概念及专业术语;其次,引入税法核心要素,即税法构成要素,之后各税种的学习均以构成要素为逻辑框架,须掌握税法的构成要素,尤其是税法构成的核心要素:纳税人、征税对象及税率;再次,介绍税收法律关系;最后,阐述税法原则,税法原则是各税种法律制度建立的基础。本章内容难度不大,但由于内容较多,且读者刚学习税法,因此,需要一个渐进的学习过程。本章的重点是税收和税法的基本概念,税法构成要素。难点是税收法律关系的构成,税法原则。

第一节　税收与税法概述

一、税收概述

党的十八届三中全会提出"现代国家治理"的理念,也提出"财政是国家治理的基础和重要支柱"。税收已不仅是经济领域的问题,而是政治领域、社会领域的大问题。学习税法之前,须对税收的基本概念有所了解。

(一)税收的概念、本质与作用

1. 税收的概念

税收是国家为了满足社会公共需要,凭借政治权力,强制、无偿地取得财政收入的一种形式。其本质是一种分配关系。

2. 税收的本质

可从税收分配关系本质、国家征税的依据和税收目标三方面把握税收的本质。

其一,税收是国家取得财政收入的一种重要工具,其本质是一种分配关系。

其二,国家征税的依据是政治权利,它有别于按要素进行分配。这是我国税收理论界长期以来的主流认识。随着市场经济的发展,我国税收理论界也有一些学者认为用交换说更能说明政府和纳税人之间的关系。税收相当于一种价格,公民和法人与政府应该具有某种等价交换的关系,国家行使请求权的同时,负有向纳税人提供高质有效的公共产品的义务;从纳税人这方面来讲,在享受政府提供的公共产品的同时,也依法负有纳税的义务。在这种等价交换中,税收体系了一种平等性,即国家和纳税人之间的对等和平等。

其三,国家征税的目的是满足社会公共需要。党的十八届三中全会提出“现代国家治理”的理念,也提出“财政是国家治理的基础和重要支柱”。现代财政活动基本上由收入阶段(征税为主)、支出阶段(预算)、收支划分(财税体制)等几大部分组成,税收是财政收入的最主要来源。

综上,税收已经不仅仅纯粹是经济领域的问题,而是政治领域、社会领域的大问题。

3. 税收的作用

税收在现代国家治理中的作用主要有:

其一,为国家治理提供最基本的财力保障;

其二,税收是确保经济效率、政治稳定、政权稳固、政府正常运行的重要工具;

其三,税收是促进现代市场体系构建,促进社会公平正义的重要手段;

其四,税收是促进依法治国,促进法治社会建立,促进社会和谐的重要载体;

其五,税收是国际经济和政治交往中的重要政策工具,也是维护国家权益的重要手段。

(二)中国税制的建立过程

中华人民共和国税制的建立源于1950年1月颁布实施《全国税政实施要则》和《全国各级税务机关暂行组织规程》。历史上,改革开放前,1953年修正税制、1958年税制改革、1973年试行工商税均是重要节点;改革开放后,1980~1981年建立涉外税制,1983~1984年国营企业利改税,1984年工商税制的全面改革。此外,为适应市场经济,税制改革的主要内容涉及以下方面:

其一,流转税制的改革。建立增值税、消费税并立、双层次调节的税制。其二,所得税制的改革。1994年1月起先统一内资企业所得税。将个人所得税、个人收入调节税和城乡个体工商业户所得税合并统一为个人所得税。其三,税收征管的改革,主要内容包括:一是普遍建立纳税申报制度;二是积极推行税务代理制度;三是建立严格的税务稽查制度;四是加速推进税收征管电子化的进程。

二、税法概述

上文的税收制度主要包括各税种的法律法规以及为了保证这些税法得以实施的税收征管制度和税收管理体制。税法是税收制度的核心内容。

(一)税法的概念与特征

税法是国家制定的用以调整国家与纳税人之间在征纳税方面的权利及义务关系的法律规范的总称。税法是税收制度的核心内容。税收制度主要包括各税种的法律法规以及为了保证这些税法得以实施的税收征管制度和税收管理体制。

税法具有以下特征:

第一,从法律性质上看,税法属于义务性法规,以规定纳税人的义务为主。这一特点是由税收的无偿性和强制性特点所决定的。

第二，税法结构的规范性。一税一法、税收要素具有固定性。

第三，税法规范的技术性。例如，与其他法律相比，税法中的税目、税率、发票等有一定“技术性”。

第四，税法的经济性。税收法律制度源于税收，而税收本质上属于经济领域的概念。

第五，税法具有综合性，它是由一系列单行税收法律法规及行政规章制度组成的体系，其内容涉及课税的基本原则、征纳双方的权利和义务、税收管理规则、法律责任、解决税务争议的法律规范等。税法实体性规范与程序性规范具有统一性。这一特点是由税收制度所调整的税收分配关系和税收法律关系的复杂性所决定的。

片面强调国家税收收入或纳税人权利都不利于社会的和谐发展。如果国家征收不到充足的税款，就无法履行其公共服务的职能，无法提供公共产品，最终也不利于保障纳税人的利益，从这个意义上讲税法的核心在于，兼顾和平衡纳税人权利，在保障国家税收收入稳步增长的同时，也保证对纳税人权利的有效保护。

税法属于国家法律体系中一个重要领域法，它是调整国家与各个经济单位及公民个人分配关系的基本法律规范。税法从性质上属于公法，但仍具有一些私法属性。

（二）税法与其他法律的关系

作为领域法学之代表，税法有其综合性，税法与其他部门法有密切的关系：税法与宪法、行政法、经济法、民商法、社会法、刑法、国际法、诉讼法等均有紧密关联。税法、宪法、民法和刑法的关系，见表 5 - 1。

第一，税法与宪法的关系：宪法是税法的母法。《宪法》是我国的根本大法，它是制定所有法律、法规的依据和章程。税法是国家法律的组成部分，当然也是依据《宪法》的原则制定的。《宪法》第 56 条规定：“中华人民共和国公民有依照法律纳税的义务。”这里一是明确了国家可以向公民征税，二是明确了向公民征税要有法律依据。因此，《宪法》的这一条规定是立法机关制定税法并据以向公民征税以及公民必须依照税法纳税的最直接的法律依据。

第二，税法与民法的关系：两者相同时，援引民法，税法不再做单独规定；设计征纳关系，两者有差异时，适用税法。本质区别是调整方法的差别。民法调整方法的特点是平等、等价和有偿；税法调整方法采用命令和服从的方法。内在联系是当税法的某些规范用民法基本相同时，税法一般援引民法条款，当涉及税收征纳关系时，一般以税法的规范为准则。

第三，税法与刑法的关系：区别是调整范围不同。刑法调整的犯罪、刑事责任与刑法的法律规范；税法调整的征纳关系的法律规范，并不局限于犯罪的范畴。违法未犯罪，适应税法有关规定。违法并犯罪，按照刑法处罚规定。

表 5-1 税法、宪法、民法和刑法的关系

法律类型	含义	重要内容
税法	国家制定的用以调整国家与纳税人之间在征纳税方面的权利及义务关系的法律规范的总称	重要领域法
宪法	制定所有法律、法规的依据	根本大法,规定公民的纳税义务和对公民征税要有法律依据
民法	调整平等主体之间财产关系和人身关系的法律规范	特征是平等、等价和有偿
刑法	关于犯罪、刑事责任与刑罚的法律规范的总和	与税法的区别在于情节是否严重,轻者给予行政处罚,重者则要承担刑事责任,给予刑事处罚

(三)税法的体系

税法体系与税收制度(简称税制)密切相关。一个国家的税收制度,可按构成方法和形式分为简单型税制及复合型税制。其一,按照税法的基本内容和效力的不同,可分为税收基本法和税收普通法。其二,按照税法的职能作用的不同,可分为税收实体法和税收程序法。其三,按照税法征收对象的不同,可分为对商品劳务(流转额)课税的税法,对所得额课税的税法,对财产、行为课税的税法和对自然资源课税的税法及特定目的税法。其四,按照主权国家行使税收管辖权的不同,可分为国内税法、国际税法、外国税法等。此外,还有一种分类:间接税与直接税。

结合上述税法体系分类标准,目前,我国现行税收法律体系如下:共有增值税、消费税、企业所得税、个人所得税、资源税、城镇土地使用税、房产税、城市维护建设税、耕地占用税、土地增值税、车辆购置税、环保税、车船税、印花税、契税、烟叶税、关税、船舶吨税 18 个税种。其中,16 个税种由税务部门负责征收;关税和船舶吨税由海关部门征收,另外,进口货物的增值税、消费税也由海关部门代征。

1. 税收实体法体系的构成

首先,流转税法类。包括增值税法、消费税法、关税法、船舶吨税、烟叶税 5 种。

其次,所得税法类。包括企业所得税法、个人所得税法 2 种。

再次,资源税法类。包括资源税法、土地增值税法、城镇土地使用税法和耕地占用税法 4 种。

又次,财产税法类。包括房产税法、车船税法和契税法 3 种。

最后,行为目的税法类。包括印花税法、环保税、车辆购置税法、城市维护建设税法 4 种以及具有税收性质的教育费附加和社会保险费。

2. 税收程序法体系的构成

税收程序法主要有《税收征收管理法》，还包括《税收征收管理法实施细则》《发票管理办法》、国家税务总局《关于贯彻〈中华人民共和国税收征收管理法〉及其实施细则若干问题的通知》《发票管理办法实施细则》《税务行政复议规则》《税务稽查工作规程》《税务代理试行办法》，以及参照执行的“中华人民共和国行政处罚法、行政诉讼法和国家赔偿法”等。

(四)税法的渊源

税法的渊源涉及税法的正式渊源与非正式渊源。税法的正式渊源如下：

1. 宪法。宪法作为国家的根本大法，是税法最根本的渊源。它分为两种，一种是直接的渊源，即宪法中关于税收的直接规定，例如，我国《宪法》第 56 条规定：“中华人民共和国公民有依照法律纳税的义务。”另一种是间接的渊源，即宪法中的各项原则性规定，税法必须严格遵循，不得违背。

2. 法律。税收法律由全国人民代表大会及其常务委员会制定，其法律地位和效力仅次于宪法，是重要的税法渊源。

3. 行政法规。包括税收行政法规和地方税收法规，税收行政法规由国务院根据宪法、法律、全国人大的授权制定，是我国税法的主要渊源。目前我国实体税法大多是由国务院以暂行条例等形式制定的税收法规。地方税收法规是由地方人民代表大会及其常务委员会根据税收法律、行政法规制定的。

4. 地方性法规。

5. 规章。包括税收行政规章和地方性税收规章。税收行政规章由国务院税收主管部门制定；地方税收规章由省级人民政府、省会所在地的市级人民政府以及国务院批准的较大市级人民政府制定。

6. 民族自治地方的自治条例和单行条例。

7. 特别行政区的法律法规。

8. 国际条约或协定。我国与各国签订的双边及多边税收协定，也是税法渊源的组成部分。

表 5-2 税法的主要正式渊源

<table>
<tr><th>分类</th><th>立法机关</th><th>形式</th><th>举例</th></tr>
<tr><td rowspan="2">税收法律</td><td>全国人大及常委会</td><td>法律</td><td>如企业所得税法、个人所得税法、税收征收管理法</td></tr>
<tr><td>全国人大及其常委会授权立法</td><td>暂行条例</td><td>增值税暂行条例</td></tr>
<tr><td rowspan="2">税收法规</td><td>国务院</td><td>条例、实施条例</td><td>企业所得税法实施条例</td></tr>
<tr><td>地方人大及其常委会</td><td></td><td></td></tr>
</table>

续表

分类	立法机关	形式	举例
税收规章	财政部、税务总局、海关总署	办法、规则、规定、实施细则	消费税暂行条例实施细则
	地方政府	办法、规则、规定、实施细则	房产税暂行条例实施细则

税法的非正式渊源如下：

1. 判例。判例在英美法系属于法的正式渊源。在中国，判例的重要性也被人们普遍承认。

2. 习惯。

3. 税收规范性文件。

4. 一般法律原则或法理。

现实中，由于税法之专业性，在税务诉讼中，司法机关对税收规范性文件常保持一定的谦抑性，即默认其法律效力。法律、法规和规章以外的"规范性文件"是一类法律实践中会对公民权利和义务产生重大影响的法律文件，理论界对于此类"规范性文件"的范围、效力等级等问题存在很多似是而非甚至是错误的认识，对实践中出现的"规范性文件"混乱现象缺乏应有的理论回应。黄金荣博士在《"规范性文件"的法律界定及其效力》一文中全面阐述了规范性文件的法律问题。

行政规范性文件是税法实践中使用较多的规范性文件。黄金荣博士认为行政法规、规章与相应立法主体制定的"规范性文件"的区别以及它们之间的效力等级关系均是重要问题，但对于这些问题目前的法律规定并不明确。例如，《宪法》只是确认国务院可以"根据宪法和法律，规定行政措施，制定行政法规，发布决定和命令"；国务院"各部、各委员会根据法律和国务院的行政法规、决定、命令，在本部门的权限内，发布命令、指示和规章"。又如，《地方各级人民代表大会和地方各级人民政府组织法》确认"省、自治区、直辖市的人民政府可以根据法律、行政法规和本省、自治区、直辖市的地方性法规，制定规章"。税法实践中，行政法规、规章与相应立法主体制定的"规范性文件"存在区别这一点还是毋庸置疑的。首先，在我国法律体系中，与一般行政规范性文件不同，行政法规和规章是一类具有明确的法律渊源地位并且受到法律严格规范的权威法律文件。《立法法》对于行政法规和规章的立法权限以及备案程序都作了基本的规定，《行政许可法》《行政处罚法》《行政强制法》也对行政法规和规章的立法保留事项具有特殊的规定，而国务院和具有规章制定权的其他行政机关制定的一般规范性文件显然无法适用这些规定。其次，《行政复议法》允许对规章之外的"国务院部门的规定"在行政复议时提出附带性审查，这也说明法律对于规章与规章制定机关制定的其他"规定"进行区别对待的态度。最后，行政法规和规章与一般行政规范性文件在制定程序和名称上由不同的行政法规予以规范。行政法规的制定程序由《行政法规制定程序条例》予以规定，行政法规在名称上只能称为"条例"、"规定"、"办法"、"暂行条例"或"暂行规定"；规章的制定程序由《规章制定程序条例》予以规范，规章的名称一般只使用"规定"和"办法"两个名称；而对于一般行政规范性文件的制定程序则主要由2012年《党政机关公文处理工作条例》(之前是2000年《国家行政机关公文处理办法》)予以规定，其一般使用"决议""决定""命令""公告""通知""意见"等名称。

从上述法律规定可以看出，行政法规与国务院制定的规范性文件、规章与规章制定机关制定的规范性文件之间无论在规范内容，还是在制定程序和名称方面都存在比较明显的区别。但现存的一个关键问题是，这是否意味着它们之间在效力等级方面也存在区别？《立法法》对于"法律""行政法规""规章""地方性法规"之间的效力等级关系作了比较明确的界定，但对于与这些法律文件具有相同制定主体的"规范性文件"与它们之间的效力等级关系却没有作任何规定。由于宪法、有关国家机关组织法等法律对于"行政法规""规章""地方性法规"与相应主体发布的"决定""命令""指示""决议"总是相提并论，并且《立法法》体现的"效力等级取决于制定主体等级"的观念深入人心，因此将两者效力相等同的观点在法理学中一直占据主流地位。例如，某《法理学教程》就认为，"国务院发布的具有规范性内容的决定和命令，也是法的渊源，与行政法规具有同等效力"，"国务院各部委发布的规范性决定和指示，也属于法的渊源，其效力低于宪法、法律和行政法规"。根据同样的逻辑，该书实际上也认为部委通过的规范性文件与规章具有同等的效力。又如，某《法理学》也确认，"国务院常务会议通过的决议、决定和它发布的行政命令，亦属于行政法规的范畴，具有同等效力"。但问题是，如果行政法规、规章与这些法律文件主体制定的规范性文件具有同等的法律效力，那么《立法法》第92条有关"同一机关制定的法律、行政法规、地方性法规、自治条例和单行条例、规章，特别规定与一般规定不一致的，适用特别规定；新的规定与旧的规定不一致的，适用新的规定"的规定也应适用于解决行政法规、规章与这些法律文件主体制定的规范性文件之间的冲突。据此，如果国务院新发布的规范性文件与原有行政法规就同一事项的规定相冲突，就会产生应适用规范性文件而不是行政法规的后果，这显然会使行政法规的权威性受到很大的挑战，在国务院规范性文件数量要远远多于行政法规的现实下，更是如此。法理学教科书中的这种观念也与我国有关法律规定相冲突。例如，《宪法》和《立法法》都规定，省、直辖市的人民代表大会及其常务委员会，在不同宪法、法律、行政法规相抵触的前提下，可以制定地方性法规。法律只要求地方性法规不能与行政法规相抵触，并没有要求其不能与国务院规范性文件相抵触，如果行政法规与国务院规范性文件具有同等效力，那等于要求地方性法规也不能与国务院规范性文件相抵触，这显然违反现行法律的规定。

具体而言，国税总局与地方税务机构的行政解释在我国税务执法实践中的运用非常普遍。以税务行政处罚威力，我国税务行政处罚的主要类型有罚款、没收违法所得等,而对其存在的大量自由裁量权的行政解释主要以“通知”“公告”“说明”“办法”等规范性文件的形式存在。由于税务行政处罚的相关法律法规缺乏必要的具体执行规范,且法律制度没有明确自由裁量权原则,自由裁量权过大,而税务执法实践中出现的征纳纠纷较多,在缺乏有效规范的约束下,即使是性质相同的案件,由于受到执法人员主观判断、社会关系等因素的影响,也可能出现处罚结果相差巨大的情形,而行政规范性文件的灵活性就发生了很大作用——这类型的文件数量多,涉及面广,且对税务管理行政相对人的影响较大,在实践上运用广泛。而即便如此,在实践中也常常出现机械性执法、随意性执法以及选择性执法等问题,这一方面在于配套制度的缺失和监督制度的缺乏,另一方面则在于此类行政规范性文件本身之间的不协调与不合理。2015 年四川省国税局、地方税务局联合下发《税务行政处罚裁量实施办法(试行)》(以下简称四川文件)、2016 年《重庆市税务行政处罚裁量权基准制度(试行)》(以下简称重庆文件)以及 2016 年国家税务总局《关于发布〈税务行政处罚裁量权行使规则〉的公告》(以下简称总局文件)(以下简称上述三个文件为三个文件),三个文件对于税务行政处罚的具体裁量基准通过不同的形式作出了各种不同的甚至是相互矛盾的行政解释。三个文件是对税务行政处罚的行政解释,但形式和内容迥异。2015 年四川文件主要通过对违反税务登记管理的处罚、违反账簿、凭证、申报等管理的处罚、违反发票、票证等管理的处罚以及其他涉税行为的处罚等几个方面分别逐条规定处罚的具体裁量,并将处罚依据和种类附在每一个具体规定之后,并于总则中规定了规范行政处罚裁量权的原则、从重、从轻或减轻、不予行政处罚的情形,强调税务行政管理人的陈述申辩程序以及案例指导制度、重大税务案件审委会集体决定制度等。2016 年重庆文件的规定相较于四川的规定来说更原则,不像四川文件那样详细,强调税务行政处罚裁量权的行使应当综合考虑税务违法行为的事实、性质、情节、社会危害程度等因素,强调类似税务违法情形基本相同的处理,强调法律效果与社会效果的统一,俨然透露着法社会学派的法理观念。当然,重庆文件也对裁量适用的规则、裁量程序规则以及裁量行为监督等包括罚款数额的确定、从重、从轻或减轻、不予行政处罚的情形以及行政相对人权利和救济的告知、回避、集体审议、案例指导制度案卷评查等进行了较为细致的规定。而继重庆文件之后的 2016 年 11 月 30 日,国家税务总局发布的规定则更透露出法学教材的气息,包括立法宗旨与制定依据、处罚裁量的原则、对处罚依据的引用、首违不法、案例指导等各方面的规定。

就其具体规定而言,三个文件可谓是差异巨大,如在处罚依据上,重庆和总局文件的规定都强调了不得引用裁量基准作为处罚依据,而在具体表述上又有所不同:重庆文件直接说明“不得引用”;而总局文件则规定“应当以法律、法规、规章为依据,并在裁量基准范围内做出相应的行政处罚决定,不得单独引用……”后者的规定虽然仅仅多了“单独”二字,但意思完全不同:我们是否可以推测根据重庆文件规定税务机关在做出行政处罚时根本不能引用该裁量基准,而根据国税总局的规定则是只要在税务处罚中有法律、法规、规章依据的存在,就可以引用裁量基准进行处罚?又如,在对《税收征收管理法》第64条第2款的解释上,四川文件分为了三种情况分别在50%以上5倍以下的范围内对其做了具体的罚款规定;而重庆文件则较笼统地对罚款数额进行了规定,如减轻处罚最低倍数、从重处罚高于最低倍数、从轻低于平均值、从重高于平均值等。而关于从重、从轻或减轻等情形两者之间的规定也不一致。

综上,税收规范性文件,特别是税收行政规范性文件在实践中存在一定的问题,须进一步厘清。

(五)税法的效力

税法的效力包括税法的对人效力、税法的空间效力以及税法的时间效力。

第一,税法的对人效力。税法的对人效力是指受税法规范和约束的纳税人的范围,包括纳税个人和纳税单位。税法对人的效力涉及一国的税收管辖权问题。一般而言,一个主权国家主要参照下列原则来确定本国的税收管辖权。

属地主义原则,以纳税人的纳税行为是否发生在本国领域内作为是否征税的标准,而无论纳税人是本国人还是外国人。

属人主义原则,以纳税人是否具有本国国籍为标准,确定是否征税,而无论纳税人的纳税行为是发生在本国领域之内还是之外。

折中主义原则,是兼顾属地主义原则和属人主义原则的一种结合性原则。

第二,税法的空间效力。税法的空间效力是指税法的法律强制力所能达到的地域范围,一般分为中央税法的空间效力和地方税法的空间效力。

中央税法的空间效力。中央税法,是指由全国人民代表大会及其常委会制定的税收法律和由国务院及其有关职能部门制定的普遍有效的税收行政法规。

地方税法的空间效力,是指地方性税收法规仅在本地方行政管辖区域内有效。

当然,根据国际公约或者双边协定以及我国有关法律,虽在我国领域范围内但享有税收豁免权的区域除外,如外国使馆区等。

第三,税法的时间效力。税法的时间效力是指税法生效和失效的时间,以及是否具有溯及既往的效力。在我国,税法实施的时间有以下几种情况:实施时间滞后于公布时间;实施时间和公布时间一致;实施在前,公布在后。前两种情况普遍存在,第三种情况较为特殊,一般不予采纳。

税法的失效主要有以下几种情况:客观废止,即旧的税法规范由于失去其存在的客观条件而当然废止;规定废止,即新税法规范明文规定在新法生效力原则,新税法或修改过的税法实施,旧税法就自行废止,而不再在新法条文中明文规定旧法的无效;抵触废止,即新税法确认与其相抵触的部分税法规范被废止。

税法的溯及力是税法效力问题一个非常重要的方面。各国有关法律溯及力的规定较为复杂,概括起来有从旧原则、从新原则、从旧兼从轻原则、从新兼从轻原则四大基本原则。一般而言,税收实体法采取从旧兼从轻原则;税收程序法采取从新原则。

（六）税法的历史进程与展望

德国1919年颁布《德国税收通则》，税法开始从行政法中独立出来。日本学者北野弘久的《税法学原论》是税法学理论的集大成之作。我国学者对税法学的研究源于20世纪80年代中期，发展于21世纪初。例如，1985年北京大学刘隆亨教授编著的《国际税法》、1993年高尔森主编的《国际税法》、2002年刘剑文主编的《税法学》、2004年刘剑文主编的《国际税法学》、2005年徐孟洲主编的《税法学》等。

税法学作为领域法学之代表，是研究税法现象及其规律的一门法学学科，是涉及多方面学科知识的一门边缘性学科，是理论密切联系实际的一门应用性学科。日本学者北野弘久在《税法学原论》中对租税的概念、税法学的出发点、基本研究方法等一系列基本问题，并主张结合判例进行研究，以拓展税法学研究对象的领域。税法学的研究对象是税法这一特定社会现象及其产生、发展和变化的规律。主要包括研究税收基础理论及税法地位、税法作用、税法原则、税法要素、税收立法和税收法律关系等理论，以及税收基本法、税收实体法和税收程序法等法律内容。

党的十八大以来，随着国财税体制改革和法治建设的推进，税法理论发展与改革实践不断提速。税法学在理论发展方面不断突破，基本建成税法学理论的框架，包括“公共财产法”“理财治国”“领域法学”这三大具有内在逻辑联系的支柱理论，并且形成和发展了“财税法一体化”理论。同时，理论与实践结合是税法不断发展的源动力。税收之债、纳税人权利保护、财税控权、财税衡平、财税程序正义等问题的研究和应用将继续推动税法的发展。税法作为新型交叉的研究领域，其学术研究价值日益凸显，实践需求不断扩大。随着税收法定之落地，税法教学与研究必将迎来新的发展。

第二节　税法构成要素

税法构成要素是各种单行税法具有的共同的基本要素的总称。包括实体性的，也包括程序性的，是完善的单行税法共同具备的普遍性内容。税法的核心要素包括三要素：纳税人、征税对象和税率。

一、纳税人

纳税人，是指税法中直接规定的负有纳税义务的单位和个人。纳税人有两种基本形式：自然人和法人。自然人是基于自然规律而出生的，有民事权利和义务的主体，包括本国公民，也包括外国人和无国籍人。法人主要分为营利法人、非营利法人与特别法人。

注意纳税人与扣缴义务人、负税人的区别。“扣缴义务人”，是指法律、行政法规规定负有代扣代缴、代收代缴税款义务的单位和个人。扣缴义务人分两类：代扣代缴义务人、代收代缴义务人。

负税人是实际负担税款的单位和个人。在实际生活中，有的税收由纳税人自己负担,纳税人本身就是负税人,如个人所得税、企业所得税等;但是当纳税人能够把所纳税款转嫁他人负担,纳税人和负税人就属于不同的主体,这就是通常说的税负嫁接问题。税负转嫁须存在两个条件:其一,纳税人具有独立的经济利益是税负转嫁的主观条件。其二,自由价格机制的存在是税负转嫁的客观条件。只要同时具备以上两个条件,税负转嫁的存在就是必然的,不以人们的意志为转移。

二、征税对象

征税对象又叫课税对象、征税客体,指税法规定对什么征税,是征纳税双方权利义务共同指向的客体或标的物,是区别一种税与另一种税的重要标志。

三、计税依据与税目

计税依据由称为税基,是据以计算征税对象应纳税款的直接数量依据,它解决对征税对象课税的计算问题,是对课税对象的量的规定。解决计税基数是多少的问题,是计算应纳税额的依据或基数,是征税对象数量化的表现。如消费税计税依据是销售额或销售数量。

税目指各个税种所规定的具体征税项目。反映征税的具体范围,是对课税对象质的界定。税目体现征税的广度,是对征税对象的具体划分,是征税对象的具体项目,能进一步明确征税对象。

征税对象、计税依据与税目的区别,见表5－3。

表5－3 征税对象、计税依据与税目的区别

要点	具体内容	作用
征税对象	征税客体,征纳税双方权利义务共同指向的实体或标的物	区分税种的标志
税目	征税对象的具体项目	课税对象质的界定,表示方式有概括法和列举法
计税依据	计算应纳税款的根据	课税对象量的界定,应纳税额计算的基数

四、税率

税率,是指对征税对象的征收比例或征收额度、应纳税额占征税对象量的份额,是对征税对象(或计税依据)的征收比例或征收额度。它体现征税的深度,也是衡量税负轻重的主要标志。

税率是衡量税负轻重与否的重要标志,是税收制度的中心环节。我国现行税制适用的税率有比例税率、超额累进税率、超率累进税率和定额税率,见表5－4。

累进税率可以充分有效地调节纳税人的收入,正确处理税收负担的纵向公平问题,但计算较烦琐。

全额累进税率,是把征税对象的数额划分为若干等级,对每个等级分别规定相应税率，当税基超过某个级距时，课税对象的全部数额都按提高后级距的相应税率征税。

超额累进税率指把征税对象按数额的大小分成若干等级，每一等级规定一个税率，税率依次提高，但每一纳税人的征税对象则依所属等级同时适用几个税率分别计算，将计算结果相加后得出应纳税款。

超额累进税率解决了税负不合理的问题，但超额累进税率计算较为烦琐，为了简便计算，规定了速算扣除数。

速算扣除数 = 按全额累进方法计算的税额 − 按超额累进方法计算的税额

公式移项得：按超额方法计算的应纳税额 = 按全额累进方法计算的税额 − 速算扣除数

结论：超额累进税率能够体现量能负担的原则，体现了公平原则，我国税收制度中个人所得税采用超额累进税率。

表 5－4　税率

<table>
<tr><th colspan="2">税率类别</th><th>具体形式</th><th>应用的税种</th></tr>
<tr><td colspan="2">比例税率</td><td>单一比例税率；差别比例税率；幅度比例税率</td><td>增值税、企业所得税等</td></tr>
<tr><td colspan="2">定额税率</td><td>按征税对象的一定计量单位规定固定的税额</td><td>城镇土地使用税、车船税等</td></tr>
<tr><td rowspan="4">累进税率</td><td>全额累进税率</td><td colspan="2">（我国目前没有采用）</td></tr>
<tr><td>超额累进税率</td><td>把征税对象按数额大小分成若干等级，每一等级规定一个税率，税率依次提高，将纳税人的征税对象依所属等级同时适用几个税率分别计算，再将计算结果相加后得出应纳税款</td><td>个人所得税中的工资薪金和个体、承包项目</td></tr>
<tr><td>全率累进税率</td><td colspan="2">（我国目前没有采用）</td></tr>
<tr><td>超率累进税率</td><td>以征税对象数额的相对率划分若干级距，分别规定相应的差别税率，相对率每超过一个级距的，对超过的部分就按高一级的税率计算征税</td><td>土地增值税</td></tr>
</table>

税法的三个核心要素解决的是主体、客体、征多少的问题。除此之外，税法构成要素还包括纳税期限、纳税地点、纳税环节等要素。

五、其他

第一，减税免税。指对某些纳税人和征税对象采取减少征税或免予征税的特殊规定。

第二，纳税环节。指征税对象在从生产到消费的流转过程中应当缴纳税款的环节。要掌握生产、批发、零售、进出口、收入取得、费用支出等各个环节上的税种分布。

第三，纳税期限。指纳税人按照税法规定缴纳税款的期限。有三个概念：纳税义务发生时间、纳税期限、缴库期限。

第四,纳税地点。指纳税人(包括代征、代扣、代缴义务人)的具体纳税地点。

第五,罚则。指对违反税法的行为采取的处罚措施。

第三节　税收法律关系

一、税收法律关系的概念

税收法律关系是由税法确认和调整的,在税收活动中形成的各种税收法律关系主体之间形成的具有权利和义务内容的社会关系。税收法律关系的一方主体始终是国家,税收法律关系的产生以纳税人发生了税法规定的行为或者事实为根据。

二、税收法律关系的构成

1. 税收法律关系的主体

税收法律关系的主体,包括征收主体和纳税主体,即税收法律关系中享有权利和承担义务的当事人,包括征纳双方。税收法律关系主体及具体内容,见表 5 -5。

表 5 -5　税收法律关系主体及具体内容

项目	具体内容
征收主体	税务机关、海关和财政机关
纳税主体	法人和自然人、在华的外国企业、组织、外籍人、无国籍人,以及在华虽然没有机构、场所但有来源于中国境内所得的外国企业或组织
两者关系	管理与被管理
两者法律地位	法律地位平等
权利义务关系	权利义务不对等

2. 税收法律关系的客体

税收法律关系的客体,是指税收法律关系主体的权利和义务共同指向的对象,包括税收征纳活动中的物、行为、税收权力(权益)。

3. 税收法律关系的内容

税收法律关系的内容,是指税收法律关系主体所享有的权利和所承担的义务,是税收法律关系中最实质的规定,是税法的灵魂。纳税义务人的权利主要有多缴税款申请退还权、延期纳税权、依法申请减税免税权、申请复议和提起诉讼权等。其义务主要是按税法规定办理税务登记、进行纳税申报、接受税务检查、依法缴纳税款等。

三、税收法律关系的产生、变更与消灭

税收法律关系的产生、变更与消灭是由税收法律事实决定的。税收法律事实分为

税收法律事件和税收法律行为。税收法律关系的产生、变更与消灭，见表5－6。

我国《宪法》第56条规定中华人民共和国公民有依照法律纳税的义务，这一条文对税收法律关系的产生、变更与消灭有重要的影响，但这一条文的规定缺陷明显。首先，此条文中的"法律"概念含糊，因此税收法定原则在实践中的困境也就在所难免；其次，此条文仅规定公民的纳税义务，纳税人所享有的权利缺失。因此，我国执法者权力意识固化，而纳税人权利意识缺失的局面也就成为常态。因此，我国税收法律关系之完善，离不开《宪法》第56条之修订。

表5－6　税收法律关系

<table>
<tr><td rowspan="4">税收法律关系的构成</td><td rowspan="2">主体</td><td>一方是代表国家行使征税职责的各级税务机关、海关和财政机关</td></tr>
<tr><td>另一方是履行纳税义务的单位和个人(按照属地兼属人的原则确定)</td></tr>
<tr><td>客体</td><td>即征税对象</td></tr>
<tr><td>内容</td><td>是权利主体所享有的权利和所应承担的义务，是税收法律关系中最实质的东西，也是税法的灵魂</td></tr>
<tr><td>税收法律关系的产生、变更和消灭</td><td colspan="2">由税收法律事实来决定
税收法律事实分为税收法律事件和税收法律行为</td></tr>
</table>

第四节　税法原则

税法的原则是反映税收活动的根本属性，是税收法律制度建立的基础。税法原则包括4项税法基本原则和6项税法适用原则。税法原则的基本内容，见表5－8。

一、税法基本原则

(一)税收法定原则

税收法定原则是税法基本原则的核心。税收法定原则也称为税收法定主义，是指税法主体的权利义务必须由法律加以规定，税法的各类构成要素都必须且只能由法律予以明确。税收法定主义贯穿税收立法和执法的全部领域，其内容包括税收要件法定原则和税务合法性原则。前者包括，国家对其开征的任何税种都必须由法律对其进行专门确定才能实施；国家对任何税种征税要素的变动都应当按相关法律的规定进行；征税的各个要素不仅应当由法律作出专门的规定，这种规定还应当尽量明确。后者包括，要求立法者在立法的过程中要对各个税种征收的法定程序加以明确规定，既可以使纳税得以程序化，提高工作效率，节约社会成本，又尊重并保护了税收债务人的程序性权利，促使其提高纳税的意识；要求征税机关及其工作人员在征税过程中，必须按照税收程序法和税收实体法律的规定来行使自己的职权,履行自己的职责,充分尊重纳税人的各项权利。

税收法定原则在税法领域享有如此高的位置,其原因就是税收法定主义有多重的价值寓意,它承担着把诸多的人类文明成果和理性精神灌入税法的使命,它把诸多人类一直追求的美好价值具体化到税法里。这也是由于税收法定主义是税收本质的要求、权利本位思想的要求及历史发展的必然结果。

第一,税收法定原则是税收本质的要求。古典自由主义者认为税收的起源是社会契约论。税收体现的是自愿性和平等性,可以说是一种“契约关系”。人民存在对公共服务的需求,然后向国家发出要约,国家同意并要求人民支付对价(即纳税),构成反要约,最后人民承诺,契约形成。因此,国家要向人民征税,必须征得人民的同意,而人民的意志通过选举议会来实现,也就是议会制定法律来构成承诺。在卢梭的理论里和古代雅典的民主理论里,我们可以看到实现民主的一种重要形式就是人民选举代表组成一个代议机构,代议机构通过一种制度形成规则,这些规则成为权利行使的依据和人们生活的准则。而这些规定其实就是法律。用法律规定制度和规则就是民主的重要实现形式,也就是说社会和生活规则的“法定”就是民主的重要实现形式。“罪刑法定”“税收法定”等都是这样一些具体的“法定”形式。

第二,税收法定原则是权利本位思想的要求。权利是人类文明社会所具有的一种实质性要素,它既是人的基本价值追求,也是社会文明演化进程不可或缺的力量。传统公权力占主导地位的“权力本位”理念遭到摒弃,保护纳税人权利日渐成为税收立法、执法和司法的重要理念。

第三,税收法定原则是历史发展的必然结果。日本学者北野弘久将“税收法定主义”的发展划分为三个阶段:传统的税收法定主义,即仅仅以法定的形式规定税收,不过问实体的公正;税收法律主义,即在现代宪治条件下,约束立法机关征税权并体现量能负担原则、公平负担原则等实体正义的现代税法;现代税收法定主义,即体现税收合理性与实质正义并立足于维护纳税人基本权利以及租税的征收与使用相统一。

从最初的英国“无代表则无税”思想至今,税收法定主义一直是把限制征税权力作为其内核;而法治的本质内容也就在于权力行使必须依照法律进行,限制恶政府之权力,并让该权力为公众的权利而服务。而在现代交易社会,税收法定主义的机能,可认为是在于经由以国民总意的表现的法律规定进行课税,以谋求国民的经济生活的法安定性,并保障经济活动的预测可能性。可见,无论是从历史发展还是思想渊源的角度上来说,税收法定主义都是与近代法治、民主的思想紧密联系在一起的。在这一发展过程中,政府权力与公民权利的博弈构成了社会进步的主线,人类近代史上所有的先进制度都是建立在这个基础上的。因此,对于税收法定主义之意义与内容的理解,不仅应参酌其历史的沿革及宪法思想史上的意义,而且在今日复杂的经济社会里,也应对于各种经济上的交易及事实所产生的税捐效果,考量充分保障其法安定性与预测可能性。

刘剑文教授在《如何准确理解税收法定原则》一文中全面论述了税收法定原则。刘剑文教授认为，税收法定原则，又称税收法律主义，是当今各国通行的税法基本原则。《中共中央关于全面深化改革若干重大问题的决定》，明确提出“落实税收法定原则”。税收法定原则是第一次写入党的重要纲领性文件中，这充分展现了党中央对税收法定原则的高度重视，凸显未来我国加强税收立法的“顶层设计”。不过，由于税收法定原则在我国长期没有得到必要的重视和宣传，社会上还未能很好地理解这一原则的精神内涵和实质。例如，有观点认为，“税收法定”的“法”包括法律、法规、规章等各类法律渊源，落实税收法定原则就是要加快修改现有的法规、规章，或者就是要约束地方不得随意变更中央的各类规定。这些观点是对税收法定原则的误读，可能给今后的财税法治建设带来不必要的干扰与阻碍，不利于推进国家治理体系与治给能力的现代化转型。因此，我们很有必要正本清源，认真领会《中共中央关于全面深化改革若干重大问题的决定》中的相关精神，准确理解税收法定原则。

税收法定原则的核心理念是民主、法治。就我国而言，坚持税收法定原则意义尤其重大。在建设法治中国的历史进程中，必须以法治方式处理好国家与纳税人、立法与行政、中央与地方等多维度的复杂关系。而税收同时涉及这些方面，因而更加需要以高位阶的法律来科学界定各方关系，从而实现纳税人依法纳税、征税机关依法征税、国家依法取得财政收入。特别是考虑到收入公平分配越来越成为我国面临的重大挑战，而税收直接置身于国民财富分配领域，对促进分配正义的作用最为明显和直接。因此，深化收入分配改革，离不开一个科学、完善的税收法律体系。总体来看，坚持税收法定原则，符合我国宪法尊重和保障纳税人基本权利的精神，符合建设法治中国的发展趋势，也符合市场经济对税法的权威性与稳定性的客观需要，对保障公民财产权益、维护社会经济稳定、促进收入公平分配具有不可替代的重要意义。

同时，税收法定原则要求设税权回归全国人大。一般认为，税收法定原则的内涵包括三个方面：一是要素法定，即纳税人、课税对象、税基、税率、税收优惠等基本税收要素应当由法律规定；二是要素确定，即法律对税收要素的规定必须是尽量明确的，以避免出现漏洞和歧义；三是征税合法，即征税机关必须严格按照法律规定的课税要素与征纳程序来征收税款，不允许擅自变更。需要强调的是，税收法定的核心在于“法”，而此处的“法”仅指狭义的法律，即由最高立法机关通过立法程序制定的法律文件，均属各国议会保留的事项。在我国，就是指全国人大及其常委会制定的法律，而不包括行政法规、规章及其他规范性文件。税收法定原则体现的是我国税制改革的“顶层设计”。之所以要求以法律的形式来规定税收基本事项，可以从民主性和科学性两个方面来解释。一方面，立法主体不同的背后，实际上是人民参与程度和人民意志代表程度的差异。法律的制定机关同时也是最高民意代表机关，因而天然地具有最强的民主性，法规、规章、规范性文件的民主性则依次减弱。另一方面，立法的位阶越高，其制定程序越正式、规范、透明，法案的科学性水平也越有保障。相应地，其耗费的立法成本也更加昂贵。划分法律位阶，就是为了合理配置立法资源，对重要性不同的事项采取不同的立法程序。而税收作为调整国家与国民财富分配的关键事项，直接涉及每个公民的财产权保护，地位类似于刑法上的罪刑法定原则，故应当以法律形式规定。

应当看到，税收法定并不要求一切税收问题都必须制定法律，而是强调税收行为必须满足合法性的要件，必须获得法律的明确许可或立法机关的专门授权。也就是说，税收的开征、停征、课税对象、税率等基本要素必须由全国人大及其常委会制定法律，但国务院仍可以根据授权或为了执行法律而制定税收行政法规，财税主管部门也可以出台具体解释与执行细则。不过，这些法规、规章与规范性文件应当符合法律的精神、原则，并限定在其效力范围内发挥作用，仅对上位法进行补足和解释，而不能超越上位法来创制规则。

落实税收法定原则的突破口之一是房产税立法。有观点认为，税收法定固然重要，但立法耗时太长，不符合改革的效率要求，因此我国的税制改革还是应当摸着石头过河。本书认为，这种观点没有清晰地认识到改革与立法的关系，也没有很好地理解《中共中央关于全面深化改革若干重大问题的决定》"顶层设计"的思维、对"落实税收法定原则"的要求。所谓"落实"，不仅仅要在观念上加以确立、在纸面上加以宣示，更要在改革中将税收法定付诸实践，尽快把各个税种的规定上升为法律。在本届全国人大常委会公布的立法规划中，增值税法等单行税法被列入第一类立法项目，这就充分表现出落实税收法定原则的决心。

当然，落实税收法定原则需要一个循序渐进的过程。要求短时间内将所有税种都制定法律，可能并不现实。更理性的选择是分清轻重缓急，将条件相对成熟、社会关注度最高的税种先行立法。在本轮税制改革中，"营改增"和房产税改革是主要推进方向。相比之下，房产税立法又更显重要。"营改增"主要是减轻税负，因此在人大立法之前，还可以通过国务院修改有关的税收法规的形式进行。而房产税改革则是要扩大征收范围，涉及增加纳税人的税负。同时，房产税是直接税，纳税人对增税的反应最为敏感、直接，因而很需要通过立法来推进改革，以此凝聚共识、减小阻力，以程序正当性保障目的正当性。有观点认为，《中共中央关于全面深化改革若干重大问题的决定》中关于房产税立法的表述仅仅是指由国务院修订《房产税暂行条例》。不得不说这是一种误读。《中共中央关于全面深化改革若干重大问题的决定》中专门提出"加快房地产立法并适时推进改革"，就是表明要由全国人大制定房产税法，并且要加快立法进程。本书认为，房产税立法应当成为落实税收法定原则的突破口，成为今后税收立法的标杆。

（二）税收公平原则

一般认为税收公平原则包括税收横向公平和纵向公平，即税收负担必须根据纳税人的负担能力分配，负担能力相等，税负相同；负担能力不等，税负不同。横向公平要求经济条件相同的纳税人负担数额相同的税收；纵向公平要求经济条件不同的人负担不同数额的税收。

税收公平原则源于法律上的平等原则。强调“禁止不平等对待”的法理。它是关于税收负担公平地分配于各纳税人的原则,即国家征税要使每个纳税人随的负担与其经济状况相适当,并使各纳税人之间的负担水平保持平衡。公平税负原则曾被亚当·斯密列于税收四大原则之首。

(三)税收效率原则

税收效率原则包括两个方面:一是指经济效率,二是指行政效率。前者要求有利于资源的有效配置和经济体制的有效运行,后者要求提高税收行政效率。

税收效率原则指税收活动要有利于经济效率的提高。它是各个时期众多国家所确认的税法基本原则。其主要内容是:第一,提高税务行政效率,使征税额费用最少;第二,对经济活动的干预最小,使税收的超额负担尽可能最小;第三,要有利于资源的最佳配置,达到帕累托最优。

税收的效率与公平是密切相关的,同时,公平与效率历来是一对难解的矛盾,其间存在一定的排他性。一方面,效率是公平的前提。没有效率,公平只是浅层次的公平,即使形式上留有公平的痕迹,也不过是无本之木。另一方面,公平也是效率的前提。因为失去了税收的公平就不可能实现经济的高增长,效率的标志就无法反映。

(四)实质课税原则

实质课税原则,是指应根据客观事实确定是否符合课税要件,并根据纳税人的真实负担能力决定纳税人的税负,而不能仅考虑相关外观和形式。

实质课税原则最早源于德国。20世纪初,在德国,一些商人利用战争敛财。这种行为因违反了德国民法被认定为无效行为。因此,此类不法行为被认为在税法上也是无效的。1919年,贝克尔起草了德国的《帝国租税通则》,该法第4条、第6条和第41条确立了实质课税原则。该法第4条规定:“解释税法时,需斟酌其立法目的、经济意义及情事之发展。”第6条规定:“纳税义务,不得借民法上之形式及其形成可能性之滥用而规避或减少之,如有滥用情形,应依相当于该经济事件、经济事实及经济关系之法律状态,课征相同之捐税。”第41条规定:“即使在法律行为无效的场合或法律行为失去效力的场合,只要当事者使该法律行为的经济成果发生了或成立了,则无碍课税。但是依据税法另有明确规定时,不在此限。”

实质课税原则与量能课税原则及税收公平原则密不可分。量能课税原则,要求税收必须根据国民税收的能力来进行公平的分配,即为横向的公平:税收公平原则,要求税收对相同能力的负税者应给予相同的课税,能力不同者应给予不同的课税。

二、税法适用原则

(一)法律优位原则

法律优位原则其基本含义为法律的效力高于行政立法的效力,还可进一步推论税收行政法规的效力优于税收行政规章效力;效力低的税法与效力高的税法发生冲突时,效力低的税法即是无效的。

（二）法律不溯及既往原则

法律不溯及既往原则，即新法实施后，之前人们的行为不适用新法，而只沿用旧法。

（三）新法优于旧法原则

新法优于旧法原则也称后法优于先法原则，即新旧法对同一事项有不同规定时，新法的效力优于旧法。

（四）特别法优于普通法原则

特别法优于普通法原则，即对同一事项两部法律分别订有一般和特别规定时，特别规定的效力高于一般规定的效力。本原则打破了税法效力等级的限制，居于特别法地位级别比较低的税法，其效力可高于作为普通法的级别比较高的税法。

（五）实体从旧，程序从新原则

实体从旧，程序从新原则，即实体法不具备溯及力，而程序法在特定条件下具备一定溯及力。

（六）程序优于实体原则

程序优于实体原则，即在税收争讼发生时，程序法优于实体法，以保证国家课税权的实现。

税法的原则包括税法基本原则和税法适用原则。税法基本原则是统领所有税收规范的根本准则，为包括税收立法、执法、司法在内的一切税收活动所必须遵守。

表 5－7　税法的原则

<table>
<tr><th>种类</th><th colspan="2">具体内容</th></tr>
<tr><td rowspan="7">基本原则
统领作用
是所有税收规范的根本准则</td><td rowspan="2">法定原则</td><td>税收要件法定：要件法定</td></tr>
<tr><td>税务合法性：税务合法性</td></tr>
<tr><td rowspan="2">公平原则</td><td>横向公平：负担能力相同的税负相同</td></tr>
<tr><td>纵向公平：负担能力不同的税负不同</td></tr>
<tr><td rowspan="2">效率原则</td><td>经济效率：有利于经济有效运行</td></tr>
<tr><td>行政效率：提供税收行政效率（主要是针对税收征管成本）</td></tr>
<tr><td>实质课税原则</td><td>根据客观事实而非外观或形式取得课税要件</td></tr>
</table>

续表

种类	具体内容
适用原则 技术性准则 是在解决具体问题是如何运用税法所应遵循的准则	法律优位原则:不同等级税法效力的确定——级次高的优于级次低税法
	法律不溯及既往原则:税法有效时间的确定——从实施时有效
	新法优于旧法原则:新法与旧法适用界限划分——新法优先
	特别法优于普通法原则:税法效力等级的例外
	实体从旧,程序法从新:实体法不具备溯及力,程序法具有一定溯及力
	程序优于实体原则:诉讼发生时程序法优先

片面强调国家征税权或纳税人权利都不利于社会的和谐发展。如国家征收不到充足的税款,就无法履行其公共服务的职能,无法提供公共产品,最终也不利于保障纳税人的利益,从这个意义上讲税法原则的核心在于,平衡国家征税权与纳税人权利,在保障国家税收收入稳步增长的同时,也保证对纳税人权利的有效保护。

思考题

- 税收、税务、税制与税法的区别与联系有哪些?
- 国税地税合并会带来哪些益处?
- 量能课税与实质课税的关联有哪些?
- 简述我国有无制定税法总则的必要。

延伸阅读

如何准确理解税收法定原则

刘剑文

税收法定原则,又称税收法律主义,是当今各国通行的税法基本原则。《中共中央关于全面深化改革若干重大问题的决定》(以下简称《决定》),明确提出“落实税收法定原则”。“税收法定原则”是第一次写入党的重要纲领性文件中,这充分展现了党中央对税收法定原则的高度重视,凸显未来我国加强税收立法的“顶层设计”。

不过,由于税收法定原则在我国长期没有得到必要的重视和宣传,社会上还未能很好地理解这一原则的精神内涵和实质。例如,有观点认为,“税收法定”的“法”包括法律、法规、规章等各类法律渊源,落实税收法定原则就是要加快修改现有的法规、规章,或者就是要约束地方不得随意变更中央的各类规定。这些观点是对税收法定原则的误读,可能给今后的财税法治建设带来不必要的干扰与阻碍,不利于推进国家治理体系与治给能力的现代化转型。因此,我们很有必要正本清源,认真领会《决定》中的相关精神,准确理解税收法定原则。

税收法定原则的核心理念是民主、法治

历史表明,税收法定与现代国家是相伴而生的。1215年的英国《大宪章》被公认为税收法定原则的源头,自此之后,伴随着"无代表则不纳税"的斗争,英国的现代议会制度乃至整个民主政治制度才正式奠基。近代史上数次轰轰烈烈的大革命,也大多起源于财政危机或对征税权的争夺,并且都以议会取得对征税权的控制为最终结果。可以说,税收法定主义的确立与发展过程,也就是国家从封建走向民主、从专制走向自由、从人治走向法治的过程。时至今日,无论在经济水平、文化观念、社会传统等方面存在何种差异,凡是倡导与实行法治的国家,无不普遍奉行税收法定,且大多将其写入宪法之中。例如,美国《宪法》第1条规定,"一切征税议案应首先在众议院提出";法国《宪法》第34条规定,"各种性质的赋税的征税基础、税率和征收方式必须以法律规定";《日本国宪法》第84条规定,"新课租税或变更现行租税必须有法律或法律规定的条件为依据";埃及《宪法》也规定,"只有通过法律才能设置、修改或取消公共税捐"。

进一步看,税收法定就是民主法治观念在税收领域的具体映射。从法律角度来观察,税收的本质就是一种"公法之债",国家和纳税人处于宪法上的平等地位。虽然税收在微观上表现出无偿、强制的特性,但在宏观上却应被理解为国家提供公共物品和公共服务的必要成本。因此,税收征纳应当获得人民的同意。鉴于现代国家人口众多,这种"同意"通常表现为间接同意,即由民意代表机关制定法律来规定税收事务。坚持税收法定,也就是要对国家征税权的行使施加合理的限制,以严格的立法程序来确保民主性和代表性在税收领域获得最大限度的实现,保障纳税人的合法财产权益不受国家征税权的过度侵犯。它根植于现代国家的民主、法治理念,彰显着对纳税人基本权利的尊重和保障。

对我国而言,坚持税收法定原则意义尤其重大。在建设法治中国的历史进程中,必须以法治方式处理好国家与纳税人、立法与行政、中央与地方等多维度的复杂关系。而税收同时涉及这些方面,因而更加需要以高位阶的法律来科学界定各方关系,从而实现纳税人依法纳税、征税机关依法征税、国家依法取得财政收入。特别是考虑到收入公平分配越来越成为我国面临的重大挑战,而税收直接置身于国民财富分配领域,对促进分配正义的作用最为明显和直接。因此,深化收入分配改革,离不开一个科学、完善的税收法律体系。总体来看,坚持税收法定原则,符合我国宪法尊重和保障纳税人基本权利的精神,符合建设法治中国的发展趋势,也符合市场经济对税法的权威性与稳定性的客观需要,对保障公民财产权益、维护社会经济稳定、促进收入公平分配具有不可替代的重要意义。

目前,我国还没有将税收法定原则上升到宪法原则的高度。我国《宪法》第56条

规定："中华人民共和国公民有依照法律纳税的义务。"一般认为，尽管税收法定原则目前在我国宪法中有一定的依据，但这一规定并没有完整、准确地体现税收法定主义的精神。不过，税收法定原则已为我国现行立法实践所接受、确认。《立法法》第8条明确地将财政、税收基本制度作为法律保留事项，只能通过制定法律予以规定。《税收征收管理法》第3条则规定："税收的开征、停征以及减税、免税、退税、补税，依照法律的规定执行；法律授权国务院规定的，依照国务院制定的行政法规的规定执行。任何机关、单位和个人不得违反法律、行政法规的规定，擅自作出税收开征、停征以及减税、免税、退税、补税和其他同税收法律、行政法规相抵触的决定。"这表明，税收法定原则已经在我国的法律层面得到了正式确立。

税收法定原则要求设税权回归全国人大

一般认为，税收法定原则的内涵包括三个方面：一是要素法定，即纳税人、课税对象、税基、税率、税收优惠等基本税收要素应当由法律规定；二是要素确定，即法律对税收要素的规定必须是尽量明确的，以避免出现漏洞和歧义；三是征税合法，即征税机关必须严格按照法律规定的课税要素与征纳程序来征收税款，不允许擅自变更。

需要强调的是，税收法定的核心在于"法"，而此处的"法"仅指狭义的法律，即由最高立法机关通过立法程序制定的法律文件，均属各国议会保留的事项。在我国，就是指全国人大及其常委会制定的法律，而不包括行政法规、规章及其他规范性文件。税收法定原则体现的是我国税制改革的"顶层设计"。

之所以要求以法律的形式来规定税收基本事项，可以从民主性和科学性两方面来解释。一方面，立法主体不同的背后，实际上是人民参与程度和人民意志代表程度的差异。法律的制定机关同时也是最高民意代表机关，因而天然地具有最强的民主性，法规、规章、规范性文件的民主性则依次减弱。另一方面，立法的位阶越高，其制定程序越正式、规范、透明，法案的科学性水平也越有保障。相应地，其耗费的立法成本也更加昂贵。划分法律位阶，就是为了合理配置立法资源，对重要性不同的事项采取不同的立法程序。而税收作为调整国家与国民财富分配的关键事项，直接涉及每个公民的财产权保护，地位类似于刑法上的罪刑法定原则，故应当以法律形式规定。

不过，我国目前的税收法律体系，距离这一要求还有相当大的差距。在现行的18个税种中，只有《个人所得税法》《企业所得税法》《车船税法》这3部法律，绝大多数税收事项都是依靠行政法规、规章及规范性文件来规定，税收授权立法明显居于主导地位。客观地说，全国人大及其常委会在1984年、1985年对国务院的两次立法授权，在当时具有一定的必然性及合理性，但时至今日已经不能符合时代精神与客观需要，也为法治建设带来了一系列的障碍与阻力。正因如此，学界的有识之士一直在为全国人大收回设税权而呼吁。在2013年的全国"两会"上，全国人大代表赵冬苓联合31位代表正式提交《关于终止授权国务院制定税收暂行规定或者条例的议案》，更是掀起了对设税权回归的热烈讨论。

值得注意的是,《决定》积极回应了学界的呼吁,在"推动人民代表大会制度与时俱进"一条中正式写入"落实税收法定原则",并且在"推进法治中国建设"部分中着重强调了对法规、规章、规范性文件的审查以及对行政执法的监督。这就表明,法治中国离不开一个在立法与监督上积极发挥更大作用的人民代表大会制度。落实税收法定原则,核心也正在于还权人大,由最高立法机关掌握税收立法权。

从实现路径来看,我们主张全国人大择机废止1985年的税收立法授权,正式收回税收立法权。需要说明的是,这并不意味着现有的税收法规、规章自动失效,因为收回授权只能对撤销之日以后发生效力,而不会产生溯及效力。在全国人大立法之前,现行的税收行政法规仍然有效,但要遵循一个原则,即国务院可以在不增加纳税人税负的前提下对现行税收条例进行修改;这也不排斥今后的新授权立法和授权试点,但这些授权都应当遵循具体、明确、"一事一议"的标准,不能再进行空白授权和"一揽子"授权。

应当看到,税收法定并不要求一切税收问题都必须制定法律,而是强调税收行为必须满足合法性的要件,必须获得法律的明确许可或立法机关的专门授权。也就是说,税收的开征、停征、课税对象、税率等基本要素必须由全国人大及其常委会制定法律,但国务院仍可以根据授权或为了执行法律而制定税收行政法规,财税主管部门也可以出台具体解释与执行细则。不过,这些法规、规章与规范性文件应当符合法律的精神、原则,并限定在其效力范围内发挥作用,仅对上位法进行补足和解释,而不能超越上位法来创制规则。

落实税收法定原则的突破口是房产税立法

有观点认为,税收法定固然重要,但立法耗时太长,不符合改革的效率要求,因此我国的税制改革还是应当摸着石头过河。我们认为,这种观点没有清晰地认识到改革与立法的关系,也没有很好地理解《决定》"顶层设计"的思维、对"落实税收法定原则"的要求。所谓"落实",不仅仅要在观念上加以确立、在纸面上加以宣示,更要在改革中将税收法定付诸实践,尽快把各个税种的规定上升为法律。在本届(第十二届——编者注)全国人大常委会公布的立法规划中,增值税法等单行税法被列入第一类立法项目,这就充分表现出落实税收法定原则的决心。

其实,立法与改革应当是相辅相成、互相促进的。深化财税体制改革的过程,也应当同时是落实税收法定原则的过程。《决定》明确提出,要完善重大决策合法性审查机制。对于涉及千家万户利益的改革,其决策更应当自觉遵循法治要求。特别是对于税制改革而言,其实质就是基本税收要素的变动,因此,改革税制的权力是税收立法权的一部分,应当属于全国人大及其常委会。也就是说,税制改革必须由人大立法,或者至少是经过人大专门授权,才具有充分的法律依据。同时,正如习近平总书记所指出的,改革需要摸着石头过河,也需要顶层设计。立法作为顶层设计的最优形式,能够通过透明、规范、正式的利益博弈过程来统合分歧、寻求“最大公约数”,从而增强改革成果的民意基础与可接纳度。从实践效果看,近年来的税制改革中,那些行政主导的“闭门决策”试点,其合法性、科学性都不断招致民众的质疑与非议。而车船税等通过“开门立法”推进的项目,则获得了广泛的积极响应,以程序上的民主、公开赢得了普遍认同。

当然,落实税收法定原则需要一个循序渐进的过程。要求短时间内将所有税种都制定法律,可能并不现实。更为理性的选择是分清轻重缓急,将条件相对成熟、社会关注度最高的税种先行立法。在本轮税制改革中,“营改增”和房产税改革是主要推进方向。相比之下,房产税立法又更显重要。“营改增”主要是减轻税负,因此在人大立法之前,还可以通过国务院修改有关的税收法规的形式进行。而房产税改革则是要扩大征收范围,涉及增加纳税人的税负。同时,房产税是直接税,纳税人对增税的反应最为敏感、直接,因而很需要通过立法来推进改革,以此凝聚共识、减小阻力,以程序正当性保障目的正当性。有观点认为,《决定》中关于房产税立法的表述仅仅是指由国务院修订《房产税暂行条例》。不得不说这是一种误读。《决定》中专门提出“加快房地产立法并适时推进改革”,就是表明要由全国人大制定房产税法,并且要加快立法进程。我们认为,房产税立法应当成为落实税收法定原则的突破口,成为今后税收立法的标杆。

从理论上讲,税收法定原则可以划分为三个阶段:一是民意机关掌握税收立法权,以此规范行政机关的权力;二是上升为宪法原则,以此规范立法机关的权力;三是站在纳税人基本权利的高度,打通“征税”与“用税”,将财政收入、支出、管理均纳入法定的范围。

从现实情况看,我国最为紧迫的任务还是实现第一阶段的要求,逐步将各个税种的法律规范都上升为法律。而在条件成熟时,还应积极推动税收法定原则“入宪”。具体来说,可以考虑将现行《宪法》第56条修订为:公民或法人有依法律按负担能力平等纳税的义务。同时,新增1款作为第56条第2款:纳税人、征税对象、计税依据、税率等税收要素应当由法律规定。将税收法定原则上升为宪法原则,能够为我国完善科学的财税体制打牢宪法基石,推动现代财政制度的建立,进而为法治中国建设与“中国梦”的实现提供坚强的制度保障。

(资料来源 《经济参考报》2013年12月3日,第8版。)

同步习题

1.【单选题】下列法律中,明确确定“中华人民共和国公民有依照法律纳税的义务”的是(　　)。

A.《中华人民共和国宪法》

B.《中华人民共和国民法通则》

C.《中华人民共和国个人所得税法》

D.《中华人民共和国税收征收管理法》

【答案】A

【解析】本题考核税法与宪法的关系,《宪法》第56条规定:“中华人民共和国公民有依照法律纳税的义务”,故答案选A。

2.【多选题】关于税收与税法的规定,下列说法正确的是(　　)。

A.税法的本质是调整纳税人之间的权利和义务关系

B.税收是凭借政治权力,强制地、有偿地取得财政收入的一种形式

C.税收的本质是社会产品分配关系

D.税法是税收制度的法律表现形式

【答案】CD

【解析】税法是国家制定的用以调整国家与纳税人之间在征纳税方面的权利与义务关系的法律规范的总称,其本质是规范权利、义务关系;税收是政府为了满足社会公共需要,凭借政治权力,强制地、无偿地取得财政收入的一种形式。

3.【多选题】下列关于税法构成要素的表述中,不正确的有(　　)。

A.并非所有税种都需要规定税目

B.税目是对课税对象的量的规定

C.税目体现征税的深度

D.征税对象是对税目的具体划分

【答案】BCD

【解析】税目是对课税对象物质的规定。税目体现征税的广度。税目是对征税对象的具体划分。

4.【单选题】下列各项中,表述正确的是(　　)。

A.税目是区分不同税种的重要标志

B.税率是衡量税负轻重的重要标志

C.纳税人就是履行纳税义务的法人和自然人

D.征税对象就是税收法律关系中征纳双方权利义务所指的物品

【答案】B

【解析】选项A:征税对象是区分不同税种的重要标志;选项C:纳税人有法人和自然人两种基本形式;选项D:征税对象就是税收法律关系中征纳双方权利义务所指向的实物或者标的物。

5.【单选题】下列关于税收法律关系的表述中,正确的是(　　)。

A.税法是引起法律关系的前提条件,税法可以产生具体的税收法律关系

B.税收法律关系中权利主体双方法律地位并不平等,双方的权利义务也不对等

C.代表国家行使征税职责的各级国家税务机关是税收法律关系中的权利主体之一

D.税收法律关系总体上与其他法律关系一样,都是由权利主体、权利客体两方面

构成

【答案】C

【解析】选项A:税法是引起税收法律关系的前提条件,但税法本身并不能产生具体的税收法律关系;选项B:税收法律关系中权利主体双方法律地位平等,但是双方的权利义务不对等;选项D:税收法律关系在总体上与其他法律关系一样,都是由税收法律关系的主体、客体和法律关系内容三方面构成的。

6.【单选题】税收法律关系中的权利主体是指(　　)。

A. 征税方　　B. 纳税方

C. 征纳双方　　D. 国家税务总局

【答案】C

【解析】在税收法律关系中,权利主体一方是代表国家行使征税职责的国家机关,另一方是履行纳税义务的纳税人,即税收法律关系的权利主体包括征纳双方。

7.【单选题】税法基本原则的核心是(　　)。

A. 税收法定原则　　B. 税收效率原则

C. 税收公平原则　　D. 实质课税原则

【答案】A

【解析】税法基本原则的核心是税收法定原则。

8.【多选题】下列关于税法原则的表述中,正确的有(　　)。

A. 新法优于旧法原则属于税法的适用原则

B. 税法主体的权利义务必须由法律加以规定,这体现了税收法定原则

C. 税法的原则反映税收活动的根本属性,包括税法基本原则和税法适用原则

D. 税法适用原则中的法律优位原则明确了税收法律的效力高于税收行政法规的效力

【答案】ABCD

【解析】以上税法均正确,税法原则是重要考点。

参考阅读

1. 刘剑文:《财税法——原理、案例与材料》(第3版),北京大学出版社2017年版。

2. 中国注册会计师协会编:《税法》,中国财政经济出版社2017年版。

3. 刘剑文:《如何准确理解税收法定原则》,载《经济参考报》2013年12月3日,第3版。

4. 黄金荣:《“规范性文件”的法律界定及其效力》,载《法学》2014年第7期。

法规链接

1.《宪法》
2.《立法法》
3.《税收征收管理法》
4.《税收征收管理法实施细则》

第六章 流转税法

内容简介

流转税是以流转过程中货物、劳务或服务为征税对象的各税种的统称，国际上也称为“货物与劳务税”。流转税的征收对象既包括了传统有形货物，也包括了劳务、现代服务等无形商品，各国主要的流转税有增值税、消费税和关税等税种。本章首先学习流转税制度概述，进而学习增值税、消费税和关税制度。

第一节 流转税制度概述

一、流转税的特征

与其他税种相比，流转税具备以下特征：

（一）普遍征收，收入稳定

流转税以商品流转额为征收对象，在商品的流转各环节普遍征收，征收面广，税基稳定且税源普遍。流转税不以市场主体商品经营结果为准，只要发生商品流转行为，取得销售收入或营业收入，就需要缴纳流转税。政府因此能够获得及时、足额、稳定的财政收入。同时，流转税会随着经济规模增长而增长。

（二）税负易转嫁，征税隐蔽

流转税的法定纳税义务人是流转过程中货物、劳务或服务的生产者或销售者，他们可通过调整商品价格，以提价的方式将流转税税负转移给消费者，流转税被认为属于间接税的范畴。因为流转税税款包含在了商品的销售价格中，并不直接由消费者缴纳，具有较强的隐蔽性，消费者在消费过程中作为流转税实际负担人，很少意识到承担税负的“税痛感”。流转税在征收的过程中更容易被纳税人所接受。

（三）税负具有累退性

税负的累退性，是指低收入阶层承担的税收负担，占其全部收入的比重，高于高收入阶层承担的税收负担，占其全部收入的比重。流转税之所以具有累退性，体现在以下两个方面：

1. 流转税多采取比例税率的形式。从表面上看，消费者消费越多，流转税税负越重，这似乎符合多收入者多缴纳税这一税收收入公平原则。但事实上，每个人的消费支出占其全部收入的比例并不相同，尤其是随着个人收入的增加，个人消费支出占其全部收入的比重随之下降,越是高收入阶层,其全部收入的消费比例越低,越是低收入阶层,全部收入的消费比例反而越高。

2. 商品性质不同导致税负差异较大。商品按照需求的不同可分为生活必需品、日常用品和奢侈品,对商品征税,引起价格上涨幅度最高的往往是生活必需品,其次是日用品。奢侈品的价格最不容易上涨。而流转税的征收范围又偏重于日常生活资料,因此流转税的税收负担往往会更多地落到低收入人群身上,使流转税具有累退效应。

二、流转税的类型与联系

(一)流转税的类型

从各国的制度实践经验来看,流转税有以下几类分类标准:

1. 以征税环节进行分类

根据征税环节的不同,流转税可分为个别环节征税的流转税和多环节征税的流转税。个别环节征税的流转税,是指对商品从生产、交换和消费等环节中的一个环节选择征税的税种,如消费税。多环节征税的流转税,是指在商品流转的所有环节中选择两个或两个以上环节进行征税的流转税,如增值税。

2. 以征税地点进行分类

根据征税地点的不同,流转税可分为国内流转税和跨境流转税。凡位于境内的税源由税务机关征收的流转税,即为国内流转税,如国内增值税、消费税。凡是税源产生于商品经由关境的流转并由海关征收的流转税,即是跨境流转税,如关税、进口环节增值税消费税。

(二)流转税税种的联系

在我国的流转税的制度体系设计中,包括了增值税、消费税和关税等。这些税种的征税对象、计税依据、计税环节以及税率形式等要素各不相同,对实现政府社会经济政策目的的功能定位各有侧重。从具体的实践中选择开征的流转税税种及其相互间的搭配模式也有所不同。

我国主要实行的是增值税与消费税相结合模式,属于普通调节与特殊调节并存的流转税征收模式,即在对所有商品和劳务普遍征收增值税的基础上,选择某些特定商品和劳务增收消费税。增值税作为主体税种,在生产,批发和零售环节,按增值额对商品流转进行征税,起到普遍调节作用,一般保持税收中性、以取得财政收入为主。消费税作为辅助税种,从全部增值税征税范围中,选择少部分特定的商品和劳务,在生产环节按差别税率,从价从量计征,体现政府的社会经济调控政策。

增值税与消费税相结合的组合模式,不仅能够充分、有效地兼顾流转税的收入功能和经济调节功能,在税负公平合理性方面,也具有很大的适应性。增值税的征税范围广,税率档次相对单一,税率水平不太高,对经济选择行为的干预很少,是典型的中性税种。消费税选择那些"价高利大"的产品,以及政府不鼓励或者限制消费的产品进行调节,更好体现国家的产业政策导向。

第二节 增值税法律制度

增值税是我国的第一大税种，它是在1994年1月1日在全国范围内正式开征的。现行《增值税暂行条例》自2009年1月1日起实施。“营改增”改革经历了上海“1 +6”(交通运输业 +6个现代服务业)模式，在全国范围内推广的“1 +7”(交通运输业 +6个现代服务业 + 广播影视服务)模式，以及2014年以来的铁路运输、电信等行业改革，自2016年5月1日起，我国全面推行“营改增”政策。

一、增值税概述

(一)增值税的概念

增值税是以商品(应税劳务和应税行为)在流转过程中产生的增值额为计税依据而征收的一种流转税。

理论上，增值额是企业在生产经营过程新创造的价值，即货物或劳务价值中的 $V+M$[①] 部分。现实中，增值额可以从两个方面解释：一方面，从单个企业来看，增值额是企业在单位时间内就其商品销售额扣除规定的非增值税项目(工资、利润、利息、租金、股息)后的余额，该余额相当于企业活动创造的价值。另一方面，从商品生产过程看，增值额相当于商品额从生产到各经营环节的增值额之和，即商品进入最终消费端的销售总值。法律上，据以计税的增值额是法定增值额，即把货物或劳务的销售额按法定扣除外购项目的资金后余额。

一般而言，各国都允许将外购的原材料等流动资产的价值予以扣除，但对外购固定资产的处理有所不同，可分为一次性扣除、折旧扣除和禁止扣除三种类型。

(二)增值税的类型

根据法定扣除项目的范围不同，增值税可分为三种类型。

1. 生产型增值税

生产型增值税是以销售额收入减去原材料等投入的法定非增值项目后的余额为计税依据，特点是不允许扣除外购固定资产的价格。从国民经济整体看，这一类型的增值税计税基础与国民生产总值统计口径一致，包括了消费资料和生产资料，故被称为生产型增值税。生产型增值税计税范围最宽广，在其他条件相同的情况下能够取得最多的财政收入。但它不允许扣除固定资产的价值，存在对固定资产重复征税的问题。

---

① 增值税征税对象中的商品价值 $W=C+V+M$，是指商品价值是由物化劳动转移的价值、支付给劳动者的报酬和劳动者为社会劳动所创造的价值(税金利润)构成。这是根据马克思科学地分析了资本主义商品生产后得出的公式：商品价值 $W=C+V+M$。其中，公式各字母——W 代表商品价值；C 代表物化劳动转移的价值；V 代表以工资形式支付给劳动者的报酬；M 代表劳动者为社会劳动所创造的价值。

2. 收入型增值税

收入型增值税是以销售额减去原材料等投入生产的中间产品的价值和资本品折旧后的余额为计税增值额。其特点是对当期外购固定资产的价款计入当期产品价值的折旧费予以扣除。从国民经济整体看,这类增值税的计税范围相当于国民收入,故称为收入型增值税。

3. 消费型增值税

消费型增值税是以销售额减去投入生产的中间产品价值和同期购入的固定资产全部价值后作为计税增值额。其特点是允许全额扣除当期外购的固定资产价值。从国民经济整体出发,这类增值税的计税范围相当于全部消费品的价值,故被称为消费型增值税。消费型增值税避免了生产资料的重复征税,且便于操作和管理。

二、增值税征税范围及纳税义务人

我国增值税征税范围包括:(1)销售货物;(2)有偿提供加工、修理修配劳务;(3)销售服务;(4)销售无形资产;(5)销售不动产;(6)进口货物。

(一)增值税征税范围的一般规定

1. 销售货物

销售货物,是指在中国境内销售有形动产,含电力、热力、气体在内。

2. 有偿提供加工、修理修配劳务

提供加工,是指受托加工货物,即委托方提供原料及主要材料,受托方按照委托方的要求,制造货物并收取加工费的业务。修理修配,是指受托对损伤和丧失功能的货物进行修复,使其恢复原状和功能的业务。有偿提供加工、修理修配劳务不含单位或个体工商户聘用员工为本单位或者雇主提供的加工、修理修配劳务。

3. 销售服务

销售服务包括:交通运输服务、邮政服务、电信服务、建筑服务、金融服务、现代服务、生活服务。

4. 销售无形资产

销售无形资产,是指转让无形资产所有权或者使用权的业务活动。无形资产,是指不具实物形态,但能带来经济利益的资产,包括技术、商标、著作权、商誉、自然资源使用权和其他权益性无形资产。

5. 销售不动产

销售不动产,是指转让不动产所有权的业务活动。不动产,是指不能移动或者移动后会引起性质、形状改变的财产,包括建筑物、构筑物等。

6. 进口货物

进口货物,是指将货物从外国境内流转至我国境内的行为。《增值税暂行条例》规定,纳税人进口货物,应在进口报关时向海关缴纳进口环节增值税。

（二）增值税征税范围的特殊规定

1. 征税范围的特殊项目

货物期货（商品期货和贵金属期货）；供电企业进行电力调压并按电量向电厂收取；二手车的经销业务；经营罚没物品（未上缴财政的）；航空公司已售票但未提供航空运输服务取得的逾期票证；药品生产企业销售自产创新药业务；用途卡售卡方因发行或者销售单用途卡并办理相关资金收付结算业务。

2. 增值税征税范围的特殊行为

（1）视同销售货物或视同发生应税行为

视同销售货物或视同发生应税行为包括：①将货物交付其他单位或者个人代销；②销售代销货物；③设有两个以上机构并实行统一核算的纳税人，将货物从一个机构移送至其他机构用于销售，但相关机构设在同一县（市）的除外；④将自产或者委托加工的货物用于非应税项目；⑤将自产、委托加工的货物用于集体福利或者个人消费；⑥将自产、委托加工或者购进的货物作为投资，提供给其他单位或者个体工商户；⑦将自产、委托加工或者购进的货物分配给股东或者投资者；⑧将自产、委托加工或者购进的货物无偿赠送其他单位或者个人；⑨单位和个体工商户向其他单位或者个人无偿销售应税服务、无偿转让无形资产或者不动产，但以公益活动为目的或者以社会公众为对象的除外；⑩财政部、国家税务总局规定的其他情形。

（2）混合销售行为

一项销售行为如果既由于增值税应税服务税率多档次，大多与货物销售税率不同，当一项销售行为同时涉及销售货物和服务，使提供货物和服务具备内在联系和因果关系的时候，称其为混合销售。

（3）兼营行为

经营非应税项目，是指纳税人的经营范围既包括销售货物和加工修理修配劳务，又包括销售服务、无形资产或者不动产。但是销售货物、加工修理修配劳务、服务、无形资产或者不动产不同时发生在同一销售行为中。

（三）纳税义务人和扣缴义务人

1. 纳税义务人

在中华人民共和国境内（以下简称境内）销售或进口货物、提供应税劳务和销售服务、无形资产和不动产的单位和个人，为增值税的纳税人。所称单位，是指企业、行政单位、事业单位、军事单位、社会团体及其他单位。所称个人，是指个体工商户和其他个人。

以承包、承租、挂靠方式经营的，承包人、承租人、挂靠人（以下统称承包人）以发包人、出租人、被挂靠人（以下统称发包人）名义对外经营并由发包人承担相关法律责任的，以该发包人为纳税人；否则以承包人为纳税人。

2. 扣缴义务人

中华人民共和国境外（以下简称境外）的单位或者个人在境内提供应税劳务，在境内未设有经营机构的,以其境内代理人为扣缴义务人;在境内没有代理人的,以购买方为扣缴义务人。

境外的单位或者个人在境内发生应税行为,在境内未设有经营机构的,以购买方为增值税扣缴义务。财政部和国家税务总局另有规定的除外。

三、一般纳税人和小规模纳税人的认定

增值税纳税人从税法地位和税款计算的角度可划分为一般纳税人和小规模纳税人。这两类纳税人在税款计算方法、适用税率(或征收率)等都有所不同。一般纳税人和小规模纳税人划分的基本标准是纳税人年应纳增值税销售额(以下简称年应税销售额)的大小和会计核算水平。

(一)基本资格登记标准

年销售额,是指纳税人在连续不超过12个月的经营期内,累计应征增值税销售额,包括结转销售额,以及按规定允许从销售额中差额扣减的部分。经营期,是指纳税人存续期内的连续经营时间,含取得销售收入的月份。增值税小规模纳税人标准为年应征增值税销售额500万元及以下。

(二)资格条件

年应税销售额未超过规定标准的纳税人,会计核算健全,能够提供准确税务资料的,可以向主管税务机关办理一般纳税人资格登记,成为一般纳税人。

四、税率与征收率

增值税的税率由一般纳税人使用;征收率由小规模纳税人使用。

(一)基本税率

增值税的基本税率是13%。增值税一般纳税人销售或者进口货物,提供加工、修理修配劳务、有形动产租赁等服务一律适用13%的基本税率。

(二)低税率

增值税一般纳税人销售或者进口下列货物,按9%低税率计征增值税:(1)粮食、食用植物油、鲜奶;(2)自来水、暖气、冷气、热水、煤气、石油液化气、天然气、沼气、居民用煤炭制品;(3)图书、报纸、杂志、音像制品、电子出版物;(4)饲料、化肥、农药、农机、农膜;(5)国务院规定的其他货物。

增值税一般纳税人提供下列应税劳务时,按9%低税率计征增值税:(1)交通运输服务;(2)邮政服务;(3)基础电信服务;(4)建筑服务;(5)不动产租赁服务;(6)销售不动产;(7)转让土地使用权。

增值税一般纳税人提供下列应税劳务时,按6%低税率计征增值税:(1)现代服务(租赁服务除外);(2)增值电信服务;(3)金融服务;(4)生活服务;(5)销售无形资产(转让土地使用权除外)。

(三)零税率

除国务院另有规定外,纳税人出口货物,增值税税率为零。财政部和国家税务总局规定的跨境应税行为，增值税税率为零。

（四）征收率

考虑到小规模纳税人经营规模小、会计核算不健全，难以按照基本税率和低税率计税，《增值税暂行条例》规定，增值税小规模纳税人统一按照3%的征收率计税。一般纳税人生产的特定货物，也可按照确定的征收率和简易计税方法计征增值税。

增值税一般纳税人符合规定的采用征收率计税，属于增值税税收优惠的组成部分。使用征收率计税就要求纳税人采用简易征税办法缴税，不能抵扣该项目相关的进项税额。采用征收率计算的税额，不能称其为销项税额，对于小规模纳税人直接就是应纳税额；对于一般纳税人，是其应纳税额的组成部分。

五、一般纳税人应纳税额的计算

增值税一般计税方法基本原理是根据“购进扣税法”计算当期应纳税额。一般计税方法下应纳税额是指当期销售税额减去当期进项额的余值。

（一）销项税额的计算

当期销售税额，是指纳税人销售货物，加工，修理修配劳务，销售服务，无形资产或者不动产，按照销售额和对应的税率计算并收取的增值税税额。增值税是价外税，销售额是不含增值税的销售额。计算公式如下：

$$销项税额 = 销售额(不含增值税) \times 税率$$

1. 销售额的一般规定

销售额，是指向购买方收取的全部价款和价外费用。增值税的销售额不包括收取的增值税销项税额，因为增值税是价外税，增值税税金不是销售额的组成部分，如果纳税人取得的是价税合计金额，还需换算成不含增值税的销售额。计算公式如下：

$$不含增值税销售额 = 含增值税销售额 \div (1 + 增值税税率)$$

价外费用，包括价外向购买方收取的手续费、补贴、基金、集资费、返还利润、奖励费、违约金、滞纳金、延期付款利息、赔偿金、代收款项、代垫款项、包装费、优质费以及其他各种性质的价外收费。

但上述价外费用不包括：(1)向购买方收取的销项税额；(2)受托加工应征消费税的消费品所代收代缴的消费税；(3)符合条件代为收取的政府性基金和行政事业性收费；(4)销货同时代办保险收取的保险费、向购买方收取的代购买方缴纳的车辆购置税、车辆牌照费（销货方对此类代收费用开具发票的除外）；(5)以委托方名义开具发票代委托方收取的款项。

2. 特殊销售方式的销售额计算

(1)折扣、折让方式

①折扣销售,又被称为价格折扣,是指销售方为了鼓励购买者多买而给予的价格折让。商业折扣一般都从中直接折算,即买方所付的价款和销售方所收的货款,都是按打折以后的实际售价来计算。

②销售折扣,又被称为现金折扣,是指销售方为鼓励买方在一定期限内早日付款,给予买方的一种折让优惠。这实际是一种融资性质的理财费用,不得销售额中扣除。

③销售折让,是指由于货物的品等原因引起的销售额的减少。销售折让可通过红字增值税专用发票从销售额中减除,未按规定开具红字增值税专用发票的,不得扣除销项税额和销售额。

(2)采取以旧换新方式销售

以旧换新,是指纳税人在销售过程中,折价收回同类货物,并以折价款部分冲减货物价款的一种销售方式。采取以旧换新方式销售货物,应按新货物的同期销售价格确定销售额。

(3)采取还本销售方式销售

还本销售,是指货物出售以后,按照约定的时间,分次将购货款部分或全部退还给货方,退还的货款即为还本支出。其销售额是同期货物的销售价格,不得从销售额中减除还本支出。

(4)采取以物易物方式销售

以物易物,是指购销双方直接以同等价款的货物相互结算,实现货物流转的一种方式。双方都应作购销处理,以各自发出货物核算销售额并计算销项税额。

(5)销售服务销售额

①贷款服务,以提供贷款服务取得的全部利息及利息性质的收入为销售额。银行提供贷款服务按期计收利息的,结息日当日计收的全部利息收入,均应计入结息日所属期的销售额,按照现行规定计算缴纳增值税。

②直接收费金融服务,以提供直接收费金融服务收取的手续费、佣金、酬金、管理费、服务费、经手费、开户费、过户费、结算费、转托管费等各类费用为销售额。

(6)包装物押金、租金的税务处理

包装物是指纳税人包装本单位货物的各种物品。销货方向购货方收取包装物押金,购货方在规定的期间内返还包装物,销货方在将收取的包装物押金返还。

①包装物租金作为价外费用,计入销售额计算销项税额。

②纳税人为销售货物而出租出借包装物收取的押金,单独记账、时间在一年内又没有过期的,不并入销售额征税;对逾期未收回不再退回的包装物押金,应当按照包装货物的适用税率计算纳税。

3. 视同销售货物的销售额

纳税人销售货物的价格明显偏低且无正当理由、发生应税行为的价格明显偏低或偏高且不具有合理商业目的,或者有视同销售货物行为、视同发生应税行为而无销售额的,在计算增值税时,销售额要按照如下规定的顺序来确定:

(1)按照纳税人最近时期同类应税货物、应税行为的平均销售价格确定;

(2)按照其他纳税人最近时期同类应税货物、应税行为的平均销售价格确定;

(3)按照组成计税价格确定。

组价公式一:组成计税价格 = 成本 ×(1 + 成本利润率)

公式中的成本:销售自产货物的,为实际生产成本;销售外购货物的,为实际采购成本。用这个公式组价的货物不涉及消费税,公式里的成本利润率由国家税务总局确定。

组价公式二:组成计税价格 = 成本 ×(1 + 成本利润率)+ 消费税税额

4. 发生应税行为的销售额

根据《营业税改征增值税试点的有关事项的规定》,发生应税行为的销售额按照以下规定确认:

(1)贷款服务,以提供贷款服务取得的全部利息及利息性质的收入为销售额。

(2)直接收费金融服务,以提供直接收费金融服务收取的手续费、佣金、酬金、管理费、服务费、经手费、开户费、过户费、结算费、转托管费等各类费用为销售额。

(3)金融商品转让,按照卖出价扣除买入价后的余额为销售额。转让金融商品出现的正负差,按盈亏相抵后的余额为销售额。若相抵后出现负差,可结转下一纳税期与下期转让金融商品销售额相抵,但年末时仍出现负差的,不得转入下一个会计年度。金融商品的买入价,可以选择按照加权平均法或者移动加权平均法进行核算,选择后36个月内不得变更。金融商品转让,不得开具增值税专用发票。

(4)经纪代理服务,以取得的全部价款和价外费用,扣除向委托方收取并代为支付的政府性基金或者行政事业性收费后的余额为销售额。向委托方收取的政府性基金或者行政事业性收费,不得开具增值税专用发票。

(5)融资租赁和融资性售后回租业务

①经人民银行、原银监会或者商务部批准从事融资租赁业务的试点纳税人,提供融资租赁服务,以取得的全部价款和价外费用,扣除支付的借款利息(包括外汇借款和人民币借款利息)、发行债券利息和车辆购置税后的余额为销售额。

②经人民银行、银监会或者商务部批准从事融资租赁业务的试点纳税人,提供融资性售后回租服务,以取得的全部价款和价外费用(不含本金),扣除对外支付的借款利

息(包括外汇借款和人民币借款利息)、发行债券利息后的余额作为销售额。试点纳税人根据 2016 年 4 月 30 日前签订的有形动产融资性售后回租合同,在合同到期前提供的有形动产融资性售后回租服务,可继续按照有形动产融资租赁服务缴纳增值税。

③继续按照有形动产融资租赁服务缴纳增值税的试点纳税人,经人民银行、银监会或者商务部批准从事融资租赁业务的,根据 2016 年 4 月 30 日前签订的有形动产融资性售后回租合同,在合同到期前提供的有形动产融资性售后回租服务,可以选择以下方法之一计算销售额:

第一,以向承租方收取的全部价款和价外费用,扣除向承租方收取的价款本金,以及对外支付的借款利息(包括外汇借款和人民币借款利息)、发行债券利息后的余额为销售额。

第二,以向承租方收取的全部价款和价外费用,扣除支付的借款利息(包括外汇借款和人民币借款利息)、发行债券利息后的余额为销售额。

④经商务部授权的省级商务主管部门和国家经济技术开发区批准的从事融资租赁业务的试点纳税人,2016 年 5 月 1 日后实收资本达到 1.7 亿元的,从达到标准的当月起按照上述规定执行;2016 年 5 月 1 日后实收资本未达到 1.7 亿元但注册资本达到 1.7 亿元的,在 2016 年 7 月 31 日前仍可按照上述规定执行,2016 年 8 月 1 日后开展的融资租赁业务和融资性售后回租业务不得按照上述规定执行。

(6)航空运输企业的销售额,不包括代收的机场建设费和代售其他航空运输企业客票而代收转付的价款。

(7)试点纳税人中的一般纳税人提供客运场站服务,以其取得的全部价款和价外费用,扣除支付给承运方运费后的余额为销售额。

(8)试点纳税人提供旅游服务,可以选择以取得的全部价款和价外费用,扣除向旅游服务购买方收取并支付给其他单位或者个人的住宿费、餐饮费、交通费、签证费、门票费和支付给其他接团旅游企业的旅游费用后的余额为销售额。选择上述办法计算销售额的试点纳税人,向旅游服务购买方收取并支付的上述费用,不得开具增值税专用发票,可以开具普通发票。

(9)试点纳税人提供建筑服务适用简易计税方法的,以取得的全部价款和价外费用扣除支付的分包款后的余额为销售额。

(10)房地产开发企业中的一般纳税人销售其开发的房地产项目(选择简易计税方法的房地产老项目除外),以取得的全部价款和价外费用,扣除受让土地时向政府部门支付的土地价款后的余额为销售额。房地产老项目,是指《建筑工程施工许可证》注明的合同开工日期在 2016 年 4 月 30 日前的房地产项目。

(二)进项税额的计算

进项税额是与销项税额相对应的概念。增值税一般纳税人以当期收取的销项税额扣减当期支付的进项税额,其余值是实际应当缴纳的增值税税额,这个扣减过程被称为进项税额抵扣。

1. 准予从销项税额中抵扣的进项税额

(1)凭票抵扣

购进方的进项税额一般由销售方的销项税额对应构成。故进项税额在正常情况下是:从销售方或提供方取得的增值税专用发票上注明的增值税税额;从海关取得的海关进口增值税专用缴款书上注明的增值税税额;从境外单位或者个人购进服务、无形资产或者不动产,为税务机关或者扣缴义务人取得的解缴税款的完税凭证上注明的增值税额;适用一般计税方法的营改增试点纳税人,至2016年5月1日后取得并在会计制度上按固定资产核算的不动产或者2016年5月1日后取得的不动产在建工程,其进项税额应自取得之日起分两年从销项税额中抵扣,两年抵扣比例分别为60%和40%。

(2)计算抵扣

购进农产品,除取得增值税专用发票或者海关进口增值税专用缴款书外,按照农产品收购发票或者销售发票上注明的农产品买价和9%的扣除率计算的进项税额。计算公式如下:

$$进项税额 = 销售价格 \times 扣除率$$

2. 不得抵扣的进项税额

按照《增值税暂行条例》和"营改增"进程中的相关政策规定,下列项目的进项税额不得从销项税额中抵扣:

(1)用于简易计税方法计税项目、免征增值税项目、集体福利或者个人消费的购进货物、加工修理修配劳务、服务、无形资产和不动产。

(2)非正常损失所对应的进项税,具体包括:

①非正常损失的购进货物,以及相关的加工修理修配劳务和交通运输服务。

②非正常损失的在产品、产成品所耗用的购进货物(不包括固定资产)、加工修理修配劳务和交通运输服务。

③非正常损失的不动产,以及该不动产所耗用的购进货物、设计服务和建筑服务。

④非正常损失的不动产在建工程所耗用的购进货物、设计服务和建筑服务。纳税人新建、改建、扩建、修缮、装饰不动产,均属于不动产在建工程。

上述4项所说的非正常损失,是指因管理不善造成货物被盗、丢失、霉烂变质,以及因违反法律法规造成货物或者不动产被依法没收、销毁、拆除的情形。

(3)特殊政策规定不得抵扣的进项税,具体包括:

①购进的旅客运输服务、贷款服务、餐饮服务、居民日常服务和娱乐服务。

②财政部和国家税务总局规定的其他情形。

3. 进项税额转出

已抵扣进项税额的购进货物(不含固定资产)、劳务、服务,发生规定的进项税额不得抵扣情形(简易计税方法计税项目、免征增值税项目除外)的,应当将该进项税额从当期进项税额中扣减;无法确定该进项税额的,按照当期实际成本计算应扣减的进项税额。

已抵扣进项税额的固定资产、无形资产或者不动产,发生不得抵扣进项税额的情形时,按照下列公式计算不得抵扣的进项税额:

$$\text{不得抵扣的进项税额} = \text{固定资产、无形资产或者不动产净值} \times \text{适用税率}$$

因销售折让、中止或者退回而退还给购买方的增值税税额,应当从当期的销项税额中扣减;因销售折让、中止或者退回而收回的增值税税额,应当从当期的进项税额中扣减。

已经抵扣的进项税额的购进货物中途改变用途,应当从购进货物或者劳务的当期进项税额中扣减。

4. 进项税额不足抵扣的处理

如果增值税一般纳税人当期应纳增值税大于当期收到的增值税,即当期进项税额大于当期销项税额,出现进项税额不足抵扣的情况,则不足抵扣部分可以结转下期继续抵扣。

(三)应纳税额的计算

增值税一般纳税人的应纳税额为当期销项税额抵扣当期进项税额后的余额。计算公式如下:

$$\text{应纳税额} = \text{当期销项税额} - \text{当期进项税额}$$

一般纳税人增值税计算采用当期购进扣税法,对于当期计算销售税额的时间,即为增值税纳税义务发生时间,纳税人发生应税行为并收讫销售款项或者取得索取销售款项凭据的当天;先开具发票的,为开具发票的当天。

(四)加计抵减的计算

1. 关于加计抵减政策的适用主体。判断适用加计抵减政策的具体标准是,以邮政服务、电信服务、现代服务和生活服务(以下称四项服务)销售额占纳税人全部销售额的比重是否超过 50% 来确定,如果四项服务销售额占比超过 50%,则可以适用加计抵减政策。加计抵减政策只适用于一般纳税人。小规模纳税人即使四项服务销售额占比超过 50%,也不能适用加计抵减政策。

2. 纳税人应按照当期可抵扣进项税额的 10% 计提当期加计抵减额。按照现行规定,不得从销项税额中抵扣的进项税额,不得计提加计抵减额;已计提加计抵减额的进项税额,按规定作进项税额转出的,应在进项税额转出当期,相应调减加计抵减额。计算公式如下:

当期计提加计抵减额 = 当期可抵扣进项税额 × 10%

当期可抵减加计抵减额 = 上期末加计抵减额余额 + 当期计提加计抵减额 - 当期调减加计抵减额

3. 纳税人应按照现行规定计算一般计税方法下的应纳税额(以下称抵减前的应纳税额)后,区分以下情形加计抵减:

(1)抵减前的应纳税额等于零的,当期可抵减加计抵减额全部结转下期抵减。

(2)抵减前的应纳税额大于零,且大于当期可抵减加计抵减额的,当期可抵减加计抵减额全额从抵减前的应纳税额中抵减。

(3)抵减前的应纳税额大于零,且小于或等于当期可抵减加计抵减额的,以当期可抵减加计抵减额抵减应纳税额至零。未抵减完的当期可抵减加计抵减额,结转下期继续抵减。

4. 纳税人出口货物劳务、发生跨境应税行为不适用加计抵减政策,其对应的进项税额不得计提加计抵减额。

纳税人兼营出口货物劳务、发生跨境应税行为且无法划分不得计提加计抵减额的进项税额,按照以下公式计算:

不得计提加计抵减额的进项税额 = 当期无法划分的全部进项税额 × 当期出口货物劳务和发生跨境应税行为的销售额 ÷ 当期全部销售额

5. 纳税人应单独核算加计抵减额的计提、抵减、调减、结余等变动情况。骗取适用加计抵减政策或虚增加计抵减额的,按照《税收征收管理法》等有关规定处理。

6. 加计抵减政策执行到期后,纳税人不再计提加计抵减额,结余的加计抵减额停止抵减。

六、小规模纳税人应纳税额的计算

(一)应纳税额的计算

小规模纳税人的应纳税额,是指小规模纳税人按照销售额和增值税征收率计算的增值税税额,不得抵扣进项税额,应纳税额计算公式如下:

应纳税额 = 销售额 × 征收率

(二)含税销售额的换算

小规模纳税人计税方法的销售额不包括其应纳税额,纳税人采用销售额和应纳税额合并定价方法的,按照下列公式计算销售额:

销售额 = 含税销售额 ÷ (1 + 征收率)

此时,应纳税额 = 含税销售额 ÷ (1 + 征收率) × 征收率

七、特殊经营行为的税务处理

(一)混合销售行为

混合销售按照纳税人主营项目划分其是按照货物销售征税还是按照销售服务征税。

从事货物的生产、批发或者零售的单位和个体工商户的混合销售行为,按照销售货物缴纳增值税;其他单位和个体工商户的混合销售行为,按照销售服务缴纳增值税。

从事货物的生产、批发或者零售的单位和个体工商户,包括以从事货物的生产、批发或者零售为主,并兼营销售服务的单位和个体工商户在内。

(二)兼营不同税率的货物或应税劳务

纳税人兼营销售货物、劳务、服务、无形资产或者不动产,适用不同税率或者征收率的,应当分别核算适用不同税率或者征收率的销售额;未分别核算的,从高适用税率的纳税人兼营免税、减税项目的,应当分别核算免税、减税项目的销售额;未分别核算的,不得减税、免税。

八、进口货物增值税征收

(一)进口货物增值税的征税范围及纳税人

1. 进口货物的征税范围

凡是申报进入我国海关境内的货物。只要是报关进口的应税货物,无论其是国外产制还是我国已出口而转销国内的货物,是进口者自行采购还是国外捐赠的货物,是进口者自用还是作为贸易或其他用途等,均应按照规定缴纳进口环节的增值税。

2. 进口货物增值税的纳税人

进口货物增值税的纳税人是进口货物的收货人或办理报关手续的单位和个人。

跨境电子商务零售进口商品按照货物征收关税和进口环节增值税、消费税,购买跨境电子商务零售进口商品的个人作为纳税义务人。电子商务企业、电子商务交易平台企业或物流企业可作为代收代缴义务人。

(二)进口货物的适用税率

进口货物的税率为13%和9%,即便是小规模纳税人,进口计税时也适用13%和9%的税率,不适用征收率。

（三）进口货物应纳税额的计算

根据《增值税暂行条例》的规定，进口货物使用组成计税价格计算应纳增值税，组价公式中包含关税完税价格、关税税额、消费税税额。进口货物应纳税额的计算公式为：

组成计税价格＝关税完税价格＋关税＋消费税

应纳税额＝组成计税价格×税率

此外，跨境电子商务零售进口商品按照货物征收关税和进口环节增值税、消费税，以实际交易价格（包括货物零售价格、运费和保险费）作为完税价格。

跨境电子商务零售进口商品的进口环节增值税、消费税取消免征税额，暂按法定应纳税额的70%征收。超过单次限值、累加后超过个人年度限值的单次交易，以及完税价格超过2000元限值的单个不可分割商品，均按一般贸易方式全额征税。

九、出口货物（劳务、服务）退（免）税制度

出口货物（劳务、服务）退免税，是指在国际贸易中，就报关出口的货物或者劳务和服务在国内各生产环节和流转环节按照增值税法规定已经缴纳的增值税款予以退还的措施。能够使其以不含税的成本进入国际市场，从而增强本国产品的国际竞争力。

我国出口货物、劳务或者服务的退税措施有三种形式：出口并退税、出口免税、不退税也不免税。

出口免税并退税，是指货物在出口销售环节不征收增值税，对货物在出口前实际承担的增值税负担，按照出口退税率计算后予以退还。

出口免税，是指环节免征增值税。出口免税货物，因为在前一道生产、销售环节或者进口环节是免税的，其价格本身就是不含增值税的，因此无须退还增值税。

不退税也不免税包括出口不免税和出口不退税两种形式。出口不免税，是指对国家禁止或者限制出口的某些货物出口环节视同内销环节，照常征收增值税。出口不退税，是指不退还货物出口前其所负担的增值税。

零税率不同于免税，免税往往指某一环节免税；而零税率是指整体税负为零，意味着出口环节免税且退还以前纳税环节的已纳税款，这就是所谓的“出口退税”。

十、增值税的征收管理制度

（一）纳税义务发生时间

增值税的纳税义务发生时间是计算当期销项税额的时点。

1. 销售货物或者提供应税劳务的纳税义务发生时间

（1）销售货物或者提供应税劳务，为收讫销售款项或者取得索取销售款项凭据的当天；先开具发票的，为开具发票的当天。

采取直接收款方式销售货物的，无论货物是否发出，均为收到销售款或者取得索取

销售款凭据的当天。

采取托收承付和委托银行收款方式销售货物的,为发出货物并办妥托收手续的当天。

采取赊销和分期收款方式销售货物的,为书面合同约定的收款日期的当天,无书面合同的或者书面合同没有约定收款日期的,为货物发出的当天。

采取预收货款方式销售货物,为货物发出的当天,但生产销售生产工期超过12个月的大型机械设备、船舶、飞机等货物,为收到预收款或者书面合同约定的收款日期的当天。

委托其他纳税人代销货物,为收到代销单位的代销清单或者收到全部或者部分货款的当天。未收到代销清单及货款的,为发出代销货物满180日的当天。

销售应税劳务,为提供劳务同时收讫销售款或者取得索取销售款的凭据的当天。

纳税人发生除将货物交付其他单位或者个人代销和销售代销货物以外的视同销售货物行为,为移送的当天。

(2)纳税人进口货物,其纳税义务发生时间为报关进口的当天。

(3)增值税扣缴义务发生时间为纳税人增值税纳税义务发生的当天。

2. 发生应税行为的纳税义务发生时间

纳税人发生应税行为的,为收讫销售款项或者取得索取销售款项凭据的当天;先开具发票的,为开具发票的当天。收讫销售款项,是指纳税人销售服务、无形资产、不动产过程中或者完成后收到款项。取得索取销售款项凭据的当天,是指书面合同确定的付款日期;未签订书面合同或者书面合同未确定付款日期的,为服务、无形资产转让完成的当天或者不动产权属变更的当天。

纳税人提供建筑服务、租赁服务采取预收款方式的,其纳税义务发生时间为收到预收款的当天。

纳税人从事金融商品转让的,为金融商品所有权转移的当天。

纳税人发生视同销售服务、无形资产或者不动产情形的,其纳税义务发生时间为服务、无形资产转让完成的当天或者不动产权属变更的当天。

(二)纳税期限

增值税的纳税期限分别为1日、3日、5日、10日、15日、1个月或者1个季度。纳税人的具体纳税期限,由主管税务机关根据纳税人应纳税额的大小分别核定。不能按照固定期限纳税的,可以按次纳税。

扣缴义务人解缴税款的期限,依照上文规定执行。

纳税人进口货物,应当自海关填发海关进口增值税专用缴款书之日起15日内缴纳税款。

(三)纳税地点

1. 固定业户的纳税地点

固定业户应当向其机构所在地或居住地的主管税务机关申报纳税。总机构和分支机构不在同一县(市)的,应当分别向各自所在地的主管税务机关申报纳税;经财政部和国家税务总局或其授权的财政和税务机关批准,可以由总机构汇总向总机构所在地主管税务机关申报纳。

2. 非固定业户的纳税地点

非固定业户销售货物或者提供应税劳务和发生应税行为,应当向销售地或者劳务、应税行为发生地的主管税务机关申报纳税;未向销售地或者劳务、应税行为发生地的主管税务机关申报纳税的,由其机构所在地或者居住地的主管税务机关补征税款。

3. 异地特殊项目的纳税地点

其他个人提供建筑服务,销售或者租赁不动产,转让自然资源使用权,应向建筑服务发生地、不动产所在地、自然资源所在地主管税务机关申报纳税。

4. 进口货物的纳税地点

进口货物应当由进口人或其代理人向报关地海关申报纳税。

5. 扣缴义务人的纳税地点

扣缴义务人应当向其机构所在地或者居住地的主管税务机关申报缴纳其扣缴的税款。

十一、增值税专用发票制度

增值税专用发票是纳税人经济活动的重要凭证,是销货方计算销项税额和购货方计算进项税额已进行税款抵扣的重要凭证,对增值税的计算和管理起着决定性作用。增值税一般纳税人销售货物、提供加工修理修配劳务和发生应税行为,应使用增值税发票管理系统开具增值税专用发票、增值税普通发票、机动车销售统一发票或者增值税电子普通发票。

(一)专用发票的联次

增值税专用发票由基本联次或者基本零次附加其他联次构成。基本联次为三联:发票联、抵扣联和记账联。发票联,是作为购货方核算采购成本和增值税进项税额的记账凭证;抵扣联,是作为购货方报送主管税务机关认证和留存备查的凭证;记账联,是作为销货方核算销售收入和增值税销项税额的记账凭证。

(二)专用发票的开票限额

专用发票实行最高开票限额管理。最高开票限额,是指单份专用发票开具的销售额合计数不得达到的上限额度。

最高开票限额由一般纳税人申请,税务机关依法审批。最高开票限额为10万元及以下的,由区县级税务机关审批;最高开票限额为100万元的,由地市级税务机关审批;最高开票限额为1000万元及以上的,由省级税务机关审批。

(三)专用发票领购使用范围

增值税专用发票的领购仅限于增值税一般纳税人。小规模纳税人和非增值税纳税人不得领购。一般纳税人有下列情形的,不得领购使用增值税专用发票:

1. 会计核算不健全，即不能按会计制度和税务机关的要求准确核算增值税的销项税额、进项税额和应纳税额者。

2. 不能向税务机关准确提供增值税销项税额，进项税额和应纳税额数据及其他有关增值税税务资料者（其他有关增值税税务资料的内容，由国家税务总局所属分局确定）。

（四）专用发票开具范围

一般纳税人销售货物或提供应税劳务和应税行为，应向购买方开具增值税专用发票。

商业企业向一般纳税人零售的烟酒、食品、服装、鞋帽（不包括劳保专用部分）、化妆品等消费品，不得开具增值税专用发票。

销售免税货物不得开具增值税专用发票（法律、法规及国家税务总局另有规定者除外）。

除另有规定外，小规模纳税人需要开具增值税专用发票的，可向主管税务机关申请代开。

第三节　消费税法律制度

一、消费税概述

消费税是以特定消费品和消费行为征收的一种税。消费税在我国有悠久的历史，早在公元81年，汉昭帝改酒类专卖为普遍征收的酒水，允许市场自行酿酒、贩酒，这是我国最早的消费税。此后，消费税成为我国历朝历代的重要财政收入。消费税也在世界各国普遍征收。我国消费税不是对所有的消费品和消费行为都征税，只是为了特定目的有选择性地对部分消费品和消费行为征税。

根据界定标准的不同，存在直接消费税和间接消费税两类的划分标准。直接消费税是对实际消费支出计税，计税依据是支出数额，其纳税人和负担人是消费者个人，属于直接税的范畴，因而被称为直接消费税。间接消费税是指向消费品的经营者征收的一种流转税，计税依据是应税消费品的销售收入或者销售数量，纳税环节在生产和零售环节，先由厂商或者销售商代缴，再以商品加价的形式转嫁给消费者，因而属于间接税的范畴。间接消费税也存在狭义与广义之分。狭义的间接消费税是针对流转环节的特定消费品和行为有选择性征收；广义的间接消费税是在流转环节对所有消费品和行为普遍征收。

二、消费税的征税范围及纳税义务人

（一）消费税的征税范围

消费税的征税范围的宽窄与征税类型与一国的经济社会、财政情况紧密相关，我国实行的是有限型的消费税制度，征税范围仅限于传统的货物项目，按照流转环节，可将现有消费税征税范围包括：生产应税消费品；委托加工应税消费品；进口应税消费品；零

售应税消费品;批发应税消费品。

（二）消费税的纳税义务人

在中华人民共和国境内生产、委托加工和进口应当缴纳消费税的消费品(以下简称应税消费品)的单位和个人,以及国务院确定的销售《消费税暂行条例》规定的应税消费品的其他单位和个人,为消费税的纳税义务人。

三、税目与税率

（一）税目

当前我国确定的消费税征税税目共15个,在其中3个子税目项下有设置了15个子目。见消费税目、税率表。包括了:烟、酒、高档化妆品、贵重首饰及珠宝玉石、鞭炮、焰火、成品油、摩托车、小汽车、高尔夫球及球具、高档手表、游艇、木制一次性筷子、实木地板、电池、涂料。

（二）税率

我国消税税率形式复杂多样,采用比例税率、定额税率和复合税率等不同形式。相应的消费税计算方法分为从价计税、从量计税、和复合计税三种方法,见表6-1。

表6-1　消费税税目、税率

税目	税率
一、烟	
1. 卷烟	
(1)甲类卷烟[调拨价70元(不含增值税)/条以上(含70元)]	56% +0.003元/支
(2)乙类卷烟[调拨价70元(不含增值税)/条以下]	36% +0.003元/支
(3)商业批发	11% +0.005元/支
2. 雪茄烟	36%
3. 烟丝	30%
二、酒及酒精	
1. 白酒	20%加0.5元/500克(或者500毫升)
2. 黄酒	240元/吨
3. 啤酒	
(1)甲类啤酒	250元/吨
(2)乙类啤酒	220元/吨
4. 其他酒	10%

续表

税目	税率
三、高档化妆品	15%
四、贵重首饰及珠宝玉石	
1. 金银首饰、铂金首饰和钻石及钻石饰品	5%
2. 其他贵重首饰和珠宝玉石	10%
五、鞭炮、焰火	15%
六、成品油	
1. 汽油	
(1)含铅汽油	1.52 元/升
(2)无铅汽油	1.52 元/升
2. 柴油	1.20 元/升
3. 航空煤油	1.20 元/升
4. 石脑油	1.52 元/升
5. 溶剂油	1.52 元/升
6. 润滑油	1.52 元/升
7. 燃料油	1.20 元/升
七、摩托车	
1. 气缸容量(排气量,下同)在 250 毫升(含 250 毫升)以下的	3%
2. 气缸容量在 250 毫升以上的	10%
八、小汽车	
1. 乘用车	
(1)气缸容量(排气量,下同)在 1.0 升(含 1.0 升)以下的	1%
(2)气缸容量在 1.0 升以上至 1.5 升(含 1.5 升)的	3%
(3)气缸容量在 1.5 升以上至 2.0 升(含 2.0 升)的	5%
(4)气缸容量在 2.0 升以上至 2.5 升(含 2.5 升)的	9%
(5)气缸容量在 2.5 升以上至 3.0 升(含 3.0 升)的	12%
(6)气缸容量在 3.0 升以上至 4.0 升(含 4.0 升)的	25%
(7)气缸容量在 4.0 升以上的	40%

续表

税目	税率
2. 中轻型商用客车	5%
3. 超豪华小汽车	按子税目1和子税目2的规定征收,零售环节10%
九、高尔夫球及球具	10%
十、高档手表	20%
十一、游艇	10%
十二、木制一次性筷子	5%
十三、实木地板	5%
十四、铅蓄电池	4%
十五、涂料	4%

四、消费税的计算方法

(一)从价计征

从价计征是以销售额作为计税依据,按照适用的比例税率计算应纳消费税税额。应纳税额由应纳消费税的销售额和适用税率决定。计算公式如下:

应纳税额 = 应税消费品的销售额 × 比例税率

1. 销售额的确定

销售额,是纳税人销售应税消费品向购买方收取的全部价款和价外费用,包括消费税但不包括增值税。

价外费用,是指价外收取的基金、集资费、返还利润、补贴、违约金(延期付款利息)和手续费、包装费、包装物租金、储备费、优质费、运输装卸费、代收款项、代垫款项以及其他各种性质的价外收费。但承运部门的运费发票开具给购货方的,纳税人将该项发票转交给购货方的代垫运费不包括在内。同时符合条件的代为收取的政府性基金或行政事业收费也不包括在销售额内。

计算消费税的销售额中如含有增值税税金时,应换算为不含增值税的销售额。换算公式为:

应税消费品的销售额 = 含增值税的销售额(含价外费用) ÷ (1 + 增值税的税率或征收率)

上述公式中的增值税税率为16%；增值税征收率为3%。

2. 包装物及包装物押金的税务处理

(1) 包装物连同应税消费品销售，无论包装物是否单独计价，均应并入应税消费品销售收入中缴纳增值税和消费税。

(2) 包装物不作价随同产品销售，而是收取押金(收取酒类产品的包装物押金除外)，且单独核算又未过期或未超过12个月的，此项押金不应并入应税消费品的销售额中征税。但对因逾期未收回的包装物和已收取押金1年以上仍未退还包装物的，应并入应税消费品的销售额，按照应税消费品的适用税率征收消费税。包装物押金不包括重复使用的塑料周转箱押金。

(3) 对酒类产品生产企业销售酒类产品(黄酒、啤酒除外)而收取的包装物押金，无论押金是否返还以及会计上如何核算，均需并入酒类产品销售额中，依酒类产品的适用税率征收消费税。

(二) 从量计征

从量计征是以应税消费品计税数量为计税依据，按照使用的定额税率计算应纳消费税税额，也被称为从量定额计征法。应纳税额多少由应税消费品的销售数量和单位税额决定。公式如下：

$$应纳税额 = 应税消费品的销售数量 \times 定额税率$$

计税数量具体包括：

1. 销售应税消费品的，为应税消费品的销售数量。
2. 自产自用应税消费品的，为应税消费品的移送使用数量。
3. 委托加工应税消费品的，为纳税人收回的应税消费品数量。
4. 进口的应税消费品为海关核定的应税消费品进口征税数量。

(三) 复合计征

复合计征，是对特殊应税消费采用从计价计征方法和从量计征的综合方法计算应纳消费税。现行《消费税暂行条例》征税范围中，只有卷烟、白酒采用复合计税的方法。应纳税额等于应税销售数量乘以定额税率再加上应税销售额乘以比例税率。计算公式如下：

$$应纳税额 = 应税的销售数量 \times 定额税率 + 应税的销售额 \times 比例税率$$

五、应纳税额的计算

(一) 生产销售环节应纳消费税的计算

生产环节应缴纳的消费税包括对外销售应税产品应纳消费税和自产自用消费税。

1. 直接对外销售应纳消费税的计算

纳税人自产自销应税消费品,可直接按照从价计征、从量计征和复合计征的方法计算应纳消费税,否则,按照"用已税消费品作为中间投入物生产的应税消费品"计税。

2. 自产自用应税消费品应纳消费税的计算

纳税人将应税消费品生产出来后,用于连续生产应税消费品的,不缴纳消费税。已生产出来的应税消费品作为继续生产最终应税消费品的原材料,构成了最终应税消费品的计税基础。

纳税人将自产的应税消费品用于生产非应税消费品、在建工程、管理部门、非生产机构、提供劳务,以及用于馈赠、赞助、集资、广告、样品、职工福利、奖励等方面的应税消费品的,于移送使用时都被视同销售,应当依法缴纳消费税。

具体分以下两种情况:

第一种情况,有同类消费品的销售价格的,按照纳税人生产的同类消费品的销售价格计算纳税。计算公式如下:

$$应纳税额 = 同类消费品销售单价 \times 自产自用数量 \times 适用税率$$

第二种情况,自产自用应税消费品没有同类消费品销售价格的,按照组成计税价格计算纳税。

(1)实行从价定率办法计算纳税的组成计税价格计算公式:

$$\begin{aligned}组成计税价格 &= (成本 + 利润) \div (1 - 比例税率) \\ &= [成本 \times (1 + 成本利润率)] \div (1 - 比例税率)\end{aligned}$$

(2)实行复合计税办法计算纳税的组成计税价格计算公式:

$$\begin{aligned}组成计税价格 &= (成本 + 利润 + 自产自用数量 \times 定额税率) \div (1 - 比例税率) \\ &= [成本 \times (1 + 成本利润率) + 自产自用数量 \times 定额税率] \div (1 - 比例税率)\end{aligned}$$

公式中的"成本",是指应税消费品的产品生产成本。

公式的"利润",是指根据应税消费品的全国平均成本利润率计算的利润。应税消费品的全国平均成本利润率由国家税务总局确定。

(二)委托加工环节应纳消费税的计算

委托加工的应税消费品应当由受托方向委托方交货时代收代缴消费税。

1. 委托加工应税消费品的确定

委托加工应税消费品是指委托方提供原料和主要材料,受托方只收取加工费和代垫部分辅料加工的应税消费品。

2. 委托加工应税消费品应纳消费税额的计算

受托方代收代缴消费税时,应按受托方同类应税消费品的售价计算纳税;同类消费品的销售价格是指受托方当月销售的同类消费品的销售价格;如果当月同类消费品各期销售价格不同,应按照销售数量加权平均计算。如当月无销售或未完结,应当按照同类消费品上月或者最近月份的销售价格计算缴纳消费税;加算公式如下:

应纳消费税 = 同类消费品价格单价 × 委托加工数量 × 适用税率

没有同类销售价格的,按照组成计税价格计算纳税。计算公式如下:

(1)实行从价定率:应纳税额 =(材料成本 + 加工费)÷(1 - 比例税率)× 比例税率

(2)实行复合计税:应纳税额 =(材料成本 + 加工费 + 委托加工数量 × 定额税率)÷(1 - 比例税率)× 比例税率 + 委托加工数量 × 定额税率

(三)进口环节应纳消费税的计算

进口的应税消费品,于报关进口时由海关代征进口环节的消费税。

1. 进口一般应税消费品应纳消费税的计算

(1)适用比例税率的进口应税消费品实行从价计征的办法按组成计税价格计算应纳税额。计算公式如下:

组成计税价格 =(关税完税价格 + 关税)÷(1 - 消费税税率)

应纳税额 = 组成计税价格 × 消费税税率

公式中的关税完税价格是指海关核定的关税计税价格。

(2)实行定额税率的进口应税消费品实行从量计征的办法计算应纳税额。计算公式如下:

应纳税额 = 应税消费品数量 × 消费税单位税额

(3)实行复合计税方法的进口应税消费品的税额计算。计算公式如下:

组成计税价格 =(关税完税价格 + 关税 + 进口数量 × 消费税定额税率)÷(1 - 消费税比例税率)

应纳税额 = 应税消费品数量 × 消费税单位税额 + 组成计税价格 × 消费税税率

2. 跨境电商零售出口应税消费品应纳消费税的计算

自2016年4月8日起，跨境电子商务零售进口商品按照货物征收关税和进口环节增值税、消费税、购买跨境电子商务零售进口商品的个人作为纳税义务人，实际交易价格（包括货物零售价格、运费和保险费）作为完税价格，电子商务企业、电子商务交易平台企业或物流企业可作为代收代缴义务人。

跨境电子商务零售进口商品的单次交易限值为2000元人民币，个人年度交易限值为20,000元人民币。在限值以内进口的跨境电子商务零售进口商品，关税税率暂设为0%；进口环节增值税、消费税取消免征税额，暂按法定应纳税额的70%征收。超过单次限值、累加后超过个人年度限值的单次交易，以及完税价格超过2000元限值的单个不可分割商品，均按照一般贸易方式全额征税。因此，超限额的单次交易以及超限额的单个不可分割商品，全额缴纳关税、增值税、消费税。

跨境电子商务零售进口商品自海关放行之日起30日内退货的，可申请退税，并相应调整个人年度交易总额。

（四）已纳消费税扣除的计算

1. 外购应税消费品已纳消费税的扣除

（1）外购应纳消费税用于连续生产的，允许扣税的项目：

①外购或委托加工收回的已税烟丝生产的卷烟。

②外购或委托加工收回的已税高档化妆品生产的高档化妆品。

③外购或委托加工收回的已税珠宝玉石生产的贵重首饰及珠宝玉石。

④外购或委托加工收回的已税鞭炮焰火生产的鞭炮焰火。

⑤外购或委托加工收回的已税杆头、杆身和握把为原料生产的高尔夫球杆。

⑥外购或委托加工收回的已税木制一次性筷子为原料生产的木制一次性筷子。

⑦外购或委托加工收回的已税实木地板为原料生产的实木地板。

⑧外购或委托加工收回的已税汽油、柴油、石脑油、燃料油、润滑油用于连续生产应税成品油。

⑨外购或委托加工收回的已税摩托车生产的摩托车。

扣税计算公式如下：

当期准予扣除的外购应税消费品已纳税款 = 当期准予扣除的外购应税消费品买价 × 外购应税消费品适用税率

当期准予扣除的外购应税消费品买价 = 期初库存的外购应税消费品买价 + 当期购进的应税消费品买价 − 期末库存的外购应税消费品的买价

买价是指发票上的销售额，不包括增值税税额。

(2)外购应税消费品直接对外销售

对自己不生产应税消费品,而只是购进后再销售应税消费品的工业企业,其销售的化妆品、护肤护发品、鞭炮烟火和珠宝玉石凡是不能最终构成消费品,直接进入消费品市场,而需要进一步生产加工、包装、贴标的或者组合的珠宝玉石、高档化妆品、酒、鞭炮烟火等,应当征收消费税,同时允许扣除上述外购应税消费品的已纳税款。

2. 委托加工收回的应税消费品已纳税款的扣除

委托加工收回的应税消费品已纳税款的扣除范围包括:

(1)以委托加工收回的已税烟丝为原料生产的卷烟;

(2)以委托加工收回的已税高档化妆品原料生产的高档化妆品;

(3)以委托加工收回的已税珠宝、玉石原料生产的贵重首饰及珠宝、玉石;

(4)以委托加工收回的已税鞭炮、焰火原料生产的鞭炮、焰火;

(5)以委托加工收回的已税摩托车零件生产的摩托车;

(6)以委托加工收回的已税杆头、杆身和握把为原料生产的高尔夫球杆;

(7)以委托加工收回的已税木制一次性筷子原料生产的木制一次性筷子;

(8)以委托加工收回的已税实木地板原料生产的实木地板;

(9)以委托加工收回的已税汽油,柴油,石脑油,燃料油,润滑油用于连续生产应税成品油。

委托加工收回的应税消费品已纳税款的扣除计算公式如下:

当期准予扣除的委托加工应税消费品已纳税款 = 期初库存的委托加工应税消费品已纳税款 + 当期收回的委托加工应税消费品已纳税款 − 期末库存的委托加工应税消费品已纳税款

(五)消费税出口退税的计算

1. 出口应税消费品的退免税形式

消费税出口应税消费品已纳增值税出口货物一样,国家都给予退、免税优惠政策。出口应税消费品退免税形式分为:出口免税并退税、出口免税不退税与出口不免税也不退税。

2. 出口应税消费品的退税率

出口应税消费品退税率或者单位税额,与征税时对应的消费税税率或者单位税额相同。办理出口退、免税的企业,应将不同税率的出口应税消费品分开核算和申报,凡是因为分开核算而划分不清,适用消费税税率的,一律从低适用消费税税率计算出口退免税税额。

3. 出口应税消费品退税额的计算

(1)属于从价定率计征消费税的应税消费品,应依照外贸企业从工厂购进货物时

征收消费税的价格计算,其公式为:

应退消费税税款 = 出口货物的工厂销售额 × 税率

(2)属于从量定额计征消费税的应税消费品,应依照货物购进和报关出口的数量计算,其公式为:

应退消费税税额 = 出口数量 × 单位税额

六、消费税的征收管理

(一)纳税义务发生时间

1. 纳税人销售的应税消费品,其纳税义务发生时间为:

(1)纳税人采取赊销和分期收款结算方式的,其纳税义务的发生时间为销售合同规定的收款日期的当天。书面合同没有约定收款日期或者无书面合同的,为发出应税消费品的当天。

(2)纳税人采取预收货款结算方式的,其纳税义务的发生时间为发出应税消费品的当天。

(3)纳税人采取托收承付和委托银行收款方式销售的应税消费品,其纳税义务的发生时间为发出应税消费品并办妥托收手续的当天。

(4)纳税人采取其他结算方式的,其纳税义务的发生时间为收讫销售款或者取得索取销售款凭据的当天。

2. 纳税人自产自用的应税消费品,其纳税义务的发生时间为移送使用的当天。

3. 纳税人委托加工的应税消费品,其纳税义务的发生时间为纳税人提货的当天。

4. 纳税人进口的应税消费品,其纳税义务的发生时间为报关进口的当天。

(二)纳税期限

消费税的纳税期限分别为 1 日、3 日、5 日、10 日、15 日、1 个月或者 1 个季度。纳税人的具体纳税期限,由主管税务机关根据纳税人应纳税额的大小分别核定;不能按照固定期限纳税的,可以按次纳税。

纳税人以 1 个月或者 1 个季度为 1 个纳税期的,自期满之日起 15 日内申报纳税;以 1 日、3 日、5 日、10 日或者 15 日为 1 个纳税期的,自期满之日起 5 日内预缴税款,于次月 1 日起 15 日内申报纳税并结清上月应纳税款。

纳税人进口应税消费品,应当自海关填发海关进口消费税专用缴款书之日起 15 日内缴纳税款。

(三)纳税地点

1. 纳税人销售的应税消费品,以及自产自用的应税消费品,除国务院财政、税务主管部门另有规定外,应当向纳税人机构所在地或者居住地的主管税务机关申报纳税。

纳税人到外县(市)销售或者委托外县(市)代销自产应税消费品的,于应税消费品销售后,向机构所在地或者居住地主管税务机关申报纳税。

纳税人的总、分支机构不在同一县(市)的,应在各自机构所在地主管税务机关申报缴纳消费税;纳税人的总机构与分支机构不在同一县(市),但在同一省(自治区、直辖市)范围内,经省(自治区、直辖市)财政厅(局)、国家税务局审批同意,可以由总机构汇总向总机构所在地的主管税务机关申报纳税。

2. 委托加工的应税消费品,除委托个人加工以外,由受托方向所在地主管税务机关代收代缴消费税税款。

3. 进口的应税消费品,由进口人或者其代理人向报关地海关申报纳税。

4. 纳税人销售的应税消费品,如因质量等原因发生退货的,其已缴纳的消费税税款可予以退还。纳税人办理退税手续时,应将开具的红字增值税发票、退税证明等资料报主管税务机关备案。主管税务机关核对无误后办理退税。

第四节　关税法律制度

一、关税概述

(一)关税的概念

关税是海关依法对进出境货物、物品征收的一种税。所谓"境"是指关境,又称"海关境域""海关领域",是国家《海关法》全面实施的领域。我国关税以《海关法》为法律依据,以《进出口关税条例》、《海关进出口税则》和《海关入境旅客行李物品和个人邮递物品征收进口税办法》为基本法规。

(二)关税的类型

1. 以关税的作用分类

(1)财政性关税,即以财政收入的增加为主要目的的关税。从关税发展的历史来看,关税在相当长的一段时间内发挥着为政府聚财的作用。财政性征收的主要对象是进口数量大、消费量大的非生活必需品或者非生产必需品。

(2)保护性关税,是以保护本国产业发展为主要目的的关税。保护性关税是对本国需要发展但不具备国际竞争力的产业提供保护贸易政策的有效工具。如果对进口商品征税,并使征税后进口商品价格等于或高于国内相同产品的价格,就会保持或刺激对国内相同产品的需求,从而使该产品的生产不会向其他产品转移。这种关税对该商品的生产,就起到了保护作用。

2. 以关税的目的分类

(1)一般性关税,又被称为普通关税,是指一国对没有签署经济互惠协议或贸易互惠协议的国家进口的货物征收的非优惠性关税。一般性关税与优惠性关税税率差距极大。

(2)优惠性关税,是指一国对来自他国的货物以低于普通关税的优惠税率征收的关税,是对一国对特定国家的贸易给予的税收优惠。优惠性关税有互惠与单方优惠之分,具体包括下列几种:

①互惠关税,是指两国为促进双方贸易发展,相互给予对方国家低于第三国的关税税率的一种形式。

②特惠关税,是指一国或国家集团对另外一些国家的进口商品给予排他性的特定优惠关税待遇。特惠关税的优惠对象不受最惠国待遇原则制约,其他国家不得根据最惠国待遇原则要求享受这种优惠待遇。

③最惠国待遇,是指缔约国一方现在或将来给予任何第三国的一切优惠待遇,同样也适用于对方。最惠国待遇是国际贸易协定中的一项重要内容,适用范围很广。

④普惠制关税,是指发达国家单方给予发展中国出口货物普遍优惠待遇的关税制度。普惠关税有普遍性、非歧视性和非互惠性三项基本原则。

(3)特殊关税

特殊关税是商品进口国出于经济或政治方面的歧视、保护等原因,对某些商品出口国的货物征收比一般性关税税率更高的税率的关税。征收特殊关税一般是作为某种特定的临时应急措施,规定有明确的起止日期。主要包括以下几类:

①反倾销关税

反倾销关税是对实行商品倾销的进口商品实行的一种进口附加税。征收反倾销关税通常是进口国政府为了抵制倾销,保护本国产业,对出口国征收相当于出口国国内市场价格与倾销价格之间差额的进口税。征收反倾销关税本是 WTO 允许成员方采取保护本国(地区)产业和市场的一项保护性措施,但经常被发达国家滥用,成为发达国家限制进口的重要手段,包括我国在内的发展中国家深受其害。

②反补贴关税

反补贴关税又称为反津贴税、抵销税,是指商品进口国对接受了外国政府补贴或奖金的进口商品征收的一种进口附加税。进口商品接受的政府补贴或奖金,并使进口国同类商品遭受重大损害是征收反补贴关税的重要条件。进口商品的补贴率越高,则反补贴关税的税率也随之升高。其目的在于提高进口商品成本,抵销进口商品的价格差价,从而保护本国产业与市场。

③保障性关税

保障关税,是指一类商品进口量剧增,对本国产业造成威胁或损害时,可启动一般保障措施,即进口国可与有实质利益的国家或地区进行磋商,在特定时期内提高特定商品的进口税率或限制进口数量,保护本国产业不受实质性损害。

④报复性关税

报复性关税,是指从出口国为报复进口国对本国出口商品的关税歧视,对进口国或相关国家的跨境货物征收的一种进口附加税。报复性关税是各国进行贸易战的首要手段。

⑤差价关税

差价关税也被称为差额关税，是指当进口国某类商品的国内价格高于同类进口商品时，为了削弱进口商品的竞争力，保护国内产业和市场，按照国内价格和进口价格之差征收的一种税。差价税随着商品差价而变动，是一种滑动关税，可保持商品的国内市场价的稳定。

二、关税的征税对象与纳税义务人

（一）关税的征税对象

关税的征税对象是准许进出境的货物和物品。货物和物品在计征关税时有不同的计税规则。货物是指贸易性商品；物品指入境旅客随身携带的行李物品、个人邮递物品、各种运输工具上的服务人员携带进口的自用物品、馈赠物品以及其他方式进境的个人物品。

（二）关税的纳税义务人

根据我国现行的关税法律法规规定，负有向海关缴纳关税义务的单位和个人是进出口关税的纳税义务人。包括进口货物的收货人，出口货物的发货人，进出境物品的所有人（包括推定为所有人的人）。

三、进出口税则

（一）进出口税则概况

进出口税则是一国政府根据国家关税政策和经济政策，通过一定立法程序制定公布实施的进出口货物和物品应税的关税税率表。进出口税则以税率表为主体，税率表包括税则商品分类目录和税率栏两大部分。税号及所对应的货品名称以海关合作理事会（现名世界海关组织）制定的国际通用的《商品名称及编码协调制度》，简称“协调制度”（H. S 编码）为基础。

《商品名称及编码协调制度》是在世界海关组织协调国际上多种商品分类目录而制定的多用途的国际贸易商品分类目录，是供海关、统计、进出口管理及与国际贸易有关各方共同使用的商品分类编码体系。《商品名称及编码协调制度》定期4 年至6 年修订一次。我国于 1992 年加入《协调制度公约》，现行《海关进出口税则》以及《海关统计商品目录》都是以该协调制度为基础制定的。2017 年版《海关进出口税则》与旧版相比，共有 242 组修订，主要关注环境保护、生态可持续发展、科学技术的新变化、国际贸易新业态的发展等方面，进一步明确了商品分类。

进出口税则分为单式税则和复式税则两种，大多数国家采用复式税则。

（二）关税税率

1. 进口关税税率

（1）税率设置与适用

我国进口税则设有最惠国税率、协定税率、特惠税率、普通税率、关税配额税率等。

对进口货物在一定期限内可实行暂定税率。

《进出口关税条例》规定,适用最惠国税率的进口货物有暂定税率的,应当适用暂定税率。适用特惠税率、协定税率的进口货物有暂定税率的,应当从低适用税率。适用普通税率的进口货物,不适用暂定税率。

(2)税率种类

按征收关税的标准,可以分成从价税、从量税、复合税、选择税、滑准税。

2. 出口关税税率

我国现行税则对100余种商品征收出口关税。对部分商品可实行暂定税率(200余种)。

3. 特别关税税率

特别关税包括报复性关税、反倾销税与反补贴税、保障性关税。

进口适用税率的选择是根据货物的不同原产地而确定的,适用最惠国税率、协定税率、特惠税率的国家或地区的名单,由国务院关税税则委员会决定,报国务院批准后执行。进口商品绝大部分采用从价定率的征税方法,对部分商品实行从量税、复合税和滑准税。滑准税是一种特殊的从价定率征税方法。征收出口关税的货物项目很少,采用的都是从价定率征税的方法。原产地不明的进口货物实行普通税率。

(三)关税税率的运用

关税税率的运用规则如下:

1. 一般规定

进出口货物,应当适用海关接受该货物申报进口或者出口之日实施的税率。

2. 特殊进出口方式的货物或违规货物的税率

特殊进出口方式的货物或违规货物的税率规定,见表6-2。

表6-2 特殊进出口方式的货物或违规货物的税率规定

具体情况	适用税率
进口货物到达之前,经海关核准先行申报的	装载此货物的运输工具申报进境之日实施的税率
进口转关运输货物	指运地海关接受该货物申报进口之日实施的税率;货物运抵指运地前,经海关核准先行申报的,应当适用装载该货物的运输工具抵达指运地之日实施的税率
出口转关运输货物	启运地海关接受该货物申报出口之日实施的税率
经海关批准,实行集中申报的进出口货物	每次货物进出口时海关接受该货物申报之日实施的税率

续表

具体情况	适用税率
因超过规定期限未申报而由海关依法变卖的进口货物	装载该货物的运输工具申报进境之日实施的税率
因纳税义务人违反规定需要追征税款的进出口货物	违反规定的行为发生之日实施的税率;行为发生之日不能确定的,适用海关发现该行为之日实施的税率

3. 保税、减免税等货物的补税规定

已申报进境并放行的保税货物、减免税货物、租赁货物或者已申报进出境并放行的暂时进出境货物,有下列情形之一需缴纳税款的,应当适用海关接受纳税义务人再次填写报关单申报办理纳税及有关手续之日实施的税率:

(1)保税货物经批准不复运出境的;

(2)保税仓储货物转入国内市场销售的;

(3)减免税货物经批准转让或者移作他用的;

(4)可暂不缴纳税款的暂时进出境货物,经批准不复运出境或者进境的;

(5)租赁进口货物,分期缴纳税款的。

4. 补征或者退还进出口货物税款,应当按照前述规定确定适用的税率。

四、关税完税价格与应纳税额的计算

(一)原产地规定

原产地的确定直接影响进口关税税率的确定,产自不同国家或地区的进口货物适用不同的关税税率。

我国基本采用"全部产地生产标准""实质性加工标准"两种国际上通用的原产地标准。

全部产地生产标准是指进口货物"完全在一个国家内生产或制造",生产国或制造国即为该货物的原产国。

实质性加工标准是适用于确定有两个或两个以上国家参与生产的产品的原产国的标准,以最后一个对货物进行经济上可以视为实质性加工的国家作为有关货物的原产国。

(二)关税的完税价格

关税完税价格是指货物的关税计税价格。《海关法》规定:进出口货物的完税价格,由海关以该货物的成交价格审查确定。成交价格不能确定时,完税价格由海关估定。

1. 一般进口货物的完税价格的确定

根据《海关法》的规定,进口货物的完税价格包括货物的货价、货物运抵我国境内输入地点起卸前的运输及其相关费用、保险费。

(1)成交价格估价方法

正常情况下,进口货物采用以成交价格为基础进行调整,从而确定进口货物的完税价格。进口货物的成交价格，是指卖方向我国境内销售该货物时买方为进口该货物向卖方实付、应付的，并且按照《海关审定进出口货物完税价格办法》有关规定调整后的价款总额。

除了上诉成交价格的定义外，进口货物的成交价格还必须符合以下四个条件，否则，海关不能采用成交价格方法进行估价：

①买方处置或者使用该货物不受实质性影响的限制。即如果买方对进口货物的处置权或者使用权受到某些限制，那么对进口货物估价就不使用成交价格的方法。

②该货物的成交价格没有受其他因素的影响而无法确定。即如果价格受到某些条件或因素的影响，海关无法确定这类进口货物的成交价格是否与其实际价值相符，估价时就不适用成交价格方法。

③卖方不得获得买方因转售、处置或者使用该货物而产生的任何收益，或者虽有收益但能将该收益客观量化并做出调整。该条的含义是，买方除了支付货价之外，还返还一部分进口货物进口后的收益的利润，在这种情况下若没有客观量化的数据资料使海关将卖方所得到的收益调整到进口货物的成交价格中去，海关就不能采用成交价格方法估价。

④买卖双方之间没有能对成交价格产生影响的特殊关系。即如果成交价格受到买卖双方之间特殊关系的影响，海关可以不接受该成交价格。

进口货物完税价格中的货价应该是完整的，包括应由买方负担、支付的佣金、经纪费、包装费用、与货物视为一体的容器费用和其他费用等。但不包括买方向自己的采购代理人支付的购货佣金，也不包括货物进口后发生的安装、运输费用等。

(2)进口货物海关估价方法

海关估价直接影响进口货物的完税价格，进而影响企业向海关缴纳的进口关税及进口环节增值税和消费税。海关估价是指已过海关根据本国关税法律规定的统一的估价准则，确定某一进口货物和物品的完税价格的作业程序。对于进口货物的价格不符合成交价格条件或成交价格不能确定的，海关经了解有关情况，并且与纳税义务人进行价格磋商后，依次使用的方法包括：相同货物成交价格估价方法，；类似货物成交估价法；倒扣价格估价方法；计算价格估价方法；其他合理方法，确定货物的完税价格。

2. 特殊进口货物的完税价格

特殊进口货物的完税价格涉及加工贸易进口料件及其制成品、保税区及出口加工区货物、运往境外修理、加工的货物、暂时进境的货物、租赁方式进口的货物、留购的进口货样等、予以补税的减免税货物、其他特殊方式进口货物等，有特别的规定。

(1)加工贸易进口料件及其制成品

加工贸易进口料件及其制成品需征税或内销补税的，海关按照一般进口货物的完税价格规定，审定完税价格。其中：

①进口时需征税的进料加工进口料件，以该料件申报进口时的价格估定。

②内销的进料加工进口料件或其制成品(包括残次品、副产品),以料件原进口时的价格估定。

③内销的来料加工进口料件或其制成品(包括残次品、副产品),以料件申报内销时的价格估定。

④出口加工区内的加工企业内销的制成品(包括残次品、副产品),以制成品申报内销时的价格估定。

⑤保税区内的加工企业内销的进口料件或其制成品(包括残次品、副产品),分别以料件或制成品申报内销时的价格估定。如果内销的制成品中含有从境内采购的料件,则以制成品所含从境外购入的料件原进口时的价格估定。

⑥加工贸易加工过程中产生的边角料,以申报内销时的价格估定。

(2)保税区、出口加工区货物

保税区、出口加工区内加工企业申报内销加工贸易制成品时,海关以接受内销申报的同时或大约同时进口的与制成品相同或者类似的进口成交价格为基础估定价格。

(3)复运进境的运往境外修理的货物

运往境外修理的机械器具、运输工具或其他货物,出境时已向海关报明,并在海关规定期限内复运进境的,应当以海关审定的境外修理费和料件费为完税价格。

(4)复运进境的运往境外加工的货物

运往境外加工的货物,出境时已向海关报明,并在海关规定期限内复运进境的,应当以海关审定的境外加工费和料件费,以及该货物复运进境的运输及其相关费用、保险费估定完税价格。

(5)暂时进境货物

对于经海关批准的暂时进境的货物,应当按照一般进口货物估价办法的规定,估定完税价格。

(6)租赁方式进口货物

租赁方式进口货物,以租金方式支付的租赁货物,在租赁期间以海关审查确定的租金作为完税价格,利息应当予以计入;留购的租赁货物以海关审查确定的留购价格作为完税价格;承租人申请一次性缴纳税款的,经海关同意,按照进口货物估价方法的规定估定完税价格。

(7)予以补税的减免税货物

减税或免税进口的货物需予补税时,应当以海关审定的该货物原进口时的价格,扣除折旧部分价值作为完税价格。其计算公式如下:

完税价格 = 海关审定的该货物原进口时的价格 × [1 - 申请补税时实际已使用的时间(月) ÷ (监管年限 × 12)]

(8)留购的进口货样

对境内留购的进口货样/展览品和广告陈列,以海关审定的留购价格作为完税价格。

(9)其他方式进口的货物

以物易物贸易、寄售、捐赠、赠送等其他方式进口的货物,应当按照一般货物估价方法的规定,估定完税价格。

3. 进口货物完税价格及相关费用保险费的计算

进口货物的运输及其相关费用,当按照买方实际支付或者应当支付的费用计算。如果进口货物及其相关费用无法确定的,海关应当按照该货物进口同期的正常运输成本审查确定。

运输工具作为进口货物的,利用自身动力进境的海关在审查确定完税价格时,不再另行计入运输及其相关费用。

进口货物的保险费,应当按照实际支付的费用计算。如果进口货物的保险费用无法确定或者未实际发生的,海关应当按照该货物进口同期运输行业公布的运费率(额)计算运费;按照“货价加运费”两者总额的3‰计算保险费。

邮运进口的货物,应当以邮费作为运输及其相关费用、保安费。

4. 出口货物的完税价格

(1)以成交价格为基础的出口货物完税价格

出口货物的完税价格由海关以该货物向境外销售的成交价格为基础审查确定,并应包括货物运至中华人民共和国境内输出点装载前的运输及其相关费用、保险费,但其中包含的出口关税税额,应当扣除。出口货物的成交价格是指该货物出口销售到中华人民共和国境外时买方向卖方实付或应付的价格,并需扣除已计入成交价格中的各项费用、税收:出口关税;在货物价款中单独列明的货物运至中华人民共和国境内输出地点装载后的运输机器相关费用、保险费。

(2)出海关估价价格为基础的出口货物完税价格

出口货物的成交价格不能确定时,完税价格由海关依次使用下列方法估定:

同时或大约同时向同一国家或地区出口的相同货物的成交价格;同时或大约同时向同一国家或地区出口的类似货物的成交价格;根据境内生产相同或类似货物的成本、利润和一般费用、境内发生的运输及其相关费用、保险费计算所得的价格;按照合理方法估定的价格。

出口货物的成交价格中含有支付给境外的佣金,如果单独列明,应当扣除。

(三)关税应纳税额的计算

1. 从价计税应纳税额

关税税额 = 应税进(出)口货物的数量 × 单位完税价格 × 税率

2. 从量计税应纳税额

$$关税税额 = 应税进(出)口货物数量 \times 单位货物税额$$

3. 复合计税应纳税额

关税税额 = 应税进(出)口货物数量 × 单位货物税额 + 应税进(出)口货物数量 × 单位完税价格 × 税率

4. 滑准税应纳税额

$$关税税额 = 应税进(出)口货物数量 \times 单位完税价格 \times 滑准税税率$$

五、关税的减免规定

(一)法定减免税

法定减免,是指依照关税基本法规的规定,对列举的课税对象给予的减免。无须纳税人提出申请,海关可按规定直接予以减免税。海关对法定减免税货物一般不进行后续管理。

我国《海关法》和《进出口关税条例》明确规定,下列货物、物品予以减免关税:

(1)关税税额在人民币 50 元以下的一票货物,可免征关税。

(2)无商业价值的广告品和货样,可免征关税。

(3)外国政府、国际组织无偿赠送的物资,可免征关税。

(4)进出境运输工具装载的途中必需的燃料、物料和饮食用品,可免征关税。

(5)在海关放行前损失的货物,可免征关税。

(6)在海关放行前遭受损坏的货物,可以根据海关认定的受损程度减征关税。

(7)我国缔结或者参加的国际条约规定减征、免征关税的货物、物品,按照规定予以减免关税。

(8)法律规定减征、免征关税的其他货物、物品。

(二)特定减免税

特定减免税,是指在法定减免税之外,国家按国际通行规则和我国实际情况,制定发布的特定或政策性减免税,包括科教用品、残疾人专用品、慈善捐赠物资、加工贸易产品、边境贸易进口物资等的减免关税规定。

(三)临时减免税

临时减免税,是指在以上两项减免税以外,由国务院运用一案一批原则,针对某个单位、某类商品、某个项目或某批进出口货物的特殊情况,给予特别照顾,临时给予的减免。

六、关税的征收管理制度

(一)关税的申报与缴纳

1. 关税的申报时间

进口货物的纳税人应当自运输工具申报进境之日起14日内,出口货物的纳税人除海关特许外,应当在货物运抵海关监管区后,装货的24小时前,向货物的进出境地海关申报。进出口货物转关运输的,按照海关总署的规定执行。

2. 关税的缴纳

关税的纳税义务人应,在规定的报关期限内向货物的进出境地海关申报,经海关对实际货物进行查验后,根据《进出口税则》中货物的归类和完税价格计算应纳关税和进口环节代征税费,填发税款缴款书之日起15日内,向指定银行缴纳关税。

(二)关税的强制执行

1. 征收关税滞纳金

滞纳金自关税缴纳期限届满滞纳之日起,至纳税义务人缴纳关税之日止,按滞纳税款的0.5‰的比例按日征收,周末或法定节假日不予扣除。具体计算公式为:

关税滞纳金金额 = 滞纳关税税额 × 滞纳金征收比例(0.5‰) × 滞纳天数

2. 强制征收。如纳税义务人自海关填发缴款书之日起3个月仍未缴纳税款,经海关关长批准,海关可以采取强制扣缴、变价抵缴等强制措施。

(三)关税的退还

关税退还,是指海关将实际征收多于应当征收的税额(溢征关税)退还给纳税人。溢征关税海关发现后应立即退还;纳税人发现的,申请退税时限为缴纳税款之日起1年内。

有下列情形之一的,进出口货物的纳税义务人可以自缴纳税款之日起1年内,书面声明理由,连同原纳税收据向海关申请退税,逾期不予受理:

1. 因海关误征,多纳税款的;
2. 海关核准免验进口的货物,在完税后,发现有短卸情形,经海关审查认可的;
3. 已征出口关税的货物,因故未将其运出口,申报退关,经海关查验属实的。

对已征出口关税的出口货物和已征进口关税的进口货物,因货物品种或规格原因(非其他原因)原状复运进境或出境的,经海关查验属实的,也应退还已征关税。海关应当自受理退税申请之日起30日内,作出书面答复并通知。

(四)关税的补征和追征

关税的补征和追征,是指海关在纳税义务人按海关核定的税额缴纳关税后,发现实际征收税额少于应征税额(短征关税)时,责令纳税义务人补缴所差税款的一种行政行为。非因纳税人违反海关规定造成短征关税的，称为补征。海关发现少征或者漏征税款的，应自缴纳税款或者货物、物品放行之日起1年内，向纳税人补征；由于纳税人违反海关规定造成短征关税的，称为追征。海关发现的，自纳税人应缴纳税款之日起3年内追征，并按日加收0.5‰的滞纳金。

补征和追征概念的差异在于导致少纳税款的责任不同，责任的不同也带来补征与追征时限的不同。

思考题

- 流转税各税种是如何搭配发挥其作用的？
- 如何理解流转税的收入作用与调控作用相协调？
- 如何理解增强"营改增"的合法性问题？
- 如何从立法目的与功能定位优化与调整消费税税目？
- 如何理解新时期关税制度的价值定位？

延伸阅读

中国增值税改革发展四十年实践与思考

周广仁

综观中国增值税制度的改革发展历程，若以重大制度性改革为关键节点，大致可以将其分为引进试点、基本建立、转型改革、全面推开、深化改革五个阶段。

（一）引进试点阶段（1979～1993年）

1978年，党的十一届三中全会确立了改革开放的战略方针，开始了从单一的计划经济模式逐步向市场经济模式转轨的征程。为改革当时我国流转税制度的主要税种工商税带来的重复征税问题，1979年年初，财政部税务总局开始对开征增值税开展可行性研究，认为增值税是克服工商税重复计税的有效办法，是我国税收制度改革的方向。1982年，在前期试点的基础上，财政部发布《增值税暂行办法》，1984年，国务院发布了《增值税条例（草案）》。这标志着增值税已正式成为我国的一个新税种，并与产品税、营业税形成共存的格局。

（二）基本建立阶段（1994～2003年）

1993年，党的十四届三中全会通过《中共中央关于建立社会主义市场经济体制若干问题的决定》，我国进入了社会主义市场经济建设阶段。为建立社会主义市场经济体制，1994年我国实行了分税制改革。配合分税制的实施，我国实行了以完善增值税制度为重头戏的税制改革。此次增值税改革的主要内容包括，将征收范围扩大到全部工业生产环节和商业流通领域，统一抵扣范围，实行价外税模式，对内资、外资纳税人统一征收增值税，简并税率档次，将纳税人划分为一般纳税人和小规模纳税人，等等。

（三）转型改革阶段（2004～2009年）

1994年分税制改革之后，我国基本建立起生产型增值税制度。但是，在经济发展中也逐步累积了有待于解决的新矛盾、新问题，迫切要求构建与国际接轨的、符合现代市场经济发展要求的规范的增值税制度。实施多年的生产型增值税由于其所具有的约束消费和抑制投资的效应，显然已经不合时宜，增值税转型迫在眉睫。从2004年7月1日起，我国开始增值税转型试点，并将其作为东北振兴、中部崛起的重要税收优惠政策加以运用。2008年11月，国务院颁布新修订的《增值税暂行条例》，决定自2009年1月1日起在全国范围内实施增值税转型改革，购进的机器设备的进项税额可直接全额抵扣。

（四）全面推开阶段（2012～2016年）

我国基本完成了增值税转型改革，但流转税领域增值税、营业税并存，依然存在大量的重复征税。因此，扩大增值税征收范围、消除营业税重复征税现象，促进第三产业的发展，成为我国增值税转型改革后的又一个重要改革方向。根据财政承受能力和不同行业发展特点，营业税改征增值税改革采取了分步推进的办法。首先是部分地区、部分行业试点，然后是部分行业全国范围内试点，最后是全面推开营改增试点。2016年5月1日起，我国将营改增试点范围扩大到建筑业、房地产业、金融业、生活服务业，并将所有企业新增不动产所含增值税纳入抵扣范围。

（五）深化改革阶段（2017年至今）

从增值税制度本身看，我国增值税已经实现了征收行业和抵扣范围的全覆盖，但税率档次多、税收优惠多等特点与理想的现代增值税制度还存在一定的差距。从宏观经济层面看，我国的经济发展形势依然不容乐观，经济转型升级依然任重道远。从国际环境看，新一轮世界性的减税浪潮必将对世界经济乃至全球经济格局产生深远的影响。为深入推进供给侧结构性改革，国务院决定推出进一步减税措施，简化增值税税率结构：一是从2017年7月1日起，将增值税税率由四档减至三档，取消13%的税率；将农产品、天然气等增值税税率从13%降至11%。二是从2018年5月1日起，纳税人发生增值税应税销售行为或进口货物，税率分别调整为16%与10%。三是统一增值税小规模纳税人标准，将工业企业和商业企业小规模纳税人的年销售额标准由50万元和80万元统一上调至500万元。四是退还部分企业的留抵税额，对装备制造等先进制造业、研发等现代服务业和电网企业一定时期内未抵扣完的进项税额予以一次性退还。

（资料来源 《税务研究》2018年第12期。）

同步习题

一、选择题

1. 从理论上说,作为增值税课税对象的增值额是指(　　)。

A. $V+M$　　B. V

C. M　　D. $C+V+M$

【答案】A

【解析】增值税征税对象中的商品价值 $W=C+V+M$,是指商品价值是由物化劳动转移的价值、支付给劳动者的报酬和劳动者为社会劳动所创造的价值(税金利润)构成。这是根据马克思科学地分析了资本主义商品生产后得出的公式:商品价值 $W=C+V+M$。其中,公式各字母——W 代表商品价值;C 代表物化劳动转移的价值;V 代表以工资形式支付给劳动者的报酬;M 代表劳动者为社会劳动所创造的价值。

2. 下列行为属于视同销售货物,应征收增值税的是(　　)。

A. 某商店为服装厂代销儿童服装

B. 某批发部门将外购的部分饮料用于职工福利

C. 某企业将外购的水泥用于基建工程

D. 某企业将外购的洗衣粉用于个人消费

【答案】A

【解析】《增值税暂行条例实施细则》第4条规定,以下8种行为视同销售:(1)将货物交付其他单位或者个人代销;(2)销售代销货物;(3)设有两个以上机构并实行统一核算的纳税人,将货物从一个机构移送其他机构用于销售,但相关机构设在同一县(市)的除外;(4)将自产或者委托加工的货物用于非增值税应税项目;(5)将自产、委托加工的货物用于集体福利或者个人消费;(6)将自产、委托加工或购进的货物作为投资,提供给其他单位或者个体工商户;(7)将自产、委托加工或者购进的货物分配将股东或者投资者;(8)将自产、委托加工或购进的货物无偿赠送其他单位或者个人。

3. 依据消费税的有关规定,下列行为中应缴纳消费税的是(　　)。

A. 进口卷烟　　B. 批发服装

C. 零售化妆品　　D. 零售白酒

【答案】A

【解析】现行消费税的征收范围主要包括烟、酒、鞭炮、焰火、化妆品、成品油、贵重首饰及珠宝玉石、高尔夫球及球具、高档手表、游艇、木制一次性筷子、实木地板、摩托车、小汽车、电池、涂料等。

4. 根据消费税的有关规定,下列纳税人自产自用应税消费品不缴纳消费税的是(　　)。

A. 炼油厂用于本企业基建部门车辆的自产汽油

B. 汽车厂用于管理部门的自产汽车

C. 日化厂用于赠送客户样品的自产化妆品

D. 卷烟厂用于生产卷烟的自制烟丝

【答案】D

【解析】自产应税消费品用于连续生产应税消费品的,不缴纳消费税。用于其他方面的,于移送使用时纳税。

5. 下列各项中,适用增值税出口退税“先征后退”办法的是(　　)。

A. 收购货物出口的外贸企业

B. 受托代理出口货物的外贸企业

C. 自营出口自产货物的生产企业

D. 委托出口自产货物的生产企业

【答案】A

【解析】由于各类出口企业对出口货物的会计核算办法不同,有对出口货物单独核算的,也有对出口和内销的货物统一核算成本的。为了与出口企业的会计核算办法相一致,我国《出口货物退(免)税管理办法》规定了两种退税计算办法:第一种办法是“免、抵、退”办法,主要适用于自营和委托出口自产货物的生产企业;第二种办法是“先征后退”办法,目前主要用于收购货物出口的外(工)贸企业。

6. 关税是对(　　)我国关境的货物和物品征收的税。

A. 进入　　B. 出口

C. 进出　　D. 流入

【答案】C

【解析】关税,是指一国海关根据该国法律规定,对通过其关境的进出口货物课征的一种税收。

7. 关税税率随进口商品价格由高到低而由低到高设置,这种计征关税的方法称为(　　)。

A. 从价税　　B. 从量税

C. 复合税　　D. 滑准税

【答案】D

【解析】滑准税是一种关税税率随进口商品价格由高到低而由低至高设置计征关税的方法,同一种货物当价格高时适用较低税率,价格低的时候适用较高税率,目的是使该物品的价格在国内市场保持稳定。

8. 根据我国现行增值税的规定,纳税人提供下列劳务应当缴纳增值税的有(　　)。

A. 汽车的租赁　　B. 汽车的修理

C. 房屋修缮　　D. 受托加工白酒

【答案】BD

【解析】汽车维修、受托加工白酒均不属于增值税的应税劳务。

9. 消费税的特征包括(　　)。

A. 普遍征收　　B. 选择性征收

C. 单环节课征制　　D. 税负转嫁性

【答案】BCD

【解析】一般来说,消费税的征税对象主要是与居民消费相关的特定消费品或消费行为。与其他税种比较,消费税具有如下几个特点:(1)征税项目具有选择性;(2)征税环节具有单一性,即通常所说的一次课征制;(3)征收方法具有多样性,计税的方法比较灵活;(4)税收调节具有特殊性;(5)消费税具有转嫁性,税款最终要转嫁到消费者身上,由消费者负担。

10.《消费税暂行条例》规定,消费税的纳税人是在中华人民共和国境内(　　)的单位和个人。

A. 生产　　B. 销售

C. 进口　　D. 委托加工

【答案】ACD

【解析】消费税纳税人,是指在中华人民共和国境内(起运地或者所在地在境内)生产、委托加工和进口《消费税暂行条例》规定的消费品的单位和个人,以及国务院确定的销售《消费税暂行条例》规定的消费品的其他单位和个人。

11. 根据税法规定,下列说法正确的有(　　)。

A. 凡是征收消费税的消费品都属于征收增值税的货物的范畴

B. 凡是征收增值税的货物都征收消费税

C. 应税消费品征收增值税的,其税基含有消费税

D. 应税消费品征收消费税的,其税基不含有增值税

【答案】ACD

【解析】消费税实行单一环节征收。

12. 下列各项中,应同时征收增值税和消费税的是(　　)。

A. 零售环节销售的卷烟

B. 零售环节销售的鞭炮

C. 生产环节销售的普通护肤护发品

D. 进口环节购进的小汽车

【答案】D

【解析】选项A,卷烟在生产环节和批发环节缴纳消费税,零售环节不缴纳消费税;选项B,鞭炮在零售环节征收增值税但不征收消费税;选项C,普通护肤护发品不属于消费品,不缴纳消费税;选项D,进口小汽车属于增值税和消费税同时征收的项目。

13. 关税的强制执行措施包括(　　)。

A. 征收关税滞纳金　　　　B. 强制扣缴

C. 变价抵缴　　　　　　　D. 限制离境

【答案】ABD

【解析】税法规定，关税的强制执行有两类：征收关税滞纳金和强制征收（强制扣缴、变价抵缴等）。

14. 下列可成为关税纳税义务人的有（　　）。

A. 进口货物的收货人　　　　B. 出口货物的发货人

C. 进口邮递物品的收件人　　D. 进口货物的发货人

【答案】ABC

【解析】进口货物的收货人、出口货物的发货人、进出境物品的所有人，是关税的纳税义务人。

二、计算题

1. 某商贸公司当月发生几笔购销业务：

（1）购入货物取得的增值税专用发票上注明的货款金额为 200 万元，税款为 32 万元。同时购进免税农产品，支付收购价款 3 万元。

（2）销售货物开具的专用发票上注明的销售价款为 500 万元，税款为 80 万元；另外，用以旧换新方式向消费者个人销售货物 80 万元（已扣除收购旧货支付的款额 6 万元）。

（3）委托某加工企业为其加工制作了一批广告性质的礼品分送给客户及购货人，加工单位开具的专用发票上注明的价款 8 万元，同类货物的市场价格为 10 万元。

假设上述各项购销货物税率均为 16%，计算该商贸公司当月应纳增值税税额。

【解析】

（1）当月购货进项税额 $=32+3\times10\%=32.3$（万元）

（2）当月销售货物的销项税额 $=80+[(80+6)\div(1+16\%)]\times16\%=91.86$（万元）

（3）加工礼品进项税额 $=8\times16\%=1.28$（万元）

赠送礼品视同销售，销项税额 $=10\times16\%=1.6$（万元）

当月应纳增值税税额 $=(91.86+1.6)-(32.3+1.28)=62.44$（万元）

2. 某白酒生产企业为增值税一般纳税人，2019 年 1 月向某商场销售粮食白酒 3.5 吨、薯类白酒 2 吨，价税合计为 234,000 元，并收取品牌使用费 11,700 元及包装物押金 7020 元。计算该某白酒生产企业 2019 年 1 月应纳消费税税额。

【解析】

应纳税额 $=(234,000+11,700+7020)\div(1+16\%)\times20\%+(3.5+2)\times2000\times0.5=45772$（元）

参考阅读

1. 孙莹:《历史学派帝国特惠思想和张伯伦关税改革运动》,载《学海》2018 年第 2 期。

2. 康茂楠、毛凯琳、刘灿雷:《增值税转型、成本加成率分布与资源配置效率》,载《财经研究》2019 年第 2 期。

3. 马悦:《"营改增"减税效应的异质性问题及对策研究》,载《内蒙古社会科学》(汉文版)2018 年第 6 期。

4. 李晶、王春:《全面营改增时代税收增长研究》,载《宏观经济研究》2017 年第 12 期。

5. 彭飞、毛德凤:《"营改增"的出口效应和生产率效应——基于行业关联的解释》,载《产业经济研究》2018 年第 1 期。

6. 唐明:《全面"营改增"后增值税收入地区间横向分配机制研究》,载《中南财经政法大学学报》2018 年第 2 期。

7. 徐妍:《德国消费税与欧盟消费税的协调》,载《社会科学辑刊》2019 年第 1 期。

8. 洪小东:《消费税收入归属之问:为何不宜地方化》,载《税务与经济》2018 年第 5 期。

9. 朱为群、陆施予:《我国奢侈品消费税改革探讨》,载《税务研究》2018 年第 7 期。

10. 渠慎宁、杨丹辉:《美国对华关税制裁及对美国在华投资企业的影响》,载《国际贸易》2018 年第 11 期。

11. 段玉婉、刘丹阳、倪红福:《全球价值链视角下的关税有效保护率——兼评美国加征关税的影响》,载《中国工业经济》2018 年第 7 期。

法规链接

1.《消费税暂行条例》

2.《增值税暂行条例》

3. 财政部、国家税务总局《关于修改〈中华人民共和国增值税暂行条例实施细则〉和〈中华人民共和国营业税暂行条例实施细则〉的决定》

4.《进出口关税条例》

第七章　所得税法

内容简介

本章学习首先需要了解所得税法律制度的基本知识，包括所得税和所得税法的概念、所得税的特征、所得税法律制度的基本模式以及中外所得税的历史沿革。其次，还要了解我国企业所得税和个人所得税法律制度，主要涉及企业所得税的纳税人、税率、应纳税所得额的确定、应纳税额的计算、税收优惠、特别纳税调整和征收管理等内容；个人所得税的纳税人、征税对象、税率、应纳税额的计算、专项附加扣除、税收优惠、纳税调整和征收管理等内容。

第一节　所得税法律制度概述

一、所得税和所得税法的概念

(一)所得税的概念

所得税(income tax)，又称收益税，是以纳税人在一定期间内的纯所得(净收入)为征税对象而征收的一类税的总称。目前，所得税已经得到广泛适用，国际货币基金组织(International Monetary Fund，IMF)的成员几乎都有某种形式的所得税法。① 从世界范围看，各个国家或地区有关所得税的法定名称及分类方式并不相同，例如，日本的所得税包括法人所得税、资本、利息所得税和个人所得税；而新加坡等国只有所得税一个名称。当前，国际上通行的是以纳税人为标准，将所得税划分为企业所得税、个人所得税和其他所得税。我国的所得税包括企业所得税和个人所得税并分别立法进行调整。此外，我国已经废止的农业税和尚未开征的社会保障税，因其与所得关系密切且基本原理相似，也有学者将其纳入广义的所得税范畴。

企业所得税，是指以企业一定期间内取得的生产经营所得和其他所得为征税对象所征收的一种税。根据法律形态的不同，企业可划分为独资企业、合伙企业和公司企业三种类型。实践中，各国通常对独资企业和合伙企业征收个人所得税，而对公司企业征收企业所得税，因此，在某些国家，企业所得税又称公司所得税。个人所得税，是指以自然人在一定时期内取得的所得为征税对象所征收的一种税。

---

① 参见[美]维克多·瑟仁伊：《比较税法》，丁一译，北京大学出版社 2006 年版，第 231 页。

（二）所得税法的概念

所得税法，亦称收益税法，是指国家制定和认可的调整在所得税的征纳与管理过程中产生的各种社会关系的法律规范的总称。由此可知：第一，所得税法是与所得税相对应的税种法；第二，所得税法的调整对象是所得税主体在所得税的征纳和管理过程中所产生的各种社会关系的总和；第三，所得税法是有关所得税的法律规范的总称，而不只是其中的某一部分或某一方面的法律规定。

我国的所得税法包括企业所得税法和个人所得税法。

企业所得税法，是指调整国家与企业在企业所得税的征纳和管理过程中产生的社会关系的法律规范的总称。我国现行规范企业所得税的法律规范主要是 2007 年 3 月 16 日第十届全国人大五次会议通过，并于 2017 年修正的《企业所得税法》和 2007 年 11 月 28 日国务院第 197 次常务会议通过的《企业所得税法实施条例》。

个人所得税法，是指调整国家与个人之间征纳关系的法律规范的总称。我国现行个人所得税法主要是 1980 年颁布并于 1993 年、1999 年、2005 年、2007 年、2011 年和 2018 年先后 7 次修正的《个人所得税法》，以及国务院于 1994 年颁布并于 2005 年、2008 年、2011 年和 2018 年先后 4 次修订的《个人所得税法实施条例》。

二、所得税的特征

（一）所得税是直接税

依据税收负担能否转嫁，可以把税种分为直接税和间接税。直接税是指税收负担由纳税人承担且无法向外转嫁的税种，所得税即为典型的直接税。由于纳税人与负税人通常是一致的，故所得税需考虑纳税人的实际负担能力，无所得不征税、少所得少征税、多所得多征税。可见，所得税主要属于调控税，能够调节纳税人的收入差距，尤其在采用累进税率的情况下，这种调节作用会更加明显。这也使所得税和流转税不同，流转税都是间接税，可以转嫁，纳税人与负税人并不一致。

（二）所得税是对纯所得征税

所得税的征税对象是纳税人的应税所得。从应税所得的构成来看，一般包括经营所得、财产所得、劳动所得、投资所得和其他所得五大类。无论是哪一类所得，纳税人在取得的过程中都会有相应的物化劳动和活劳动的投入和支出。因此，征收所得税需要对这些消耗和支出进行依法减扣。可见，应税所得通常都是纳税人的纯所得，即纳税人获得的收益在扣除成本费用后的余额才需要实际缴纳所得税。

（三）比例税率和超额累进税率并用

为提高效率，流转税主要适用比例税率。而所得税作为“社会财产调节器”，为发挥调控功能、彰显税收公平，以量能课税为原则，对纳税能力相同的人征收相同的税，对纳税能力不同的人征收不同的税，故在适用比例税率的同时，亦适用超额累进税率，以调节收入差距和利润差距，尤其在个人所得税等领域更明显。

(四)所得税在税款征缴上实行总分结合

从理论上讲,由于所得税的应纳税所得额在年终才能最后确定,故所得税应在年终缴纳。不过,为了保障国家财政收入的均衡、及时,所得税在征缴上一般是以全年所得额或收益额计征,采取分期预缴、年终汇算的办法,即先由纳税主体分期预缴,到年度届满后再汇算清缴,多退少补。

(五)以纳税人身份作为税种划分标准

实践中,所得税往往被划分为个人所得税和企业所得税。各国通行的做法是针对不同的纳税主体分别制定相应的法律。我国亦是如此,对"个人"和"企业"分别立法进行调整。

三、所得税法律制度的基本模式

各国所得税制度的基本模式主要有三种:分类所得税法律制度、综合所得税法律制度和混合所得税法律制度。

(一)分类所得税法律制度

分类所得税法律制度(以下简称分类制),起源于英国。它是指对于纳税人的所得,依其来源不同可分为若干类别,并对不同类别的所得分别计征的一种所得税制度。分类制的立法依据是对不同类别的所得适用不同的税率,以使其承担不同税负。例如,对工资薪金所得和投资所得适用不同的税率,前者属于劳动所得,需要付出辛勤的劳动才能获得,所以课税较轻;而后者所含劳动较少,主要凭借其拥有的资财获得,所以课税较重。分类制的优点在于实行差别待遇,同时,还有利于实施源泉扣缴,不仅能控制税源,还能节省税收成本。但分类制不能体现量能课税原则,还可能因所得来源日趋复杂而加大税收成本。

(二)综合所得税法律制度

综合所得税法律制度,简称综合制,首创于19世纪的德国普鲁士邦,其后逐渐被欧美等多数国家接受。它是指对于纳税人的各类所得,不论其来源,法律均视为一个所得整体,在进行法定宽免和扣除后依法计征的一种所得税制度。综合制的立法依据是,作为一种对人税,所得税应充分体现税收公平和量能课税原则,只有综合考虑纳税人所有性质的收入,不进行任何区分,才有利于体现纳税人的实际负担水平,最终公平地进行税收调节。这也是综合制最典型的优点。但综合制计税依据的确定较为复杂、困难,征税成本较高,不利于实行源泉扣缴,故可能引发严重的税收逃避现象。

(三)混合所得税法律制度

混合所得税法律制度,即分类和综合所得税法律制度的混合,简称混合制或分类综合制。它是指对于纳税人的各类所得,先按照所得类别分别适用不同税率,再综合纳税人的全部所得,当其达到一定数量后征以累进税的一种所得税制度。当前,混合制已在许多国家广泛实行,诸如日本、韩国和瑞典等国家的现行个人所得税制度。混合制能够将分类制和综合制的优点兼收并蓄,实现分类课征和综合课征的有机结合:既坚持差别对待原则,对不同类别所得分别适用不同税率,以控制国家税源;又坚持量能课税原则,对各类所得实行综合计征,以体现税负公平。此外,混合制还反映了分类制和综合制日趋融合的态势。

四、中外所得税的历史沿革

(一)国外所得税的历史沿革

所得税是社会经济发展的必然产物,但从其确立的直接动因看,几个主要国家开征所得税均与军费或战争有关。

所得税创始于英国。在18世纪末以前,英国主要实行以消费税为主的间接税制度,税收在整个财政收入中的比重并不高。18世纪末期,英法战争的爆发给英国财政造成巨大压力,仅靠消费税等税种筹集战争经费已缓不济急。因此,为满足维持战争的军费需求,时任首相威廉·皮特(William Pitt)在1798年创设了"三部合成捐"并于1799年将其改为所得税,从而奠定了英国所得税的基础。根据规定,总收入在60英镑以下的免税;总收入在60~200英镑的,实行差别税率;总收入在200英镑以上的,统一按10%的税率征税。不过,由于纳税人的真实收入难以确定,所得税无法作为一项稳定的财政收入,故其于1802年随战争结束而停征。1803年,英法战争又起,所得税作为良好的筹资工具,经过一系列重要改革后又恢复征收。可以说,在1799年首次征收所得税后的76年时间里,所得税几经废立,直至1874年才成为英国的一个经常性税种。

此外,1816年美国南北战争爆发,为满足战争对军费的需要,国会于1862年开征所得税,而后几经存废波折,直至1913年才正式通过了第一部联邦所得税法。日本政府于1887年开征所得税,旨在筹措海军军费以对外扩张。德国为偿付第一次世界大战战败的赔款,于1920年颁布了联邦所得税法并统一征收联邦所得税。法国是"增值税的母国",但为满足第一次世界大战对军费的需求,其也于1914年开征所得税。

(二)我国所得税的历史沿革

中华人民共和国成立后,我国所得税制度的发展历程大致如下:首先,1950年,政务院公布了《全国税政实施要则》,将所得税并入工商业税,其主要征税对象是私营企业、集体企业和个体工商户的应税所得。1958年,所得税从工商业税中独立出来,定名为"工商所得税"。其次,改革开放以后,我国所得税制度步入新的发展时期,先后制定了《个人所得税法》(1980年)、《中外合资经营企业所得税法》(1980年)、《外国企业所得税法》(1981年)、《国营企业所得税条例(草案)》和《国营企业调节税征收办法》(1984年)、《集体企业所得税暂行条例》(1985年)以及《私营企业所得税暂行条例》(1988年)等法律法规,对个人所得、中外合资经营企业所得、外国企业所得、国营企业所得、集体企业所得和私营企业所得等10余种所得进行征税。与此同时,所得税制度不统一、不简明等弊端也在实践中日趋暴露。再次,为适应建立社会主义市场经济体制的新形势,进一步扩大改革开放,我国通过对相关税种的简化和归并以及对相关法律法规的修改和完善,分别于 1991 年和 1993 年制定了《外商投资企业和外国企业所得税法》和《企业所得税暂行条例》,完成了对外资企业所得税和内资企业所得税的统一。但是,这种所得税制度内外有别,扭曲了市场的公平竞争机制。最后,为实现两税合并,我国于 2007 年制定了《企业所得税法》,这标志着我国所得税制度改革向着法制化、科学化和规范化的方向迈出了坚实的步伐,具有里程碑的意义。

第二节　企业所得税法

一、企业所得税的纳税人

除个人独资企业、合伙企业外,在中华人民共和国境内的企业和其他取得收入的组织(以下统称企业)为企业所得税的纳税人,依照企业所得税法的规定缴纳企业所得税。居民是所得税法上非常重要的概念,纳税人是否为居民将直接影响纳税人实际的纳税义务。我国《企业所得税法》第 2 条、第 3 条及《企业所得税法实施条例》第 3 ~ 5 条对居民企业及非居民企业的概念及纳税义务作了详细的规定。

(一)居民企业及其纳税义务

居民企业,是指依法在中国境内成立,或者依照外国(地区)法律成立但实际管理机构在中国境内的企业。实际管理机构是指对企业的生产经营、人员、账务、财产等实施实质性全面管理和控制的机构。

居民企业应当就其来源于中国境内、境外的所得缴纳企业所得税。可见,居民企业要承担无限纳税义务,就其来自全球的所得纳税。

(二)非居民企业及其纳税义务

非居民企业,是指依照外国(地区)法律成立且实际管理机构不在中国境内,但在中国境内设立机构、场所的,或者在中国境内未设立机构、场所,但有来源于中国境内所得的企业。其中,机构、场所,是指在中国境内从事生产经营活动的机构、场所,包括:(1)管理机构、营业机构、办事机构;(2)工厂、农场、开采自然资源的场所;(3)提供劳务的场所;(4)从事建筑、安装、装配、修理、勘探等工程作业的场所;(5)其他从事生产经营活动的机构、场所。此外,非居民企业委托营业代理人在中国境内从事生产经营活动的,包括委托单位或者个人经常代其签订合同,或者储存、交付货物等,该营业代理人视为非居民企业在中国境内设立的机构、场所。

非居民企业在中国境内设立机构、场所的,应当就其所设机构、场所取得的来源于中国境内的所得,以及发生在中国境外但与其所设机构、场所有实际联系的所得,缴纳企业所得税。非居民企业在中国境内未设立机构、场所的,或者虽设立机构、场所但取得的所得与其所设机构、场所没有实际联系的,应当就其来源于中国境内的所得缴纳企业所得税。可见,非居民企业仅承担有限纳税义务,就其来源于中国境内有关的所得纳税。

二、企业所得税的税率

(一)基本税率

根据《企业所得税法》第4条第1款的规定,在一般情形下,企业所得税的税率为25%。从国际比较的视角看,这个税率是属于中等偏低的,也较符合我国企业实际负税的情况,同时还兼顾了各类税法主体的利益。

(二)预提所得税税率

根据《企业所得税法》第4条第2款的规定,非居民企业在中国境内未设立机构、场所的,或者虽设立机构、场所但取得的所得与其所设机构、场所没有实际联系的,应当就其来源于中国境内的所得缴纳企业所得税。从税收征收管理的角度看,上述非居民企业所缴纳的企业所得税,也被称为预提所得税,其适用税率为20%。但由于实践中存在大量的国际税收协定,其实际适用税率通常仅为10%。

(三)优惠税率

根据《企业所得税法》第28条的规定,优惠税率主要体现在以下两种情况:(1)符合条件的小型微利企业,减按20%的税率征收企业所得税;(2)国家需要重点扶持的高新技术企业,减按15%的税率征收企业所得税。

三、企业所得税应纳税所得额的确定

企业所得税应纳税所得额,是指企业每一纳税年度的收入总额,减除不征税收入、免税收入、各项扣除以及允许弥补以前年度亏损后的余额。

(一)企业所得税的收入确认

1. 收入总额

根据《企业所得税法》第6条及《企业所得税法实施条例》第14~22条的规定,收入总额是指企业以货币形式和非货币形式从各种来源取得的收入。具体来说,收入包括9种类型:(1)销售货物收入,是指企业销售商品、产品、原材料、包装物、低值易耗品以及其他存货取得的收入。(2)提供劳务收入,是指企业从事建筑安装、修理修配、交通运输、仓储租赁、金融保险、邮电通信、咨询经纪、文化体育、科学研究、技术服务、教育培训、餐饮住宿、中介代理、卫生保健、社区服务、旅游、娱乐、加工以及其他劳务服务活动取得的收入。(3)转让财产收入,是指企业转让固定资产、生物资产、无形资产、股权、债权等财产取得的收入。(4)股息、红利等权益性投资收益,是指企业因权益性投资从被投资方取得的收入。(5)利息收入,是指企业将资金提供他人使用但不构成权益性投资,或者因他人占用本企业资金取得的收入,包括存款利息、贷款利息、债券利息、欠款利息等收入。(6)租金收入,是指企业提供固定资产、包装物或者其他有形资产的使用权取得的收入。(7)特许权使用费收入,是指企业提供专利权、非专利技术、商标权、著作权以及其他特许权的使用权取得的收入。(8)接受捐赠收入,是指企业接受的来自其他企业、组织或者个人无偿给予的货币性资产、非货币性资产。(9)其他收入，是指企业取得的除上述 8 项收入外的一切收入，包括企业资产溢余收入、逾期未退包装物押金收入、确实无法偿付的应付款项、已作坏账损失处理后又收回的应收款项、债务重组收入、补贴收入、违约金收入、汇兑收益等。

2. 不征税收入

不征税收入，是指从性质和根源上不属于企业营利性活动带来的经济收益、不负有纳税义务并不作为应纳税所得额组成部分的收入。根据《企业所得税法》第 7 条规定，财政拨款，依法收取并纳入财政管理的行政事业性收费、政府性基金，国务院规定的其他不征税收入为收入总额中的不征税收入。《企业所得税法实施条例》第 26 条对不征税收入作了进一步解释：(1) 财政拨款，是指各级人民政府对纳入预算管理的事业单位、社会团体等组织拨付的财政资金，但国务院和国务院财政、税务主管部门另有规定的除外。(2) 行政事业性收费，是指依照法律法规等有关规定，按照国务院规定程序批准，在实施社会公共管理，以及在向公民、法人或者其他组织提供特定公共服务过程中，向特定对象收取并纳入财政管理的费用。政府性基金，是指企业依照法律、行政法规等有关规定，代政府收取的具有专项用途的财政资金。(3) 国务院规定的其他不征税收入，是指企业取得的，由国务院财政、税务主管部门规定专项用途并经国务院批准的财政性资金。

3. 免税收入

尽管企业无须对免税收入和不征税收入缴纳企业所得税，但两者之间还是有差别的：不征税收入是企业"非营利性活动"带来的经济收益，是企业本身不负有纳税义务的收入，故理论上不应列为应税所得范畴；而免税收入本质上属于企业所得税的征税范围，是国家基于种种考虑给予企业一定的税收优惠，暂不予征税的收入。根据《企业所得税法》第 26 条和《企业所得税实施条例》第 82 ~ 85 条的规定，企业的下列收入为免税收入：

(1) 国债利息收入，即企业持有国务院财政部门发行的国债取得的利息收入。(2) 符合条件的居民企业之间的股息、红利等权益性投资收益，即居民企业直接投资于其他居民企业取得的投资收益。(3) 在中国境内设立机构、场所的非居民企业从居民企业取得与该机构、场所有实际联系的股息、红利等权益性投资收益。上述第 (2)(3) 项的股息、红利等权益性投资收益，不包括连续持有居民企业公开发行并上市流通的股票不足 12 个月取得的投资收益。(4) 符合条件的非营利组织的收入。其中，"非营利组织"需要同时符合下列条件：第一，依法履行非营利组织登记手续；第二，从事公益性或者非营利性活动；第三，取得的收入除用于与该组织有关的、合理的支出外，全部用于登记核定或者章程规定的公益性或者非营利性事业；第四，财产及其孳息不用于分配；第五，按照登记核定或者章程规定，该组织注销后的剩余财产用于公益性或者非营利性目的，或者由登记管理机关转赠给与该组织性质、宗旨相同的组织，并向社会公告；第六，投入人对投入该组织的财产不保留或者享有任何财产权利；第七，工作人员工资福利开支控制在规定的比例内,不变相分配该组织的财产。"收入"不包括非营利组织从事营利性活动取得的收入,但国务院财政、税务主管部门另有规定的除外。

(二)企业所得税的扣除项目

1. 准许扣除的基本项目

根据《企业所得税法》第 8 条的规定,企业实际发生的与取得收入有关的、合理的支出,包括成本、费用、税金、损失和其他支出,准予在计算应纳税所得额时扣除。根据《企业所得税法实施条例》第 29 ~ 33 条的规定:(1)成本,是指企业在生产经营活动中发生的销售成本、销货成本、业务支出以及其他耗费。(2)费用,是指企业在生产经营活动中发生的销售费用、管理费用和财务费用,已经计入成本的有关费用除外。(3)税金,是指企业发生的除企业所得税和允许抵扣的增值税以外的各项税金及其附加。(4)损失,是指企业在生产经营活动中发生的固定资产和存货的盘亏、毁损、报废损失,转让财产损失,呆账损失,坏账损失,自然灾害等不可抗力因素造成的损失以及其他损失。企业发生的损失,减除责任人赔偿和保险赔款后的余额,依照国务院财政、税务主管部门的规定扣除。企业已经作为损失处理的资产,在以后纳税年度又全部收回或者部分收回时,应当计入当期收入。(5)其他支出,是指除成本、费用、税金、损失外,企业在生产经营活动中发生的与生产经营活动有关的、合理的支出。

2. 准予扣除的具体项目

根据《企业所得税法》第 9 条的规定,企业发生的公益性捐赠支出,在年度利润总额 12% 以内的部分,准予在计算应纳税所得额时扣除;超过年度利润总额 12% 的部分,准予结转以后 3 年内在计算应纳税所得额时扣除。所谓公益性捐赠,是指纳税人向教育、民政等公益事业和遭受自然灾害地区、贫困地区的捐赠。该规定实现了与《慈善法》第 80 条的衔接,是对原有规定的一种调整和完善,在很大程度上解决了实践中部分大额捐赠支出的税前扣除。同时,该规定体现了国家对公益事业的进一步支持和鼓励,有利于调动企业参与社会公益事业的积极性,促进我国公益事业的健康发展。

根据《企业所得税法实施条例》第 34 ~ 48 条与第 50 条的列举,下列项目在规定的标准和范围内准予扣除:(1)工薪支出;(2)"社保"支出;(3)"特保"支出;(4)借款费用;(5)利息支出;(6)汇兑损失;(7)职工福利费支出;(8)工会经费支出;(9)职工教育经费支出;(10)招待费支出;(11)"宣传"支出;(12)"环保"支出;(13)"财保"支出;(14)租赁费;(15)"劳保"支出;(16)境外有关费用。

3. 不得扣除的项目

基于真实性、相关性和合理性的考虑,一些项目的支出是不得扣除的。根据《企业所得税法》第 10 条的规定,在计算应纳税所得额时,下列支出不得扣除:(1)向投资者支付的股息、红利等权益性投资收益款项,因为其不是企业取得经营收入的正常的费用支出。(2)企业所得税税款,因为其是国家参与企业利润分配的形式,在本质上属于企业利润分配的支出。(3)税收滞纳金,因为其是由于企业自身违反税收法律规范造成的。(4)罚金、罚款和被没收财物的损失,因为其在本质上是对企业违法行为的一种惩戒。(5)本法第9条规定以外的捐赠支出,即非公益性捐赠及超过扣除标准的公益性捐赠,其目的在于防止企业规避税收,维护国家税收权益。(6)赞助支出,这在本质上是企业发生的与其经营活动无关的各种非广告性支出。(7)未经核定的准备金支出,其目的在于维护国家的税收权益,避免企业规避税收。(8)与取得收入无关的其他支出。

(三)企业所得税的亏损弥补

亏损是指企业将每一纳税年度的收入总额减除不征税收入、免税收入和各项扣除后小于零的数额。根据《企业所得税法》第18条的规定,企业纳税年度发生的亏损,准予向以后年度结转,用以后年度的所得弥补,但结转年限最长不得超过5年。

四、企业所得税应纳税额的计算

(一)企业所得税的应纳税额的计算方法

企业的应纳税所得额乘以适用税率,减除应减免的税额和允许抵免的税额后的余额,为企业所得税的应纳税额。具体的计算分为两步:一是计算应纳税所得额,二是计算应纳税额,用公式表示,即:

应纳税所得额=收入总额-不征税收入-免税收入-准予扣除额-允许弥补的以前年度亏损

应纳税额=应纳税所得额×适用税率-减免税额-抵免税额

公式中的减免税额和抵免税额,是指依照《企业所得税法》和国务院的税收优惠规定减征、免征和抵免的应纳税额。

(二)税收抵免制度

税收抵免制度是解决跨国重复征税的主要方法之一,是指居住国政府对其居民企业来自全球的所得一律汇总征税,但允许抵扣该居民企业在国外已缴纳的税额。一般来说,对于纳税人的境外所得,只要没有超过抵免限额,其在境外所缴纳的税款就可以从纳税人的应纳税额中予以扣除。税收抵免包括直接抵免和间接抵免两种方式:

1. 直接抵免

根据《企业所得税法》第23条的规定,企业取得的下列所得已在境外缴纳的所得税税额,可以从其当期应纳税额中抵免,抵免限额为该项所得依照本法规定计算的应纳税额;超过抵免限额的部分,可以在以后5个年度内,用每年度抵免限额抵免当年应抵税额后的余额进行抵补:第一,居民企业来源于中国境外的应税所得;第二,非居民企业在中国境内设立机构、场所,取得发生在中国境外但与该机构、场所有实际联系的应税所得。

《企业所得税法实施条例》第77~79条对上述规定进行了解释,“已在境外缴纳的所得税税额”,是指企业来源于中国境外的所得依照中国境外税收法律以及相关规定应当缴纳并已经实际缴纳的企业所得税性质的税款。抵免限额,是指企业来源于中国境外的所得,依照企业所得税法和本条例的规定计算的应纳税额。除国务院财政、税务主管部门另有规定外,该抵免限额应当分国(地区)不分项计算。5 个年度,是指从企业取得的来源于中国境外的所得,已经在中国境外缴纳的企业所得税性质的税额超过抵免限额的当年的次年起连续 5 个纳税年度。

2. 间接抵免

《企业所得税法》第 24 条规定了间接抵免,居民企业从其直接或者间接控制的外国企业分得的来源于中国境外的股息、红利等权益性投资收益,外国企业在境外实际缴纳的所得税税额中属于该项所得负担的部分,可以作为该居民企业的可抵免境外所得税税额,在本法第 23 条规定的抵免限额内抵免。

根据《企业所得税法实施条例》第 80 条的规定,直接控制,是指居民企业直接持有外国企业 20% 以上股份。间接控制,是指居民企业以间接持股方式持有外国企业 20% 以上股份,具体认定办法由国务院财政、税务主管部门另行制定。

五、企业所得税的税收优惠

我国《企业所得税法》第四章对税收优惠政策作了较系统的规定,强调国家对重点扶持和鼓励发展的产业和项目给予优惠。税收优惠的形式有很多,除优惠税率和税收抵免制度外,还包括免征、减征企业所得税,民族自治区的特别规定,加计扣除和减计收入以及加速折旧等形式。

(一)免征、减征企业所得税

根据《企业所得税法》第 27 条和《企业所得税法实施条例》第 86 ~ 91 条的规定,企业的下列所得,可以免征、减征企业所得税:

1. 从事农、林、牧、渔业项目的所得。

第一,凡企业从事蔬菜、谷物、薯类、油料、豆类、棉花、麻类、糖料、水果、坚果的种植,农作物新品种的选育,中药材的种植,林木的培育和种植,牲畜、家禽的饲养,林产品的采集,灌溉、农产品初加工、兽医、农技推广、农机作业和维修等农、林、牧、渔服务业项目,以及远洋捕捞等项目的所得,免征企业所得税;第二,凡企业从事花卉、茶以及其他饮料作物和香料作物的种植,海水养殖、内陆养殖项目的所得,减半征收企业所得税。企业从事国家限制和禁止发展的项目,不得享受上述规定的企业所得税优惠。

2. 从事国家重点扶持的公共基础设施项目投资经营的所得。

国家重点扶持的公共基础设施项目,是指《公共基础设施项目企业所得税优惠目录》规定的港口码头、机场、铁路、公路、城市公共交通、电力、水利等项目。企业从事上述项目的投资经营的所得,自项目取得第一笔生产经营收入所属纳税年度起,第 1 年至第 3 年免征企业所得税,第 4 年至第 6 年减半征收企业所得税。企业承包经营、承包建设和内部自建自用上述项目,不得享受上述规定的企业所得税优惠。

3. 从事符合条件的环境保护、节能节水项目的所得。

符合条件的环境保护、节能节水项目,包括公共污水处理、公共垃圾处理、沼气综合开发利用、节能减排技术改造、海水淡化等。项目的具体条件和范围由国务院财政、税务主管部门商国务院有关部门制定,报国务院批准后公布施行。企业从事上述规定的符合条件的环境保护、节能节水项目的所得,自项目取得第一笔生产经营收入所属纳税年度起,第 1 年至第 3 年免征企业所得税,第 4 年至第 6 年减半征收企业所得税。

需要特别说明的是,根据上述第 2、3 项规定享受减免税优惠的项目,在减免税期限内转让的,受让方自受让之日起,可以在剩余期限内享受规定的减免税优惠;减免税期限届满后转让的,受让方不得就该项目重复享受减免税优惠。

4. 符合条件的技术转让所得。

符合条件的技术转让所得免征、减征企业所得税,是指一个纳税年度内,居民企业技术转让所得不超过 500 万元的部分,免征企业所得税;超过 500 万元的部分,减半征收企业所得税。

5.《企业所得税法》第 3 条第 3 款规定的所得。

非居民企业在中国境内未设立机构、场所的所得,或者虽设立机构、场所但取得的所得与其所设机构、场所没有实际联系的所得,减按 10% 的税率征收企业所得税。同时,下列所得可以免征企业所得税:第一,外国政府向中国政府提供贷款取得的利息所得;第二,国际金融组织向中国政府和居民企业提供优惠贷款取得的利息所得;第三,经国务院批准的其他所得。

(二) 民族自治区的特别规定

我国《宪法》规定了民族自治地方的自治机关有管理地方财政的自治权。据此,《企业所得税法》第 29 条对民族自治区的税收作了特别规定,民族自治地方的自治机关对本民族自治地方的企业应缴纳的企业所得税中属于地方分享的部分,可以决定减征或者免征。自治州、自治县决定减征或者免征的,须报省、自治区、直辖市人民政府批准。

(三) 加计扣除和减计收入

根据《企业所得税法》第 30 条和《企业所得税实施条例》第 95 条、第 96 条的规定,企业的下列支出,可以在计算应纳税所得额时加计扣除:第一,开发新技术、新产品、新工艺发生的研究开发费用,即企业为开发新技术、新产品、新工艺发生的研究开发费用,未形成无形资产计入当期损益的,在按照规定据实扣除的基础上,按照研究开发费用的 50% 加计扣除;形成无形资产的,按照无形资产成本的 150% 摊销。第二,安置残疾人员及国家鼓励安置的其他就业人员所支付的工资,即企业安置残疾人员的,在按照支付给残疾职工工资据实扣除的基础上,按照支付给残疾职工工资的 100% 加计扣除。

根据《企业所得税法》第 33 条和《企业所得税实施条例》第 99 条的规定,企业综合利用资源,生产符合国家产业政策规定的产品所取得的收入,可以在计算应纳税所得额时减计收入。减计收入,是指企业以《资源综合利用企业所得税优惠目录》规定的资源作为主要原材料,生产国家非限制和禁止并符合国家和行业相关标准的产品取得的收入,减按90%计入收入总额。上述所称原材料占生产产品材料的比例不得低于《资源综合利用企业所得税优惠目录》规定的标准。

(四)加速折旧

加速折旧,是指在固定资产使用前期提取折旧较多、后期提取折旧较少,使固定资产价值在使用年限内尽早得到补偿。这样,折旧费用便呈递减的趋势,而企业缴纳的所得税则呈递增的趋势,其实质是国家先让利给企业。根据《企业所得税法》第32条和《企业所得税法实施条例》第98条的规定,企业的固定资产由于技术进步等原因,确需加速折旧的,可以缩短折旧年限或者采取加速折旧的方法。可以采取缩短折旧年限或者采取加速折旧的方法的固定资产,包括:第一,由于技术进步,产品更新换代较快的固定资产;第二,常年处于强震动、高腐蚀状态的固定资产。采取缩短折旧年限方法的,最低折旧年限不得低于法定折旧年限的60%;采取加速折旧方法的,可以采取双倍余额递减法或者年数总和法。

六、特别纳税调整

特别纳税调整其实就是反避税,我国《企业所得税法》第41～48条设专章对其作了规定:

第一,企业与其关联方之间的业务往来,不符合独立交易原则而减少企业或者其关联方应纳税收入或者所得额的,税务机关有权按照合理方法调整。企业与其关联方共同开发、受让无形资产,或者共同提供、接受劳务发生的成本,在计算应纳税所得额时应当按照独立交易原则进行分摊。

第二,企业可以向税务机关提出与其关联方之间业务往来的定价原则和计算方法,税务机关与企业协商、确认后,达成预约定价安排。

第三,企业向税务机关报送年度企业所得税纳税申报表时,应当就其与关联方之间的业务往来,附送年度关联业务往来报告表。税务机关在进行关联业务调查时,企业及其关联方,以及与关联业务调查有关的其他企业,应当按照规定提供相关资料。

第四,企业不提供与其关联方之间业务往来资料,或者提供虚假、不完整资料,未能真实反映其关联业务往来情况的,税务机关有权依法核定其应纳税所得额。

第五,由居民企业,或者由居民企业和中国居民控制的设立在实际税负明显低于《企业所得税法》第4条第1款规定税率水平的国家(地区)的企业,并非由于合理的经营需要而对利润不作分配或者减少分配的,上述利润中应归属于该居民企业的部分,应当计入该居民企业的当期收入。

第六,企业从其关联方接受的债权性投资与权益性投资的比例超过规定标准而发生的利息支出,不得在计算应纳税所得额时扣除。

第七,企业实施其他不具有合理商业目的的安排而减少其应纳税收入或者所得额的,税务机关有权按照合理方法调整。

税务机关依照上述规定作出纳税调整,需要补征税款的,应当补征税款,并按照国务院规定加收利息。

七、企业所得税的征收管理

(一)企业所得税的源泉扣缴

我国《企业所得税法》第37~40条对源泉扣缴作了规定,主要包括扣缴义务人和扣缴方法。

1. 扣缴义务人

对非居民企业在中国境内未设立机构、场所的,或者虽设立机构、场所但取得的所得与其所设机构、场所没有实际联系的所得应缴纳的所得税,实行源泉扣缴,以支付人为扣缴义务人。税款由扣缴义务人在每次支付或者到期应支付时,从支付或者到期应支付的款项中扣缴。

对非居民企业在中国境内取得工程作业和劳务所得应缴纳的所得税,税务机关可以指定工程价款或者劳务费的支付人为扣缴义务人。

2. 扣缴方法

依照上述规定应当扣缴的所得税,扣缴义务人未依法扣缴或者无法履行扣缴义务的,由纳税人在所得发生地缴纳。纳税人未依法缴纳的,税务机关可以从该纳税人在中国境内其他收入项目的支付人应付的款项中,追缴该纳税人的应纳税款。

扣缴义务人每次代扣的税款,应当自代扣之日起7日内缴入国库,并向所在地的税务机关报送扣缴企业所得税报告表。

(二)企业所得税的纳税期限

根据《企业所得税法》第53~55条的规定,企业所得税按纳税年度计算。纳税年度自公历1月1日起至12月31日止。企业在一个纳税年度中间开业,或者终止经营活动,使该纳税年度的实际经营期不足12个月的,应当以其实际经营期为一个纳税年度。企业依法清算时,应当以清算期间作为一个纳税年度。

企业所得税分月或者分季预缴。企业应当自月份或者季度终了之日起15日内,向税务机关报送预缴企业所得税纳税申报表,预缴税款。企业应当自年度终了之日起5个月内,向税务机关报送年度企业所得税纳税申报表,并汇算清缴,结清应缴应退税款。企业在报送企业所得税纳税申报表时,应当按照规定附送财务会计报告和其他有关资料。

企业在年度中间终止经营活动的,应当自实际经营终止之日起60日内,向税务机关办理当期企业所得税汇算清缴。企业应当在办理注销登记前,就其清算所得向税务机关申报并依法缴纳企业所得税。

（三）企业所得税的纳税地点

根据《企业所得税法》第50条、第51条的规定，居民企业以企业登记注册地为纳税地点；但登记注册地在境外的，以实际管理机构所在地为纳税地点。居民企业在中国境内设立不具有法人资格的营业机构的，应当汇总计算并缴纳企业所得税。

非居民企业在中国境内设立机构、场所的，应当就其所设机构、场所取得的来源于中国境内的所得，以及发生在中国境外但与其所设机构、场所有实际联系的所得，以机构、场所所在地为纳税地点。非居民企业在中国境内设立两个或者两个以上机构、场所的，经税务机关审核批准，可以选择由其主要机构、场所汇总缴纳企业所得税。非居民企业在中国境内未设立机构、场所的，或者虽设立机构、场所但取得的所得与其所设机构、场所没有实际联系的，其来源于中国境内的所得，以扣缴义务人所在地为纳税地点。

第三节　个人所得税法

一、个人所得税的纳税人

根据《个人所得税法》的规定，我国个人所得税的纳税人是在中国境内居住有所得的人，以及不在中国境内居住而从中国境内取得所得的个人，包括中国国内公民，在华取得所得的外籍人员和港、澳、台同胞。个人所得税的纳税人可以分为居民纳税人和非居民纳税人，这一划分的主要意义在于两者的征税对象或所得范围不同。

（一）居民纳税人

居民纳税人，是指在中国境内有住所，或者无住所而一个纳税年度内在中国境内居住满183天的个人。居民纳税人负有无限纳税义务，其从中国境内和境外取得的所得，都要向中国政府缴纳个人所得税。

居民纳税人的判断标准，包括住所标准和时间标准。第一，住所标准——个人在中国境内有无住所。如果有住所，即为居民纳税人。在中国境内有住所的个人，是指因户籍、家庭、经济利益关系而在中国境内习惯性居住的个人。所谓习惯性居住，是判定纳税义务人是居民或非居民的一个法律意义上的标准，不是指实际居住或在某一个特定时期内的居住地。如因学习、工作、探亲、旅游等而在中国境外居住的，在其原因消除之后，必须回到中国境内居住的个人，则中国即为该纳税人的习惯性居住地。第二，时间标准——在不满足住所标准时，个人一个纳税年度内在中国境内居住是否满183天。如果无住所但一个纳税年度内在中国境内居住满183天，即为居民纳税人。一个纳税年度，为公历1月1日起至12月31日止。

（二）非居民纳税人

非居民纳税人，是指凡在中国境内无住所又不居住，或者无住所而一个纳税年度内在中国境内居住不满183天的个人。非居民纳税人负有有限纳税义务，其仅就中国境内取得的所得,向中国政府缴纳个人所得税。也就是说,我国个人所得税法确定以下两类自然人为非居民纳税人:(1)在我国境内无住所又不居住;(2)在我国境内无住所而一个纳税年度内在我国境内居住不满183天。

上述关于个人所得税纳税人及纳税义务的原则性规定,可以简化为表7-1。

表7-1 个人所得税纳税人及纳税义务的原则性规定

纳税人性质	判断标准	纳税义务
居民纳税人	在中国境内有住所	中国境内、境外所得
	在中国境内无住所,但一个纳税年度内在中国境内居住满183天	
非居民纳税人	在中国境内无住所又不居住	中国境内所得
	在中国境内无住所,且一个纳税年度内在中国境内居住不满183天	

二、个人所得税的征税对象

个人所得税的征税对象是个人取得的应税所得。我国2018年修正的《个人所得税法》历史性地引入了"综合所得"的概念,标志着我国个人所得税制度由分类制向分类综合制的转变。根据《个人所得税法》第2条的规定,下列9项个人所得,应纳个人所得税:

1. 工资、薪金所得。它是指个人因任职或者受雇而取得的工资、薪金、奖金、年终加薪、劳动分红、津贴、补贴以及与任职或者受雇有关的其他所得。工资、薪金所得属于非独立个人劳动,存在雇佣与被雇佣的关系,个人所从事的是由他人指定、安排并接受管理的劳动,即在机关、团体、学校、部队、企事业单位及其他组织中任职或者受雇而得到报酬。

2. 劳务报酬所得。它是指个人独立从事各种非雇佣劳务活动所取得的所得,包括:设计、装潢、安装、制图、化验、测试、医疗、法律、会计、咨询、讲学、新闻、广播、翻译、审稿、书画、雕刻、影视、录音、录像、演出、表演、广告、展览、技术服务、介绍服务、经纪服务、代办服务以及其他劳务取得的所得。

3. 稿酬所得。它是指个人因其作品以图书、报刊形式出版、发表而取得的所得。稿酬所得的作品范围通常包括文学作品、书画作品和摄影作品等。但是,要注意区分稿酬所得和劳务报酬所得,不以图书、报刊形式出版、发表的翻译、审稿、书画所得属于劳务报酬所得,而非稿酬所得。

4. 特许权使用费所得。它是指个人提供专利权、商标权、著作权、非专利技术以及其他特许权的使用权取得的所得。提供著作权的使用权取得的所得,不包括稿酬所得。

5. 经营所得。它是由原《个人所得税法》中"个体工商户的生产、经营所得"和"对企事业单位的承包经营、承租经营所得”合并而来，它是指个体工商户、个人独资企业、合伙企业等非法人组织，不包括法人分支机构，从事工业、手工业、建筑业、交通运输业、商业、饮食业、服务业、修理业以及其他行业生产、经营取得的所得，包括经批准，从事办学、医疗、咨询以及其他有偿服务活动取得的所得，以及对企事业单位的承包经营、承租经营以及转包、转租取得的所得。

6. 利息、股息、红利所得。它是指个人拥有债权、股权而取得的利息、股息、红利所得。对职工个人以股份形式取得的企业量化资产参与企业分配而获得的股息、红利，应按“利息、股息、红利”征收个人所得税。

7. 财产租赁所得。它是指个人出租建筑物、土地使用权、机器设备、车船以及其他财产取得的所得。

8. 财产转让所得。它是指个人转让有价证券、股权、建筑物、土地使用权、机器设备、车船以及其他财产取得的所得。

9. 偶然所得。它是指个人得奖、中奖、中彩以及其他偶然性质的所得。

其中，居民个人取得工资、薪金所得，劳务报酬所得，稿酬所得和特许权使用费所得（以下简称综合所得），按纳税年度合并计算个人所得税；非居民个人按月或者按次分项计算个人所得税；纳税人取得经营所得，利息、股息、红利所得，财产租赁所得，财产转让所得和偶然所得，依照法律规定分别计算个人所得税。

三、个人所得税的税率

个人所得税税率是个人所得税应纳税额和应纳税所得额之间的比例，包括超额累进税率和比例税率两类：

（一）超额累进税率

综合所得和经营所得，适用超额累进税率：综合所得，适用3%至45%的超额累进税率（见表7－2）；经营所得，适用5%至35%的超额累进税率（见表7－3）。

表7－2　个人所得税税率表（适用于综合所得）

级数	全年应纳税所得额	税率（%）
1	不超过36,000元	3
2	超过36,000元至144,000元的部分	10
3	超过144,000元至300,000元的部分	20
4	超过300,000元至420,000元的部分	25
5	超过420,000元至660,000元的部分	30
6	超过660,000元至960,000元的部分	35
7	超过960,000元的部分	45

注：本表所称全年应纳税所得额，是指居民个人取得综合所得以每一纳税年度收入额减除费

用6万元以及专项扣除、专项附加扣除和依法确定的其他扣除后的余额;2.非居民个人取得工资、薪金所得,劳务报酬所得,稿酬所得和特许权使用费所得,依照本表按月换算后计算应纳税额。

表7-3 个人所得税税率表(适用于经营所得)

级数	全年应纳税所得额	税率(%)
1	不超过30,000元	5
2	超过30,000元至90,000元的部分	10
3	超过90,000元至300,000元的部分	20
4	超过300,000元至500,000元的部分	30
5	超过500,000元的部分	35

注:本表所称全年应纳税所得额,是指以每一纳税年度的收入总额减除成本、费用以及损失后的余额。

(二)比例税率

利息、股息、红利所得,财产租赁所得,财产转让所得和偶然所得,适用比例税率,税率为20%。

四、个人所得税应纳税额的计算

个人所得税应纳税额的计算公式为:应纳税额=应纳税所得额×税率。因此,在计算个人所得税应纳税额时,应纳税所得额的计算或确定是关键。在确定了各类所得的应纳税所得额后,结合相应的税率即可计算应纳税额。

1. 居民个人的综合所得,以每一纳税年度的收入额减除费用6万元以及专项扣除、专项附加扣除和依法确定的其他扣除后的余额,为应纳税所得额。其中,专项扣除,包括居民个人按照国家规定的范围和标准缴纳的基本养老保险、基本医疗保险、失业保险等社会保险费和住房公积金等;专项附加扣除,包括子女教育、继续教育、大病医疗、住房贷款利息或者住房租金、赡养老人等支出,具体范围、标准和实施步骤由国务院确定,并报全国人民代表大会常务委员会备案。

2. 非居民个人的工资、薪金所得,以每月收入额减除费用5000元后的余额为应纳税所得额;劳务报酬所得、稿酬所得、特许权使用费所得,以每次收入额为应纳税所得额。

3. 经营所得,以每一纳税年度的收入总额减除成本、费用以及损失后的余额,为应纳税所得额。

4. 财产租赁所得,每次收入不超过4000元的,减除费用800元;4000元以上的,减除20%的费用,其余额为应纳税所得额。

5. 财产转让所得,以转让财产的收入额减除财产原值和合理费用后的余额,为应纳税所得额。

6. 利息、股息、红利所得和偶然所得,以每次收入额为应纳税所得额。

其中,劳务报酬所得、稿酬所得、特许权使用费所得以收入减除20%的费用后的余额为收入额。稿酬所得的收入额减按70%计算。此外,个人将其所得对教育、扶贫、济困等公益慈善事业进行捐赠,捐赠额未超过纳税人申报的应纳税所得额30%的部分,可以从其应纳税所得额中扣除;国务院规定对公益慈善事业捐赠实行全额税前扣除的,从其规定。

五、专项附加扣除

自2019年1月1日起施行的《个人所得税专项附加扣除暂行办法》明确了专项附加扣除的原则和6项专项附加扣除的具体内容。

1. 子女教育。纳税人子女在全日制学历教育阶段(包括义务教育、高中阶段教育、高等教育)的支出,以及子女年满3岁至小学入学前处于学前教育阶段的支出,纳税人可选择由夫妻一方按每孩每月1000元扣除,也可选择夫妻双方分别按每孩每月500元扣除。

2. 继续教育。纳税人在中国境内接受继续教育发生的支出,其中属于学历(学位)继续教育的支出,按每月400元扣除,扣除期限不能超过48个月;属于技能人员职业资格继续教育和专业技术人员职业资格继续教育的支出,在取得相关证书的当年扣除3600元。

3. 大病医疗。一个纳税年度内,由纳税人负担的医药费用支出超过15,000元的部分,在每年80,000元的限额内据实扣除。可扣除的医药费用支出包括纳税人本人或其配偶、未成年子女发生的医药费用支出。

4. 住房贷款利息。纳税人本人或其配偶购买中国境内住房发生的首套住房贷款利息支出,可以选择由夫妻一方按每月1000元扣除,扣除期限最长不超过240个月。

5. 住房租金。纳税人在主要工作城市没有自有住房而发生的住房租金支出,在直辖市、省会(首府)城市、计划单列市及国务院确定的其他城市的,按每月1500元扣除;除上述城市外,市辖区户籍人口超过100万的城市,按每月1100元扣除;市辖区户籍人口不超过100万的城市,按每月800元扣除。夫妻双方主要工作城市相同的,只能由一方扣除。纳税人及其配偶在一个纳税年度内不能同时分别享受住房贷款利息和住房租金专项附加扣除。

6. 赡养老人。纳税人赡养年满60岁父母的支出,或者祖父母、外祖父母的子女已经去世,纳税人赡养年满60岁的祖父母或外祖父母的支出可以扣除。纳税人属于独生子女的,按每月2000元扣除;属于非独生子女的,与其兄弟姐妹分摊每月2000元的扣除额度,其中每人分摊的扣除额度不得超过1000元。

六、个人所得税的税收优惠

(一)个人所得税的减免

1. 免征个人所得税

我国个人所得税的免税项目,包括法定免税项目和其他免税项目两类。《个人所得税法》第4条对10项法定免征个人所得税的项目作出了规定:(1)省级人民政府、国务院部委和中国人民解放军军以上单位,以及外国组织、国际组织颁发的科学、教育、技术、文化、卫生、体育、环境保护等方面的奖金;(2)国债和国家发行的金融债券利息;(3)按照国家统一规定发给的补贴、津贴;(4)福利费、抚恤金、救济金;(5)保险赔款;(6)军人的转业费、复员费、退役金;(7)按照国家统一规定发给干部、职工的安家费、退职费、基本养老金或者退休费、离休费、离休生活补助费;(8)依照有关法律规定应予免税的各国驻华使馆、领事馆的外交代表、领事官员和其他人员的所得;(9)中国政府参加的国际公约、签订的协议中规定免税的所得;(10)国务院规定的其他免税所得,该免税规定由国务院报全国人民代表大会常务会员会备案。

此外,财政部和国家税务总局也相继作出了对一些个人所得项目免予缴纳个人所得税的规定。

2. 减征个人所得税

根据《个人所得税法》第5条的规定,有下列情形之一的,可以减征个人所得税,具体幅度和期限,由省、自治区、直辖市人民政府规定,并报同级人民代表大会常务委员会备案:(1)残疾、孤老人员和烈属的所得;(2)因自然灾害遭受重大损失的。此外,国务院可以规定其他减税情形,报全国人民代表大会常务委员会备案。

3. 暂免征收个人所得税

有些所得,暂免征收个人所得税,例如,(1)外籍个人以非现金形式或实报实销形式取得的住房补贴、伙食补贴、搬迁费、洗衣费;(2)外籍个人按合理标准取得的境内、外出差补贴;(3)外籍个人取得的探亲费、语言训练费、子女教育费等,经当地税务机关审核批准为合理的部分;(4)外籍个人从外商投资企业取得的股息、红利所得,等等。

(二)个人所得税的抵免

由于纳税人的境外所得一般已经缴纳或负担了有关国家或地区的所得税额。因此,为了避免国家间对同一所得的重复征税以及维护国家的税收权益,我国允许个人所得税的抵免。根据《个人所得税法》第7条的规定,居民个人从中国境外取得的所得,可以从其应纳税额中抵免已在境外缴纳的个人所得税税额,但抵免额不得超过该纳税人境外所得依照本法规定计算的应纳税额。我国个人所得税的抵免采用分国限额法,纳税人在一个纳税年度内在境外实缴的个人所得税税额,如果低于依照我国个人所得税法计算出的该国或者地区扣除限额的,应当在我国缴纳差额部分税款;如果发生实缴境外税款超过抵免限额,即发生超限额时,超限额部分不允许在应纳税额中抵扣,但可以在以后纳税年度仍来自该国或地区的不足限额,即实缴境外税款低于抵免限额的部分中补扣。这一做法称为限额的结转,下一纳税年度结转后仍有超限额的,可继续结转,但结转期最长不得超过5年。

七、个人所得税的纳税调整

我国《个人所得税法》第8条为反避税条款,规定了税务机关有权按照合理方法进行纳税调整的三种情形：

1. 转让定价。个人与其关联方之间的业务往来不符合独立交易原则而减少本人或者其关联方应纳税额，且无正当理由。

2. 受控外国企业。居民个人控制的，或者居民个人和居民企业共同控制的设立在实际税负明显偏低的国家（地区）的企业，无合理经营需要，对应当归属于居民个人的利润不作分配或者减少分配。

3. 一般反避税。个人实施其他不具有合理商业目的的安排而获取不当税收利益。

税务机关依照上述规定作出纳税调整，需要补征税款的，应当补征税款，并依法加收利息。

八、个人所得税的征收管理

根据《个人所得税法》第9条的规定，个人所得税以所得人为纳税人，以支付所得的单位或者个人为扣缴义务人。纳税人有中国公民身份号码的，以中国公民身份号码为纳税人识别号；纳税人没有中国公民身份号码的，由税务机关赋予其纳税人识别号。扣缴义务人扣缴税款时，纳税人应当向扣缴义务人提供纳税人识别号。为方便征纳，当前我国采用以源泉扣缴为主、纳税人自行纳税申报为辅的征收管理办法。

（一）源泉扣缴

我国个人所得税法采取源泉扣缴制度，它的最大优点在于可以有效保护税源，保证国家的财政收入，防止偷税漏税，简化纳税手续。扣缴义务人应当按照国家规定办理全员全额扣缴申报，并向纳税人提供其个人所得和已扣缴税款等信息。全员全额扣缴申报，是指扣缴义务人在代扣税款的次月内，向主管税务机关报送其支付所得个人的基本信息、支付所得数额、扣缴税款的具体数额和总额以及其他相关涉税信息，具体办法为国家税务总局《关于印发〈个人所得税全员全额扣缴申报管理暂行办法〉的通知》（国税发〔2005〕205号）。

（二）自行纳税申报

根据《个人所得税法》第10条的规定，有下列情形之一的，纳税人应当依法办理纳税申报：(1)取得综合所得需要办理汇算清缴；(2)取得应税所得没有扣缴义务人；(3)扣缴义务人未扣缴税款；(4)取得境外所得；(5)因移居境外注销中国户籍；(6)非居民个人在中国境内从两处以上取得工资、薪金所得；(7)国务院规定的其他情形。

思考题

- 所得税法律制度有哪些特征？其基本模式分几类？
- 请思考企业所得税的作用和意义。
- 请思考我国企业所得税制度应如何进一步完善？
- 试分析分类所得税制和综合所得税制的异同，并评述我国《个人所得税法》的修改。

➤ 试述个人所得税专项附加扣除的主要内容。

➤ 请思考企业所得税制度和个人所得税制度的关联。

延伸阅读

《企业所得税法》的实施对税收法治实现的影响(节选)

《企业所得税法》的颁布与实施,本身就是我国迈向税收法治的重要体现,在实施过程中,又必将推动我国税收法治的实现。

(一)《企业所得税法》符合税收法治的基本要求

税收法治的基本要求之一是,整个税收领域应当有良好的法律。《企业所得税法》的出台过程很好地说明了良法应当如何制定,该法的实施必将促成税收法治的实现。

首先,《企业所得税法》的立法过程,很好地贯彻了财政民主的精神。一方面,不同利益主体在《企业所得税法》立法过程中充分表达了利益诉求,合理的诉求最大程度上在最终的法律条文中予以体现。另一方面,新闻媒体采取各种形式促进立法过程的透明度和公开化,让全社会了解企业所得税立法的进程和主要精神。

其次,科学立法是《企业所得税法》立法的重要特点,也是我国统一企业所得税立法的基本经验。主要表现在以下三个方面:(1)科学的立法规划、积极推动立法进程成为立法成功的基本保障。(2)由恰当的行政主管机关担任立法牵头组织机构是适宜的。当然,从长远考虑,为保证财税立法的独立性和公正性,还是应由全国人大有关机构或专家学者起草较妥。(3)专家立法制度是民主立法制度在当代的新发展。

最后,《企业所得税法》的立法过程提醒我们应完善全国人大和国务院相关部门之间的财税立法协调机制。在立法进程中,全国人大财经委员会和法律委员会(2018 年全国人大法律委员会更名为全国人大宪法和法律委员会——编者注)、全国人大常委会预算工作委员会和法制工作委员会与国务院法制办(2018 年将国务院法制办的职责整合,重新组建司法部,不再保留国务院法制办——编者注)、财政部、国家税务总局既各司其职,又密切协作与配合,建立了相互间良好的协调机制。

(二)《企业所得税法》的实施有利于促进税收法治的实现

良法作为税收法治的基本前提要求,良法之治则更有利于促进税收法治的实现。一方面,统一企业所得税立法是借鉴国外企业所得税立法经验和吸收国际惯例的成果,推动了税收实体法制度的完善和税收法治的进程;另一方面,税收法治要求在法律保留与授权立法中保持恰当的均衡。

首先,《企业所得税法》废除了旧法中"内外有别"的双轨税制,实现了企业所得税法治领域的统一。旧法时代,内资和外资企业分别适用不同的所得税法,有违市场经济发展的公平原则和税收法治的统一原则。《企业所得税法》的实施统一了企业所得税制,对税收法治的实现意义重大。

其次,《企业所得税法》的八大制度创新,将税收法治推进了一大步。从总体上说,《企业所得税法》实现了以下的八项制度创新:确立以法人为标准的纳税主体制度,引入居民、非居民的概念;确立具有国际竞争力的税率制度;确立了科学规范的征税客体制度;实行国际化的税收抵免制度;建立以产业为导向的普适性税收优惠制度;建立体系化和规范化的反避税制度;统一企业所得税的税收征管制度;建立本土化的企业的信赖利益保护制度。这种立法经验,为我国财税立法的改革提供了经验借鉴的模式,其制度创新对税收法治的影响必定是深远的。

最后,《企业所得税法》恰当均衡了法律保留与授权立法的关系,促进了税收法治的实现。长期以来,税收领域的授权立法备受争议,企业所得税法领域的授权立法问题更是严重。随着《企业所得税法》的实施,授权立法逐步得到了规范。《企业所得税法》作为全国人大通过的法律,对立法原则、基本范畴、纳税主体、征税对象、税率、应纳税额、税收优惠、源泉扣缴、特别纳税调整、征收管理等问题作了明确具体的规定,实现了立法追求的法律保留原则。《企业所得税法》对授权立法进行了明确、具体的规定。一方面,在授权对象上,采取了灵活处理的方式,有的是授权国务院,有的是直接授权国务院财政、税务主管部门。另一方面,在授权立法的内容方面,较之旧《企业所得税法》,更为具体,且有创新。

(三)《企业所得税法》在实体与程序层面贯彻了税收法治的精义

税收法治的精义在于税法应当制约公权力和保护私权利。《企业所得税法》的实施,将有利于该目标的实现。《企业所得税法》明确了《税收征收管理法》是企业所得税征收管理的法律依据。同时,对税务机关征收管理企业所得以明确具体的规定,对征税权形成了有效的约束与控制,防止征税权的滥用和对私权领域的入侵。《企业所得税法》十分注重对纳税人权利的保护。更重要的是《企业所得税法》及其实施,贯彻了信赖利益保护原则这一公法领域的重要原则。具体表现为:通过多层次的过渡期税收优惠政策,解决了新法实施之前的纳税主体的税收优惠问题。这有利于实现新法的实施对市场主体乃至整体经济发展造成过大的冲击,也有利于维护税法的可预期性,对税收法治而言是极重要的制度。

(四)《企业所得税法》的实施进一步促进税收法治理念的实现

税收法治国家必然是在完备的税收法制基础之上将税收法治理念落实到税收立法、执法、司法和守法等各个环节的国家。《企业所得税法》的立法过程本身就是很好的宣传过程,使相关利益主体和纳税主体能够参与到立法进程,相关条款在各种主体间进行充分的讨论甚至是辩论,最终的立法能够更好地反映各方主体的利益诉求,相关的法律理念与制度也随之深入人心。

(资料来源 刘剑文等:《〈企业所得税法〉实施问题研究》,北京大学出版社 2010

年版,第 20～24 页。)

同步习题

1.【多选题】企业取得的下列收入,属于企业所得税免税收入的有(　　)。

A. 金融债券的利息收入

B. 国债转让收入

C. 从境内取得的权益性投资收益

D. 持有上市公司流通股票 1 年以上取得的投资收益

【答案】CD

【解析】本题考核企业所得税的免税收入,AB 属于企业所得税中的应税收入,不属于免税收入,应缴纳企业所得税,故答案选 CD。

2.【单选题】居民企业发生的下列支出中,不得在企业所得税税前扣除的是(　　)。

A. 逾期归还银行贷款的罚息

B. 为投资者支付的商业保险费

C. 未能形成无形资产的研究开发费用

D. 以经营租赁方式租入固定资产的租金

【答案】B

【解析】本题考核企业所得税不得扣除的项目,ACD 均可在税前扣除,故答案选 B。

3.【单选题】企业从事下列项目取得的所得中,免征企业所得税的是(　　)。

A. 花卉种植　　B. 蔬菜种植

C. 海水养殖　　D. 内陆养殖

【答案】B

【解析】本题考核企业所得税的税收优惠,企业从事花卉种植、海水养殖和内陆养殖减半征收企业所得税,而蔬菜种植可以免征企业所得税,故答案选 B。

4.【多选题】下列项目中,属于劳务报酬所得的有(　　)。

A. 个人书画展取得的报酬

B. 提供著作的版权而取得的报酬

C. 将国外的作品翻译出版取得的报酬

D. 高校教师受出版社委托进行审稿取得的报酬

【答案】AD

【解析】本题考核个人所得税的征税对象,B 属于特许权使用费用所得,C 属于稿酬所得,故答案选 AD。

5.【计算题】假设李某和赵某二人每月收入分别为李某 12,700 元和赵某 19,700 元(2 人全年合计 388,800 元),二人在重庆工作,没有自有住房,租赁居住,二人育有两个孩子,均上中学,同时二人均为独生子女,父母均年满60周岁。夫妻二人均为在职研究生,同时当年需要参加专业技术继续教育并取得证书,个人缴纳的三险一金分别为李某2000元和赵某3000元。假设子女教育和房租由赵某一人全额扣除,计算夫妻二人全年各自的应纳税所得额。

【答案】李某为36,000元;赵某为66,000元。

【解析】本题考核个人所得税的专项附加扣除。(1)李某年应纳税所得额为12,700×12－5000×12－2000×12－400×12(学历/学位教育)－3600(职业资格继续教育)－2000×12(赡养老人)＝36,000元;(2)赵某年应纳税所得额为19,700×12－5000×12－3000×12－12,000×2(子女教育)－400×12(学历/学位教育)－3600(职业资格继续教育)－1500×12(住房租金)－2000×12(赡养老人)＝66,000元

参考阅读

1.[美]维多克·瑟仁伊:《比较税法》,丁一译,北京大学出版社2006年版,第四章。

2.[美]丹尼尔·沙维尔:《解密美国公司税法》,许多奇译,北京大学出版社2011年版。

3.刘剑文:《新企业所得税法:八大制度创新》,载《涉外税务》2007年第8期。

4.陈治:《基于生存权保障的〈个人所得税法〉改革及完善》,载《武汉大学学报》(哲学社会科学版)2016年第3期。

法规链接

1.《企业所得税法》

2.《企业所得税法实施条例》

3.《个人所得税法》

4.《个人所得税法实施条例》

5.《个人所得税专项附加扣除暂行办法》

第八章　环境与资源税法

内容简介

本章首先介绍环境保护税和资源税基本概念及专业术语；其次，结合我国现行相关法律、法规，详细分析环境保护税法和资源税法的核心内容，包括环境保护税和资源税的纳税人、征税对象及税率、计算方法、税收特别措施和税收征管制度。

第一节　环境保护税法

一、环境保护税的基本原理

我国国务院于1982年和2003年分别发布了《征收排污费暂行办法》和《排污费征收使用管理条例》，尝试以收费的形式控制污染物排放量，为我国实现环境保护目标作出了积极的贡献。但是，随着经济的快速发展，排污费制度无法顺应经济发展的趋势，弱化了环境保护的效应。2016年12月25日，《环境保护税法》由第十二届全国人民代表大会常务委员会第二十五次会议通过。《环境保护税法》以法律的形式确立了环境保护税，基本完成了"排污费"改"环境税"，为我国实现"税收法定"树立了新的标杆。2017年12月25日，国务院令（第693号）公布了《环境保护税法实施条例》，与《环境保护税法》自2018年1月1日起施行。2003年1月2日国务院公布的《排污费征收使用管理条例》同时废止。

环境保护税相关的理论基础有公共物品理论、市场失灵理论、外部性理论以及可持续发展理论等，其主要论证是环境税用税收的手段将环境外部损失成本内部化，使污染者承担相应的责任。环境保护税主要有补偿环境外部损失成本、调节企业污染治理行为、促进产业调整改进效率，筹集环境保护资金功能等功能。①

二、环境保护税的纳税人

（一）环境保护税的纳税人一般规定

《环境保护税法》规定在中华人民共和国领域和中华人民共和国管辖的其他海域，直接向环境排放应税污染物的企业事业单位和其他生产经营者为环境保护税的纳税人，应当依照本法规定缴纳环境保护税。

---

① 参见龙凤：《环境保护税基本要素及实施要求解读》，载《冶金财会》2018年第4期。

依照该法规定，环境保护税法纳税人的纳税情形分为三种：

1. 向大气、水体排放污染物的，排放即征税。

2. 企业事业单位和其他生产经营者贮存或者处置固体废物不符合国家和地方环境保护标准的，应当缴纳环境保护税。

3. 依法设立的城乡污水集中处理、生活垃圾集中处理场所超过国家和地方规定的排放标准向环境排放应税污染物的，应当缴纳环境保护税。

城乡污水集中处理场所，是指为社会公众提供生活污水处理服务的场所，不包括为工业园区、开发区等工业聚集区域内的企业事业单位和其他生产经营者提供污水处理服务的场所，以及企业事业单位和其他生产经营者自建自用的污水处理场所。

达到省级人民政府确定的规模标准并且有污染物排放口的畜禽养殖场，应当依法缴纳环境保护税。

（二）环境保护税的纳税人特别规定

有下列情形之一的，不属于直接向环境排放污染物，不缴纳相应污染物的环境保护税：

1. 企业事业单位和其他生产经营者向依法设立的污水集中处理、生活垃圾集中处理场所排放应税污染物的。

2. 企业事业单位和其他生产经营者在符合国家和地方环境保护标准的设施、场所贮存或者处置固体废物的。

3. 依法对畜禽养殖废弃物进行综合利用和无害化处理的，不属于直接向环境排放污染物，不缴纳环境保护税。

直接向环境排放应税污染物的企业事业单位和其他生产经营者，除依照《环境保护税法》规定缴纳环境保护税外，应当对所造成的损害依法承担责任。

三、环境保护税的征税范围和计税依据

（一）环境保护税的征税范围

环境保护税对应税污染物征税。应税污染物是指《环境保护税税目税额表》《应税污染物和当量值①表》规定的大气污染物、水污染物、固体废物和噪声。

（二）环境保护税的计税依据

应税污染物的计税依据，按照下列方法确定：

1. 应税大气污染物和应税水污染物按照污染物排放量折合的污染当量数确定。应

---

① 污染当量，是指根据污染物或者污染排放活动对环境的有害程度以及处理的技术经济性，衡量不同污染物对环境污染的综合性指标或者计量单位。同一介质相同污染当量的不同污染物，其污染程度基本相当。

排污系数，是指在正常技术经济和管理条件下，生产单位产品所应排放的污染物量的统计平均值。

物料衡算，是指根据物质质量守恒原理对生产过程中使用的原料、生产的产品和产生的废物等进行测算的一种方法。

税大气污染物、水污染物的污染当量数，以该污染物的排放量除以该污染物的污染当量值计算。每种应税大气污染物、水污染物的具体污染当量值，依照《环境保护税法》所附《应税污染物和当量值表》执行。

每一排放口或者没有排放口的应税大气污染物，按照污染当量数从大到小排序，对前3项污染物征收环境保护税。

每一排放口的应税水污染物，按照《环境保护税法》所附《应税污染物和当量值表》，区分第一类水污染物和其他类水污染物，按照污染当量数从大到小排序，对第一类水污染物按照前5项征收环境保护税，对其他类水污染物按照前3项征收环境保护税。

省、自治区、直辖市人民政府根据本地区污染物减排的特殊需要，可以增加同一排放口征收环境保护税的应税污染物项目数，报同级人民代表大会常务委员会决定，并报全国人民代表大会常务委员会和国务院备案。

纳税人有下列情形之一的，以其当期应税大气污染物、水污染物的产生量作为污染物的排放量：

(1)未依法安装使用污染物自动监测设备或者未将污染物自动监测设备与环境保护主管部门的监控设备联网；

(2)损毁或者擅自移动、改变污染物自动监测设备；

(3)篡改、伪造污染物监测数据；

(4)通过暗管、渗井、渗坑、灌注或者稀释排放以及不正常运行防治污染设施等方式违法排放应税污染物；

(5)进行虚假纳税申报。

2. 应税固体废物按照固体废物的排放量确定。

固体废物的排放量为当期应税固体废物的产生量减去当期应税固体废物的贮存量、处置量、综合利用量的余额。固体废物的贮存量、处置量，是指在符合国家和地方环境保护标准的设施、场所贮存或者处置的固体废物数量；固体废物的综合利用量，是指按照国务院发展改革、工业和信息化主管部门关于资源综合利用要求以及国家和地方环境保护标准进行综合利用的固体废物数量。

纳税人有下列情形之一的，以其当期应税固体废物的产生量作为固体废物的排放量：(1)非法倾倒应税固体废物；(2)进行虚假纳税申报。

3. 应税噪声按照超过国家规定标准的分贝数确定。

4. 其他规定。

从两个以上排放口排放应税污染物的，对每一排放口排放的应税污染物分别计算征收环境保护税；纳税人持有排污许可证的，其污染物排放口按照排污许可证载明的污染物排放口确定。

纳税人从事海洋工程向中华人民共和国管辖海域排放应税大气污染物、水污染物或者固体废物，申报缴纳环境保护税的具体办法，由国务院税务主管部门会同国务院海洋主管部门规定。

四、环境保护税应纳税额的计算

环境保护税的税目、税额，依照《环境保护税法》所附的《环境保护税税目税额表》执行。

应税大气污染物和水污染物的具体适用税额的确定和调整，由省、自治区、直辖市人民政府统筹考虑本地区环境承载能力、污染物排放现状和经济社会生态发展目标要求，在《环境保护税法》所附《环境保护税税目税额表》规定的税额幅度内提出，报同级人民代表大会常务委员会决定，并报全国人民代表大会常务委员会和国务院备案。

环境保护税应纳税额按照下列方法计算：(1)应税大气污染物的应纳税额为污染当量数乘以具体适用税额；(2)应税水污染物的应纳税额为污染当量数乘以具体适用税额；(3)应税固体废物的应纳税额为固体废物排放量乘以具体适用税额；(4)应税噪声的应纳税额为超过国家规定标准的分贝数对应的具体适用税额。

应税大气污染物、水污染物、固体废物的排放量和噪声的分贝数，按照下列方法和顺序计算：(1)纳税人安装使用符合国家规定和监测规范的污染物自动监测设备的，按照污染物自动监测数据计算；(2)纳税人未安装使用污染物自动监测设备的，按照监测机构出具的符合国家有关规定和监测规范的监测数据计算；如纳税人自行对污染物进行监测所获取的监测数据，符合国家有关规定和监测规范的，监测机构出具的监测数据；(3)因排放污染物种类多等原因不具备监测条件的，按照国务院环境保护主管部门规定的排污系数、物料衡算方法计算；(4)不能按照上述第1项至第3项规定的方法计算的，按照省、自治区、直辖市人民政府生态环境主管部门规定的抽样测算的方法核定计算。

五、环境保护税的税收减免

环境保护税减免项目属于备案类减免，对符合减免税情形的纳税人，通过填报纳税表履行备案手续，无须专门办理减免税备案手续，减免税相关资料由纳税人留存备查。

(一)暂予免征环境保护税的情形

1. 农业生产(不包括规模化养殖)排放应税污染物的。

2. 机动车、铁路机车、非道路移动机械、船舶和航空器等流动污染源排放应税污染物的。

3. 依法设立的城乡污水集中处理、生活垃圾集中处理场所排放相应应税污染物，不超过国家和地方规定的排放标准的。

4. 纳税人综合利用的固体废物，符合国家和地方环境保护标准。

5. 国务院批准免税的其他情形，由国务院报全国人民代表大会常务委员会备案。

(二)减征环境保护税的情形

《环境保护税法》第13条规定的减征环境保护税的情形有：

1. 纳税人排放应税大气污染物或者水污染物的浓度值[①]低于国家和地方规定的污染物排放标准30%的，减按75%征收环境保护税。

2. 纳税人排放应税大气污染物或者水污染物的浓度值低于国家和地方规定的污染物排放标准50%的，减按50%征收环境保护税。

依照《环境保护税法》第13条的规定减征环境保护税的，应当对每一排放口排放的不同应税污染物分别计算。

六、环境保护税的征收管理

（一）环境保护税的征管主体

1. 征收管理职责划分

县级以上地方人民政府应当加强对环境保护税征收管理工作的领导，及时协调、解决环境保护税征收管理工作中的重大问题。县级以上地方人民政府应当建立税务机关、生态环境主管部门和其他相关单位分工协作工作机制，加强环境保护税征收管理，保障税款及时足额入库。各级人民政府应当鼓励纳税人加大环境保护建设投入，对纳税人用于污染物自动监测设备的投资予以资金和政策支持。

环境保护税由税务机关依照《税收征收管理法》和《环境保护税法》的有关规定征收管理。生态环境主管部门依照《环境保护税法》和有关环境保护法律法规的规定依法负责应税污染物监测管理，制定和完善污染物监测规范。税务机关依法履行环境保护税纳税申报受理、涉税信息比对、组织税款入库等职责。

生态环境主管部门和税务机关应当建立涉税信息共享平台和工作配合机制。国务院税务、生态环境主管部门制定涉税信息共享平台技术标准以及数据采集、存储、传输、查询和使用规范。

税务机关、生态环境主管部门应当无偿为纳税人提供与缴纳环境保护税有关的辅导、培训和咨询服务。

2. 征收程序

（1）纳税人向税务机关自行申报纳税，纳税人应当依法如实办理纳税申报，对申报的真实性和完整性承担责任。纳税人应当按照税收征收管理的有关规定，妥善保管应税污染物监测和管理的有关资料。

（2）涉税信息共享平台处理。

生态环境主管部门应当将排污单位的排污许可、污染物排放数据、环境违法和受行

---

① 应税大气污染物或者水污染物的浓度值，是指纳税人安装使用的污染物自动监测设备当月自动监测的应税大气污染物浓度值的小时平均值再平均所得数值或者应税水污染物浓度值的日平均值再平均所得数值，或者监测机构当月监测的应税大气污染物、水污染浓度值的平均值。依照《环境保护税法》第13条的规定减征环境保护税的，前款规定的应税大气污染物浓度值的小时平均值或者应税水污染物浓度值的日平均值，以及监测机构当月每次监测的应税大气污染物、水污染物的浓度值，均不得超过国家和地方规定的污染物排放标准。

政处罚情况等环境保护相关信息,定期交送税务机关。生态环境主管部门应当通过涉税信息共享平台向税务机关交送在环境保护监督管理中获取的下列信息:排污单位的名称、统一社会信用代码以及污染物排放口、排放污染物种类等基本信息;排污单位的污染物排放数据(包括污染物排放量以及大气污染物、水污染物的浓度值等数据);排污单位环境违法和受行政处罚情况;对税务机关提请复核的纳税人的纳税申报数据资料异常或者纳税人未按照规定期限办理纳税申报的复核意见;与税务机关商定交送的其他信息。

税务机关应当将纳税人的纳税申报、税款入库、减免税额、欠缴税款以及风险疑点等环境保护税涉税信息,定期交送生态环境主管部门。税务机关应当通过涉税信息共享平台向生态环境主管部门交送下列环境保护税涉税信息:纳税人基本信息;纳税申报信息;税款入库、减免税额、欠缴税款以及风险疑点等信息;纳税人涉税违法和受行政处罚情况;纳税人的纳税申报数据资料异常或者纳税人未按照规定期限办理纳税申报的信息;与生态环境主管部门商定交送的其他信息。依照《环境保护税法》第10条第4项的规定核定计算污染物排放量的,由税务机关会同生态环境主管部门核定污染物排放种类、数量和应纳税额。依照《环境保护税法》第10条第4项的规定核定计算污染物排放量的,由税务机关会同生态环境主管部门核定污染物排放种类、数量和应纳税额。依照《环境保护税法》第10条第4项的规定核定计算污染物排放量的,由税务机关会同生态环境主管部门核定污染物排放种类、数量和应纳税额。

(3)税务机关将纳税人申报资料与生态环境的监测数据进行比对。税务机关应当将纳税人的纳税申报数据资料与生态环境主管部门交送的相关数据资料进行比对。税务机关应当依据生态环境主管部门交送的排污单位信息进行纳税人识别。在生态环境主管部门交送的排污单位信息中没有对应信息的纳税人,由税务机关在纳税人首次办理环境保护税纳税申报时进行纳税人识别,并将相关信息交送生态环境主管部门。

(4)异常数据交送环保部门复核。税务机关发现纳税人的纳税申报数据资料异常或者纳税人未按照规定期限办理纳税申报的,可以提请生态环境主管部门进行复核,生态环境主管部门应当自收到税务机关的数据资料之日起15日内向税务机关出具复核意见。纳税人的纳税申报数据资料异常,包括但不限于下列情形:纳税人当期申报的应税污染物排放量与上一年同期相比明显偏低,且无正当理由;纳税人单位产品污染物排放量与同类型纳税人相比明显偏低,且无正当理由。

(5)税务机关据复核意见调整征收。税务机关应当按照生态环境主管部门复核的数据资料调整纳税人的应纳税额。生态环境主管部门发现纳税人申报的应税污染物排放信息或者适用的排污系数、物料衡算方法有误的,应当通知税务机关处理。纳税人申报的污染物排放数据与生态环境主管部门交送的相关数据不一致的,按照生态环境主管部门交送的数据确定应税污染物的计税依据。

(6)复议和诉讼。

(7)税务机关依法实施环境保护税的税务检查,生态环境主管部门予以配合。在纳税申报过程中,企业与环保部门不直接发生接触,而直接与企业接触的是税务机关。

(二)纳税义务发生时间、纳税地点和纳税期限

环境保护税纳税义务发生时间为纳税人排放应税污染物的当日,按月计算,按季申报缴纳。不能按固定期限计算缴纳的,可以按次申报缴纳。纳税人按季申报缴纳的,应当自季度终了之日起15日内,向税务机关办理纳税申报并缴纳税款。纳税人按次申报缴纳的,应当自纳税义务发生之日起15日内,向税务机关办理纳税申报并缴纳税款。

纳税人应当向应税污染物排放地的税务机关申报缴纳环境保护税。应税污染物排放地是指:应税大气污染物、水污染物排放口所在地;应税固体废物产生地;应税噪声产生地。

纳税人跨区域排放应税污染物,税务机关对税收征收管辖有争议的,由争议各方按照有利于征收管理的原则协商解决;不能协商一致的,报请共同的上级税务机关决定。

纳税人申报缴纳时,应当向税务机关报送所排放应税污染物的种类、数量,大气污染物、水污染物的浓度值,以及税务机关根据实际需要要求纳税人报送的其他纳税资料。

(三)法律责任

纳税人和税务机关、生态环境主管部门及其工作人员违反《环境保护税法》规定的,依照《税收征收管理法》《环境保护税法》和有关法律法规的规定追究法律责任。

第二节 资源税法

一、资源税的基本原理

资源税是以各种应税自然资源为课税对象,为了调节资源级差收入并体现国有资源有偿使用而征收的一种税。级差调节是指国家对开发和利用自然资源的单位和个人,由于资源条件差别所取得的资源级差收入,通过实施差别税额标准进行调节。资源条件好的采用较高税率,反之采用较低税率。征收资源税的最重要的理论依据是地租理论。任何单位和个人取得的是矿产资源开采权,实际上是国家对矿产资源所有权的部分让渡。我国现行的资源税只对特定资源征税,主要选择对矿产资源进行征税,其征税对象既不是全部的自然资源,也不是对所有具有商品属性的资源都征税。

我国1984年开征资源税,1993年12月25日国务院令第139号发布《资源税暂行条例》及《资源税暂行条例实施细则》,并于1994年1月1日起开始实行。2011年9月30日和国务院修订了《资源税暂行条例》,同年10月28日财政部、国家税务总局令(第66号)修订了《资源税暂行条例实施细则》。

二、资源税的纳税人和扣缴义务人

（一）纳税人的基本规定

根据《资源税暂行条例》第1条之规定，在我国领域及管辖海域开采应税矿产品或者生产盐（以下简称开采或者生产应税产品）的单位和个人，是资源税的纳税人。其中，单位是指国有企业、集体企业、私营企业、股份制企业、其他企业和行政单位、事业单位、军事单位、社会团体及其他单位。其他单位包括外商投资企业、外国企业。个人，是指个体工商户和其他个人，其他个人包括外籍个人。

（二）纳税人的特殊规定

1. 对进口应税资源产品的单位和个人不征资源税。对出口应税产品也不退（免）已纳的资源征税。

2. 在出厂销售或移作自用时一次性征收，而对已税产品批发、零售的单位和个人不再征收资源税。

3. 中外合作开采石油、天然气，现行规定，只征收矿区使用费，暂不征收资源税。

独立矿山、联合企业和其他收购未税矿产品的单位为资源税的扣缴义务人。规定资源税的扣缴义务人，主要是针对零星、分散、不定期开采的情况，为了加强管理、避免漏税，由扣缴义务人在收购矿产品时，代扣代缴资源税。

（三）资源税的扣缴义务人

收购未税矿产品的单位为资源税的扣缴义务人，是指独立矿山、联合企业及其他收购未税矿产品的单位。

资源税代扣代缴的适用范围应限定在除原油、天然气、煤炭以外的，税源小、零散、不定期开采等难以在采矿地申报缴纳资源税的矿产品。把收购未税矿产品的单位规定为资源税的扣缴义务人，是为了加强资源税的征管。

对已纳入开采地正常税务管理或者在销售矿产品时开具增值税发票的纳税人，不采用代扣代缴的征管方式。

三、资源税的征税范围

（一）全国统一规定征收资源税的应税矿产品

全国统一规定征收资源税的应税矿产品包括6大类。根据《资源税暂行条例实施细则》第2条，资源税的征收范围是应税矿产品和盐。《资源税税目税率表》所列部分税目的征税范围限定如下：

1. 原油，是指开采的天然原油，不包括人造石油。

2. 天然气，是指专门开采或者与原油同时开采的天然气。

3. 煤炭，是指原煤，不包括洗煤、选煤及其他煤炭制品。

4. 其他非金属矿原矿，是指原油、天然气、煤炭和井矿盐以外的非金属矿原矿。

5. 黑色金属矿原矿。这是指纳税人开采后自用、销售，用于直接入炉冶炼或作为主产品先入选精矿，制造人工矿，再最终入炉冶炼的黑色金属矿原矿，包括铁矿石、锰矿石和铬矿石。

6. 有色金属矿原矿，包括铜矿石、铅锌矿石、铝土矿石、钨矿石、锑矿石、钼矿石、镍矿石和黄金矿石等。

7. 盐。包括固体盐和液体盐，固体盐是指海盐原盐、湖盐原盐和井矿盐。液体盐（卤水）是指氯化钠含量达到一定浓度的溶液。海盐，指海水晒制的盐，不包括地下卤水晒制的盐。

纳税人在开采主矿产品的过程中伴采的其他应税矿产品，凡未单独规定适用税额的，一律按主矿石或视同主矿产品税目征收资源税。

（二）全国未统一规定征收资源税的应税矿产品

《资源税暂行条例》及其实施细则未列举名称的其他金属和非金属矿产品，由省、自治区、直辖市人民政府决定是否征收，并报财政部和国家税务总局备案。

（三）扩大资源税征收范围试点

2016 年 5 月，财政部、国家税务总局联合发布了《关于全面推进资源税改革的通知》[以下简称（财税〔2016〕53 号）文件]，自 2016 年 7 月 1 日起全面推进资源税改革，扩大了资源税征收范围。

1. 开展水资源税改革试点工作。鉴于取用水资源涉及面广、情况复杂，为确保改革平稳有序实施，先在河北省开展水资源税试点。河北省开征水资源税试点工作，采取水资源费改税方式，将地表水和地下水纳入征税范围，实行从量定额计征，对高耗水行业、超计划用水以及在地下水超采地区取用地下水，适当提高税额标准，正常生产生活用水维持原有负担水平不变。在总结试点经验基础上，财政部、国家税务总局将选择其他地区逐步扩大试点范围，条件成熟后在全国推开。

2. 逐步将其他自然资源纳入征收范围。鉴于森林、草场、滩涂等资源在各地区的市场开发利用情况不尽相同，对其全面开征资源税条件尚不成熟，此次改革不在全国范围统一规定对森林、草场、滩涂等资源征税。各省、自治区、直辖市（以下统称省级）人民政府可以结合本地实际，根据森林、草场、滩涂等资源开发利用情况提出征收资源税的具体方案建议，报国务院批准后实施。

四、资源税的税目和税率

（一）税率和税目的一般规定

资源税的税目、税率，依照《资源税暂行条例》所附《资源税税目税率表》及财政部的有关规定执行。税目、税率的部分调整，由国务院决定。

（二）税率和税目的特别规定

1. 纳税人具体适用的税率，对《资源税税目税率幅度表》中列举名称的资源品目，由省级人民政府在规定的税率幅度内提出具体适用税率建议，报财政部、国家税务总局确定核准。

2. 财政部未列举名称且未确定具体适用税率的其他非金属矿原矿和有色金属矿原

矿,由省、自治区、直辖市人民政府根据实际情况确定,报财政部和国家税务总局备案。

3. 资源税应税产品的具体适用税率和矿产品等级的划分按《资源税暂行条例实施细则》所附的《资源税税目税率明细表》和《几个主要品种的矿山资源等级表》执行。对于划分资源等级的应税产品,其《几个主要品种的矿山资源等级表》中未列举名称的纳税人适用的税率,由省、自治区、直辖市人民政府根据纳税人的资源状况,参照《资源税税目税率明细表》和《几个主要品种的矿山资源等级表》中确定的邻近矿山或者资源状况、开采条件相近矿山的税率标准,在浮动30%的幅度内核定,并报财政部和国家税务总局备案。

4. 省级人民政府在提出和确定适用税率时,要结合当前矿产企业实际生产经营情况,遵循改革前后税费平移原则,充分考虑企业负担能力。

五、资源税应纳税额的计算

2018年3月,为进一步规范资源税征收管理,优化纳税服务,防范涉税风险,国家税务总局研究制定并发布了《资源税征收管理规程》,自2018年7月1日起施行。

(一)应纳税额的计算方法

资源税应纳税额按照应税产品的计税销售额或者销售数量乘以适用税率计算。

从价计征的,应纳税额 = 计税销售额 × 比例税率

从量计征的,应纳税额 = 计税销售数量 × 单位税额

计税销售额,是指纳税人销售应税产品向购买方收取的全部价款和价外费用,不包括增值税销项税额。

计税销售数量是指从量计征的应税产品销售数量。

为公平原矿与精矿之间的税负,对同一种应税产品,征税对象为精矿的,纳税人销售原矿时,应将原矿销售额换算为精矿销售额缴纳资源税;征税对象为原矿的,纳税人销售自采原矿加工的精矿,应将精矿销售额折算为原矿销售额缴纳资源税。原矿和精矿的销售额或者销售量应当分别核算,未分别核算的,从高确定计税销售额或者销售数量。

纳税人开采或者生产不同税目应税产品的,应当分别核算不同税目应税产品的销售额或者销售数量;未分别核算或者不能准确提供不同税目应税产品的销售额或者销售数量的,从高适用税率。

(二)销售额的确定

1. 一般规定

销售额是指纳税人销售应税产品向购买方收取的全部价款和价外费用,但不包括收取的增值税销项税额。

价外费用,包括价外向购买方收取的手续费、补贴、基金、集资费、返还利润、奖励费、违约金、滞纳金、延期付款利息、赔偿金、代收款项、代垫款项、包装费、包装物租金、

储备费、优质费、运输装卸费以及其他各种性质的价外收费。但是,承运部门的运输费用发票开具给购买方,并由纳税人将该项发票转交给购买方的代垫运输费用,不属于价外费用。同时符合以下条件代为收取的政府性基金或者行政事业性收费,也不属于价外费用:(1)由国务院或者财政部批准设立的政府性基金,由国务院或者省级人民政府及其财政、价格主管部门批准设立的行政事业性收费;(2)收取时开具省级以上财政部门印制的财政票据;(3)所收款项全额上缴财政。

纳税人以人民币以外的货币结算销售额的,应当折合成人民币计算。其销售额的人民币折合率可以选择销售额发生的当天或者当月 1 日的人民币汇率中间价。纳税人应在事先确定采用何种折合率计算方法,确定后 1 年内不得变更。

2. 特殊规定

(1)视同销售

计税销售额或者销售数量,包括应税产品实际销售和视同销售两部分。视同销售包括以下情形:纳税人以自采原矿直接加工为非应税产品的,视同原矿销售;纳税人以自采原矿洗选(加工)后的精矿连续生产非应税产品的,视同精矿销售;以应税产品投资、分配、抵债、赠与、以物易物等,视同应税产品销售。

(2)计税价格的核定

纳税人有视同销售应税产品行为而无销售价格的,或者申报的应税产品销售价格明显偏低且无正当理由的,税务机关应依次按下列顺序确定其应税产品计税价格:

第一,按纳税人最近时期同类产品的平均销售价格确定。

第二,按其他纳税人最近时期同类产品的平均销售价格确定。

第三,按应税产品组成计税价格确定。

$$组成计税价格 = 成本 \times (1 + 成本利润率) \div (1 - 资源税税率)$$

第四,按后续加工非应税产品销售价格,减去后续加工环节的成本利润后确定。

第五,按其他合理方法确定。

(3)关联企业的业务往来

纳税人与其关联企业之间的业务往来,应当按照独立企业之间的业务往来收取或者支付价款、费用。不按照独立企业之间的业务往来收取或者支付价款、费用,而减少其计税销售额的,税务机关可以按照《税收征收管理法》及其实施细则的有关规定进行合理调整。

(4)可以扣减的运杂费用

对同时符合以下条件的运杂费用,纳税人在计算应税产品计税销售额时,可予以扣减:包含在应税产品销售收入中;属于纳税人销售应税产品环节发生的运杂费用,具体是指运送应税产品从坑口或者洗选(加工)地到车站、码头或者购买方指定地点的运杂费用;取得相关运杂费用发票或者其他合法有效凭据;将运杂费用与计税销售额分别进行核算。

纳税人扣减的运杂费用明显偏高导致应税产品价格偏低且无正当理由的,主管税务机关可以合理调整计税价格。

3. 销售数量

销售数量,是指纳税人开采或者生产应税产品的实际销售数量或视同销售的自用数量。

纳税人开采或者生产应税产品,自用于连续生产应税产品的,不缴纳资源税;自用于其他方面的,视同销售,依照《资源税暂行条例》缴纳资源税。纳税人不能准确提供应税产品销售数量的,以应税产品的产量或者主管税务机关确定的折算比换算成的数量为计征资源税的销售数量。

(三)矿产资源税从价计征的改革

依据财税〔2016〕53 号文件,2016 年 7 月 1 日起全面推进资源税改革后,具体规定如下:

1. 对《资源税税目税率幅度表》中列举名称的 21 种资源品目和未列举名称的其他金属矿实行从价计征,从价计征的计税依据由原矿销售量调整为原矿、精矿(或原矿加工品)、氯化钠初级产品或金锭的销售额。列举名称的 21 种资源品目包括:铁矿、金矿、铜矿、铝土矿、铅锌矿、镍矿、锡矿、石墨、硅藻土、高岭土、萤石、石灰石、硫铁矿、磷矿、氯化钾、硫酸钾、井矿盐、湖盐、提取地下卤水晒制的盐、煤层(成)气、海盐。

2. 对经营分散、多为现金交易且难以控管的粘土、砂石,按照便利征管原则,仍实行从量定额计征。

3. 已实施从价计征的原油、天然气、煤炭、稀土、钨、钼 6 个资源品目资源税政策暂不调整,仍按原办法执行。

4. 对《资源税税目税率幅度表》中未列举名称的其他非金属矿产品,按照从价计征为主、从量计征为辅的原则,由省级人民政府确定计征方式。

六、资源税的税收减免

(一)减征或者免征资源税的情形

1. 开采原油过程中用于加热、修井的原油,免税。

2. 纳税人开采或者生产应税产品过程中,因意外事故或者自然灾害等原因遭受重大损失的,由省、自治区、直辖市人民政府酌情决定减税或者免税。

3. 对已经缴纳资源税的岩金矿原矿经选矿开成的尾矿进行再利用的,只要纳税人能够在统计、核算上清楚地反映,并在堆放等具体操作上能够同应税原矿明确区隔开,不再计征资源税。尾矿与原矿如不能划分清楚的,应按原矿计征资源税。

4. 对地面抽采煤气层暂不征收资源税。煤气层是指贮存于煤层及其围岩中与煤炭资源伴生的非常规天然气,也称煤矿瓦斯。

5. 我国油气田稠油、高凝油和高含硫天然气资源减征 40%；三次开采油资源税减征 30%；低丰度油气资源税暂减征 20%；深水油气田减征 30%；油田范围内运输稠油过程中用于加热的原油天然气免征资源税。

6. 自 2015 年 5 月 1 日起，对冶金矿山铁矿石资源税，暂减按规定税率标准的 40% 征收。

7. 对符合条件的采用充填开采方式采出的矿产资源，资源税减征 50%；对符合条件的衰竭期矿山开采的矿产资源，资源税减征 30%。具体认定条件由财政部、国家税务总局规定。

8. 对鼓励利用的低品位矿、废石、尾矿、废渣、废水、废气等提取的矿产品，由省级人民政府根据实际情况确定是否减税或免税，并制定具体办法。

9. 国务院规定的其他减税、免税项目。

财政部和国家税务总局根据国家有关规定及实际情况的变化适时对上述政策进行调整。

（二）减征或者免征资源税的注意事项

资源税减免实行分类管理。

1. 符合《资源税暂行条例》第 7 条第 2 项规定的减征或免征资源税情形的企业，可向主管税务机关提出，由省、自治区、直辖市人民政府决定，税务机关根据省、自治区、直辖市人民政府的决定，减征或免征资源税。

2. 油气田企业按规定的减征比例填报，以纳税申报表及附表作为资源税减免备案资料。

3. 其他应税产品开采或者生产企业，均通过备案形式向主管税务机关申报资源税减免。主管税务机关应建立完善后续管理制度，加强对资源税减免企业的跟踪管理。

对鼓励利用的低品位矿、废石、尾矿、废渣、废水、废气等提取的矿产品，由省级人民政府根据实际情况确定是否减税或免税，并制定具体办法。

纳税人在资源税纳税申报时，除财政部、国家税务总局另有规定外，应当将其应税和减免税项目分别计算和报送。纳税人的减税、免税项目，应当单独核算销售额或者销售数量；未单独核算或者不能准确提供销售额或者销售数量的，不予减税或者免税。

七、资源税的征收管理

（一）资源税纳税义务发生时间

资源税在应税产品销售或者自用环节计算缴纳。纳税人以自采原矿加工精矿产品的，在原矿移送使用时不缴纳资源税，在精矿销售或者自用时缴纳资源税。

纳税人以自采原矿直接加工为非应税产品或者以自采原矿加工的精矿连续生产非应税产品的，在原矿或者精矿移送环节计算缴纳资源税。

以应税产品投资、分配、抵债、赠与、以物易物等，在应税产品所有权转移时计算缴纳资源税。

（二）纳税地点

纳税人开采或者生产资源税应税产品，应当依法向开采地或者生产地主管税务机关申报缴纳资源税。

纳税人在本省、自治区、直辖市范围内开采或者生产应税产品，其纳税地点需要调整的，由省、自治区、直辖市税务机关决定。

跨省、自治区、直辖市开采或者生产资源税应税产品的纳税人，其下属生产单位与核算单位不在同一省、自治区、直辖市的，对其开采或者生产的应税产品，一律在开采地或者生产地纳税。实行从量计征的应税产品，其应纳税款一律由独立核算的单位按照每个开采地或者生产地的销售量及适用税率计算划拨；实行从价计征的应税产品，其应纳税款一律由独立核算的单位按照每个开采地或者生产地的销售量、单位销售价格及适用税率计算划拨。

扣缴义务人代扣代缴的资源税，应当向收购地主管税务机关缴纳。

（三）纳税期限

纳税人的纳税期限为1日、3日、5日、10日、15日或者1个月，由主管税务机关根据实际情况具体核定。不能按固定期限计算纳税的，可以按次计算纳税。纳税人以1个月为一期纳税的，自期满之日起10日内申报纳税；以1日、3日、5日、10日或者15日为一期纳税的，自期满之日起5日内预缴税款，于次月1日起10日内申报纳税并结清上月税款。扣缴义务人的解缴税款期限，比照上述的规定执行。

思考题

- 试分析资源税费的理论基础。
- 请就我国资源税的功能定位和征收范围谈谈你的理解。
- 对于环境保护税的纳税人来说，哪几类污染物需要缴税？
- 居民个人也产生生活污水和垃圾，需要缴纳环境保护税吗？
- 试列举直接向环境排放应税污染物和间接向环境排放污染物的行为。
- 简要说明环境保护税的征收管理模式。

延伸阅读

《关于环境保护税收入归属问题的通知》印发国务院明确环保税为地方收入（节选）

经李克强总理签批，国务院日前（2017年12月22日——编者注）印发《关于环境保护税收入归属问题的通知》（以下简称《通知》），明确环境保护税为地方收入。

《通知》指出,《中华人民共和国环境保护税法》将于2018年1月1日起施行。根据该法规定,在中华人民共和国领域和中华人民共和国管辖的其他海域,直接向环境排放应税污染物的企业事业单位和其他生产经营者为环境保护税的纳税人,应当依法缴纳环境保护税。为促进各地保护和改善环境、增加环境保护投入,国务院决定,环境保护税全部作为地方收入。

根据规定,依法设立的城乡污水集中处理、生活垃圾集中处理场所超过国家和地方规定的排放标准向环境排放应税污染物的,应当缴纳环境保护税。企业事业单位和其他生产经营者贮存或者处置固体废物不符合国家和地方环境保护标准的,应当缴纳环境保护税。

(资料来源 《中国环境报》2017年12月28日,第1版。)

同步习题

1. 依照《环境保护税法》的规定,下列应当缴纳环境保护税的情形是(　　)。

A. 符合国家和地方环境标准,向长江排放污染物

B. 企业事业单位和其他生产经营者贮存或者处置固体废物且不符合国家和地方环境保护标准的情形

C. 某城乡污水集中处理厂超过国家和地方规定的排放标准向环境排放应税污染物

D. 达到省级人民政府确定的规模标准并且有污染物排放口的畜禽养殖场

【答案】ABCD

【解析】参见《环境保护税法》关于纳税人的相关规定。

2. 以下属于减征或者免征资源税的情形是(　　)。

A. 开采原油过程中用于加热、修井的原油

B. 纳税人开采或者生产应税产品过程中,因意外事故或者自然灾害等原因遭受重大损失的

C. 对地面抽采煤气层

D. 开采冶金矿山铁矿石

【答案】ABCD

【解析】参见《资源税暂行条例》及其他关于资源税的税收减免的法规。

参考阅读

1. 葛察忠等:《环境保护税研究》,中国环境出版集团2018年版。

2. 刘金涛:《环境保护税法全解析及计算申报实务》,中国财政经济出版社2018年版。

3. 丁志忠、孟磊:《矿产资源税费改革研究》,知识产权出版社2016年版。

4. 李冬梅:《我国资源税经济效应评析及制度重构展望》,经济科学出版社 2016 年版。

法规链接

1.《资源税暂行条例》
2.《资源税代扣代缴管理办法》
3.《环境保护税法》
4.《环境保护税法实施条例》
5.《国务院关于环境保护税收入归属问题的通知》

第九章　财产税法

内容简介

财产税是以财产为征税对象,向财产占有、使用和受益的主体进行征收的税种,具有直接税的性质和社会财富再分配的功能。财产税法是国家制定的调整财产税征收与缴纳之间权利及义务关系的法律规范。我国现行财产税法由房产税法、城镇土地使用税法、土地增值税法、车船税法等构成。由于篇幅所限,本章主要介绍房产税法和土地增值税法。

财产税是以财产为征税对象,向财产占有、使用和受益的主体进行征收的税种。财产税的征收客体是狭义的财产,在各国税制实践中征收对象通常包括两类:一类是不动产,包括房屋、土地、建筑物;另一类是有形动产,比如汽车、船舶。[①] 财产税具有直接税的性质,是对存量财产征税,税负通常由财产的占有、使用和受益者承担。由于财产税直接对纳税人征收且税负难以转嫁,其税负痛苦感较明显和强烈,而税前可能没有充足的现金流也易导致纳税人支付能力不足。财产税的征收管理成本相对较高,作为计税依据的存量财产市场价值需要建立完善的评估体系和争议解决机制。财产税的功能包括筹集财政收入、社会财富再分配和资源配置功能。由于作为征税对象的房屋土地不易移动和价值稳定性,比较适合地方征税机关管理,大多数国家把财产税作为地方主体税种。[②] 贫富差距的表现为收入不公和社会财富存量分布不均,居民财产分布的高度积聚和显著分化已经成为造成居民收入分配差距拉大的新的因素。[③] 个人收入的不公通常用个人所得税来调节,财富积聚和分化需要用财产税来调节,这样税收负担将由社会经济中的资本所有者承担,财富多者多纳税,财富少者少纳税甚至不纳税,发挥财富再分配功能。财产税还可以促进土地、房屋等闲置资源的利用,减少财富的过度积累,引导将资金从存量财产流向消费领域,刺激经济增长。

---

① 由于动产具有税基的流动性和易消耗性,所以大部分的国家和地区将不动产和动产中的耐用消费品如车、船作为财产税的征税对象。

② 大部分国家尤其是联邦制国家,基于财政分权理论将财产税作为地方税主体税种,但是各国实践中也有不少国家把所得税作为主体税种,也有少数国家将销售税作为主体税种,其原因是多方面的,受国家结构、历史传统、法律习惯、社会经济、福利水平等多种因素的影响。

③ 参见李实、魏众、丁赛:《中国居民财产分布不均等及其原因的经验分析》,载《经济研究》2005 年第 6 期。

财产税法是国家制定的调整财产税征收与缴纳之间权利及义务关系的法律规范。我国现行财产税法由房产税法、城镇土地使用税法、土地增值税法、车船税法等税法构成。由于篇幅所限,本章主要介绍房产税法和土地增值税法。

第一节　房 产 税 法

现行的房产税法的基本规范,是 1986 年 9 月 15 日国务院颁布的《房产税暂行条例》。房产税是以房屋为征税对象,按照房屋计税余值或租金收入,向产权所有人征收的一种财产税。房产税属于对房地产征收的财产税,征收房产税有利于地方政府筹集财政收入和加强房产管理。

一、纳税义务人和征税范围

(一)纳税义务人

房产税以在征税范围内的房屋产权所有人为纳税人。

1. 产权属于国家的,由经营管理单位纳税,产权属于集体和个人所有的,由集体单位和个人纳税。

2. 产权出典的,由承典人纳税。所谓产权出典,是指产权所有人将房屋、生产资料等的产权,在一定期限内典当给他人使用,而取得资金的一种融资行为。由于在房屋出典期间,产权所有人已经无权支配房屋,因此,税法规定对房屋具有支配权的承典人为纳税人。

3. 产权所有人、承典人不在房屋所在地的,或者产权归属不清以及租典存在纠纷的,由房产代管人或使用人纳税。

4. 纳税单位和个人无租使用房产管理部门、免税单位、纳税单位的房产,由使用人代为缴纳房产税。

(二)征税范围

房产税以房产为征税对象。所谓房产,是指有屋面和围护墙,能够遮风避雨,供人们生产、生活、居住、储藏物资的场所。房地产开发商建造的商品房,在出售前为存货,不征收房产税,但对房地产开发商已经使用和出租、出借的商品房应按规定征收房产税。

房产税的征税范围为城市、县城、建制镇和工矿区。城市是指国务院批准的市。县城为县人民政府所在地的地区。建制镇是指经省、自治区、直辖市人民政府批准设立的建制镇。工矿区是指工商业比较发达、人口比较集中的大中型工矿企业所在地。为了减轻农民负担,鼓励农业发展,目前房产税的征税范围暂不包括农村地区。

二、税率、计税依据和应纳税额的计算

(一)税率和计税依据(见表9－1)

表9－1 房产税的税率和计税依据

征收方式	计税依据	税率
从价计征	房产原值×(1－扣除比例)	1.2%
从租计征	租金收入	12%
	其中:个人出租住房	减按4%

房产税的计征模式分为:从价计征和从租计征两种。

1. 从价计征

自用房产,根据《房产税暂行条例》规定,房产税依照房产原值减除10%～30%扣除比例后的房产余值为计税依据,各地扣除比例由当地省、自治区、直辖市人民政府确定。

房产原值,是指纳税人按照会计制度规定,依照历史成本原则,在会计核算账簿"固定资产"科目中记载的房屋原价。

(1)会计账簿中没有记载房屋原价的,应参照同类房屋确定房产原值;纳税人未按照国家会计制度规定核算并记载房屋原价的,应按照规定进行调整或重新评估。

(2)房产原值包含地价,地价包括为取得土地使用权支付的价款、开发土地发生的成本费用等。宗地容积率低于0.5的,按照房产建筑面积的2倍计算土地面积并据此计入房产原值的地价。①

(3)房产原值包括与房屋不可分割的各种附属设备和配套设施。主要有:通风、照明、暖气、煤气、卫生、电梯、过道、阳台、给排水、中央空调、电气及智能化楼宇设备等。凡以房屋为载体,不可随意移动的附属设备和配套设施,无论会计核算上是否单独记账,均需并入房产原值,计征房产税。对于更换的房屋附属设备和配套设施,将其价值计入房产原值时,可扣减原来相应设备和设施的价值;对于需要经常更换的零配件,更新后不计入房产原值。②

(4)原有房屋进行改扩建的,需相应增加房屋的原值。

---

① 宗地容积率是地块上的建筑物总面积与地面面积的比。根据财税〔2010〕121号文件财政部、国家税务总局《关于安置残疾人就业单位城镇土地使用税等政策的通知》第3条规定"宗地容积率低于0.5的,按房产建筑面积的2倍计算土地面积并据此确定计入房产原值的地价",该政策解决了物流企业"大地小房",按照全部地价计入房产税税基则税负较重的问题,允许按照房产建筑面积的2倍计算土地面积,乘以土地单价计入房产原值。

② 独立于房屋之外的建筑物,如游泳池、烟囱、水塔等,不属于房产,不是房产税的征税对象,其所占用土地的价值也不应该计入应税房产的原值征收房产税。

(5)自用的地下建筑,包括与地上房屋相连的地下建筑以及完全建在地下的建筑和人防设施。对于与地上房屋相连的地下建筑,如房屋的地下室、地下停车场、商场的地下部分等,均需将地下部分与地上房屋视为一个整体,按照地上房屋计征房产税。对于地下与地上不相连的地下建筑物,需区分工业用途和商业用途按照一定比例折算计入应税房产原值。工业用途的自用地下建筑,以原价的50%～60%折算作为应税房产原值;商业用途的地下建筑,以原价的70%～80%折算作为应税房产原值。具体折算比例,由各省、自治区、直辖市和计划单列市财政和税务部门在幅度内自行确定。

(6)对投资联营的房产应区别对待征收房产税。投资者参与投资利润分红,共担风险的,应按从价计征方式征收房产税。对于收取固定收入,不承担联营风险的,实际是以联营方式取得房产租金,由出租方按照租金收入计缴房产税。

(7)融资租赁的房屋,①实际上是承租人分期付款购买固定资产,所以由承租人自融资租赁合同约定开始日的次月起依照房产余值缴纳房产税。

2. 从租计征

房产出租的,以房产租金收入为计税依据。

所谓房产租金收入,是房屋产权人出租房产使用权收取的报酬,包括货币收入、实务收入、劳务收入及其他形式的收入。如果以劳务收入或其他形式为报酬抵付房租的,应参照当地同类房产的租金水平征收。

若租赁双方签订的合同约定有免收租金期限的,免租期间由产权所有人按照房产原值从价计征房产税。②

(二)应纳税额的计算

1. 从价计征应纳税额的计算

$$应纳税额 = 应税房产原值 \times (1 - 扣除比例) \times 1.2\%$$

扣除比例为10%～30%,具体由各省、自治区、直辖市人民政府确定。

【例9－1】某企业的经营用房原值为6000万元,按照当地规定允许减除30%后按余值计税,请计算其应纳房产税税额。

$$应纳税额 = 6000 \times (1 - 30\%) \times 1.2\% = 50.4(万元)$$

---

① 承租方在会计核算中作为“固定资产”处理。

② 参见财政部、国家税务总局《关于安置残疾人就业单位城镇土地使用税等政策的通知》(财税〔2010〕121号)第2条。

2. 从租计征应纳税额的计算

$$应纳税额 = 租金收入 \times 12\%$$

个人出租住房,减按4%的优惠税率计算房产税。

$$应纳税额 = 租金收入 \times 4\%$$

【例9-2】某公司出租房屋10间,年租金收入为500,000元,请计算其应纳房产税税额。

$$应纳税额 = 500,000 \times 12\% = 60,000(元)$$

【例9-3】张某出租住房1间,月租金收入为3000元,租期一年,请计算其年应纳房产税税额。

$$应纳税额 = 3000 \times 12 \times 4\% = 1440(元)$$

三、税收优惠

由于房产税属于地方税,因此中央授予地方政府一定的减免权限,目前房产税的主要税收优惠政策有:

1. 国家机关、人民团体、军队自用的房产免征房产税。但上述免税单位的出租房产以及非自身业务使用的生产经营性用房,不属于免税范围。

2. 由国家财政拨付事业经费的单位,如学校、医院、幼儿园、敬老院、文化、体育、艺术等实行全额或差额预算管理的事业单位,本身业务范围内使用的房产免征房产税。

3. 宗教寺庙、公园、名胜古迹自用的房产免征房产税。

宗教寺庙、公园、名胜古迹中附设的营业单位,如影剧院、饮食部、茶社、照相馆等所使用的房产及出租的房产,不属于免税单位,应照章纳税。

4. 个人所有非营业用的房产免征房产税。①

个人所有非营业用房,主要指居民住房,一律免征房产税。

个人所有的营业用房和出租房产,不属于免税房产,应为应税房产。

5. 经财政部批准免税的其他房产。包括:(1)对非营利性医疗机构、疾病控制机构和妇幼保健机构等卫生机构自用的房产;(2)对按政府规定价格出租的公有住房和廉

---

① 参见《房产税暂行条例》第5条第4款。

租住房。

四、征收管理

(一)纳税义务发生时间

1. 纳税人将原有房产用于生产经营,从生产经营的次月起缴纳房产税。

2. 纳税人自建房屋用于生产经营,从建成的次月起缴纳房产税。

3. 纳税人委托施工企业建设的房屋,从办理验收手续的次月起缴纳房产税。

4. 纳税人购置新建商品房,自房屋交付使用的次月起缴纳房产税;购置二手房的,自房屋产权转移、变更,房地产权属登记部门签发房屋权属证书的次月起,缴纳房产税。

5. 纳税人出租、出借房产,自交付出租、出借的次月起。

6. 房地产开发企业自用、出租、出借本企业建造的商品房,自房屋使用或交付的次月起,缴纳房产税。

7. 终止房产税纳税义务的时间,应为房产的实物或权利状态发生变化的当月末。

(二)纳税期限

房产税实行按年计算、分期缴纳的征收方法,各省级人民政府一般规定房产税半年征收一次,全年征收两次的方式。

(三)纳税地点

房产税在房产所在地缴纳。拥有多处房产的纳税人,需要按房产坐落地向不同地点的税务机关纳税。

第二节 土地增值税法

土地增值税法,是指国家制定的用以调整土地增值税征收与缴纳之间权利义务关系的法律规范。我国现行土地增值税的基本规范是1993年12月13日颁布的《土地增值税暂行条例》。土地增值税是对有偿转让国有土地使用权及地上建筑物,取得增值收入的单位和个人征收的一种税。其主要功能为财政筹集收入功能和调控房地产市场功能。

一、纳税义务人和征税范围

(一)纳税义务人

土地增值税的纳税义务人为转让国有土地使用权、地上建筑物及其附着物(以下简称转让房地产)并取得收入的单位和个人。单位包括各类企业、事业单位、国家机关和社会团体及其他组织。无论法人与自然人,无论经济性质,无论内资或外资,无论行业或部门,只要有偿转让土地,都是土地增值税的纳税人。

(二)征税范围

土地增值税基本征税范围包括:(1)转让国有土地使用权;(2)地上建筑物连同国

有土地使用权一并转让;(3)存量房地产买卖。

社会经济生活中还有一些特殊行为可以视同为转让不动产,应征土地增值税,包括:(1)抵押期满以房地产抵债行为;(2)单位之间互换房地产;(3)一方出地,另一方出资,合作建房后转让的;(4)房地产开发企业以房地产投资,公司改制重组、合并分立中的房地产权属发生变化。

不征或暂不征收土地增值税的情况:(1)房地产的依法继承。(2)房地产的赠与,仅包括两种情况:一是所有权人将房地产赠与直系亲属或承担直接赡养义务的人;二是所有权人通过境内非营利性社会团体、国家机关将房地产赠与教育、民政等社会福利公益事业。(3)房地产的出租。(4)抵押期内的房地产。(5)房地产的代建房行为。指房地产开发公司代客户进行房地产开发,完成后收取代建收入的行为,其收入属于劳务性质的收入。(6)房地产评估增值。(7)非房地产企业的房地产投资和改制重组、合并分立中房地产权属变化。①

免征土地增值税的范围:(1)个人之间互换自有居住用房地产,经当地税务机关核实的。(2)合作建房后按比例分房自用。(3)因国家建设需要依法征用的房地产。(4)建造普通标准住宅出售,增值额未超过扣除项目金额20%的。(5)企事业单位、社会团体、其他组织转让旧房作为公租房房源,且增值额未超过扣除项目金额20%的。

二、税率

土地增值税实行四级超率累进税率,②如表9-2所示。

表9-2 土地增值税税率

级数	增值额与扣除项目金额的比率	税率	速算扣除系数
1	不超过50%的部分	30%	0
2	超过50%~100%的部分	40%	5%
3	超过100%~200%的部分	50%	15%
4	超过200%的部分	60%	35%

三、应税收入与扣除项目

(一)应税收入

纳税人转让房地产取得的应税收入,包括转让房地产取得的全部价款及有关的经济利益。从形式上看包括货币收入、实物收入和其他收入。非货币收入要折合成货币金额计入收入总额。

---

① 其中第1、2项属于不动产权属发生转移,但是转让方并没有取得增值收入;第3~6项属于不动产权属没有发生转移的情况;第7项是为了鼓励非房地产企业的改制重组。

② 土地增值税是我国税制体系中唯一采用超率累进税率的税种。

2016年5月全面“营改增”之后,土地增值税纳税人转让房地产取得的收入为不含增值税收入:适用增值税一般计税方法的纳税人,其转让房地产的土地增值税应税收入不含增值税销项税额;适用简易计税方法的纳税人,其转让房地产的土地增值税应税收入不含增值税应纳税额。[①]

(二)扣除项目

准予从转让收入额中减除的扣除项目包括以下几项:

1. 取得土地使用权所支付的金额(适用新建房与存量房转让)

包括纳税人为取得土地使用权所支付的地价款和按国家统一规定缴纳的有关费用。以招拍挂方式出让取得土地使用权的,地价款为纳税人支付的土地出让金;以行政划拨方式取得的,地价款为补交的土地出让金;以转让方式取得的,地价款为向原土地使用权人实际支付的地价款。取得土地发生的有关费用包括登记、过户手续费等。房地产开发企业为取得土地使用权所支付的契税,应视同“按国家统一规定交纳的有关费用”,计入取得土地使用权所支付的金额中。

2. 房地产开发成本(适用新建房转让)

房地产开发成本,是指房地产开发项目实际发生的成本,包括土地征用及拆迁补偿费、前期工程费、建筑安装工程费、基础设施费、公共配套设施费、开发间接费用等。

(1)土地征用及拆迁补偿费。包括土地征用费、耕地占用税、地上、地下附着物拆迁补偿净支出、劳动力安置费等。

(2)前期工程费。包括规划、设计、项目可行性研究、水文、地质勘探费、“三通一平”支出等。

(3)建筑安装工程费。指以出包方式支付给承包单位的建筑安装工程费,以自营方式发生的建筑安装工程费。

(4)基础设施费。包括开发小区内道路、供水、供气、排污、通信、照明、绿化、环卫等工程发生的支出。

(5)公共配套设施费。包括不能有偿转让的开发小区内公共配套设施[②]发生的支出。

(6)开发间接费用。包括直接组织管理开发项目发生的人工工资、职工福利费、项目部的办公费、资产折旧费、工人的劳动保护费等。

3. 房地产开发费用(适用新建房转让)

房地产开发费用,是指与房地产开发项目有关的销售费用、管理费用和财务费用。由于较多纳税人在会计核算时将这三项费用直接计入当期损益,没有按照项目进行分

---

① 参见国家税务总局《关于营改增后土地增值税若干征管规定的公告》(国家税务总局公告2016年第70号)第1条。

② 如水塔、锅炉房、居委会、派出所、消防、幼托、自行车棚等。

摊。而我国的土地增值税在税务机关征收管理中是以房地产项目为单位进行预缴和清算的，故对于房地产开发费用的扣除方法是首先判断属于“财务费用”的利息支出是否能够按照房地产项目进行计算分摊，然后对于“管理费用”和“销售费用”按照“取得土地使用权所支付的金额”和“房地产开发成本”之和的一定比例进行估算而得的。

(1)纳税人能够按转让房地产项目计算分摊利息支出，并能提供金融机构的贷款证明的，其允许扣除的房地产开发费用 = 利息 + (取得土地使用权所支付的金额 + 房地产开发成本) ×5% 以内。

(2)纳税人不能够按转让房地产项目计算分摊利息支出或不能提供金融机构的贷款证明的，或者全部使用自有资金没有利息发生的，其允许扣除的房地产开发费用 = (取得土地使用权所支付的金额 + 房地产开发成本) ×10% 以内。

此外，对于利息还专门作了两项规定：一是利息的上浮幅度按国家的有关规定执行，超过上浮幅度的部分不允许扣除；二是超过贷款期限的利息和加罚的利息不允许扣除。

4. 与转让房地产有关的税金(适用新建房与存量房转让)

包括转让房地产时缴纳的印花税、城市维护建设税、教育费附加和地方教育费附加。

“营改增”后，计算土地增值税增值额的扣除项目中“与转让房地产有关的税金”不包括增值税。“营改增”后，房地产开发企业实际缴纳的城市维护建设税、教育费附加，凡能够按清算项目准确计算的，允许据实扣除。凡不能按清算项目准确计算的，则按该清算项目预缴增值税时实际缴纳的城建税、教育费附加扣除。①

5. 加计扣除(适用房地产开发企业新建房转让)

对从事房地产开发的纳税人按照(取得土地使用权所支付的金额 + 房地产开发成本) ×20% 加计扣除。其他纳税人不适用。目的是抑制炒买炒卖房地产的投机行为，保护正常投资者的积极性。

6. 旧房及建筑物的评估价值(适用存量房转让)

在转让已使用的房屋及建筑物时，应允许扣除房屋及建筑物的评估价、取得土地使用权所支付的土地价款和有关费用、在转让环节缴纳的税金(不含增值税)作为扣除项目金额计征土地增值税。

旧房及建筑物的评估价值是指转让已使用过的房屋及建筑物时，由政府批准设立的房地产评估机构评定的重置成本价乘以成新度折扣率后的价格。评估价格需当地税务机关确认。

评估价格 = 重置成本价 × 成新度折扣率

① 参见国家税务总局《关于营改增后土地增值税若干征管规定的公告》(国家税务总局公告 2016 年第 70 号)第 3 条。

纳税人转让旧房及建筑物，凡不能取得评估价格，但能提供购房发票的，经当地税务机关确认，可按发票所载金额并从购买年度起至转让年度止每年加计5%计算扣除，①每满12个月计1年；超过1年，未满12个月但超过6个月的，可视同为1年。

评估价＝发票金额②×(1＋留存年数×5%)

纳税人购房时缴纳的契税准予作为"与转让房地产有关的税金"予以扣除，但不能作为加计5%的基数。

转让旧房及建筑物，既没有评估价，也不能提供购房发票的，根据《税收征收管理法》的规定，由税务机关核定征收。

四、应纳税额的计算

计算土地增值税的步骤和公式

第一步，计算收入总额。③

第二步，计算扣除项目金额。

第三步，计算增值额。

增值额＝转让房地产收入－扣除项目金额

第四步，计算增值额与扣除项目金额之间的比率，确定适用税率档次和对应的速算扣除系数。

第五步，套用公式计算税额。

应纳税额＝增值额×税率－扣除项目金额×速算扣除系数

【例9－4】某市房地产开发公司(增值税一般纳税人)与某单位于2016年12月正式签署一写字楼转让合同，取得转让收入15,000万元(不含增值税)，公司即按税法规

① 视同为税法承认房屋价值每年有5%的增值。

② 国家税务总局《关于营改增后土地增值税若干征管规定的公告》(国家税务总局公告2016年第70号)第6条规定：提供的购房凭据为营改增前取得的营业税发票的，按照发票所载金额(不扣减营业税)并从购买年度起至转让年度止每年加计5%计算；提供的购房凭据为营改增后取得的增值税普通发票的，按照发票所载价税合计金额从购买年度起至转让年度止每年加计5%计算；提供的购房发票为营改增后取得的增值税专用发票的，按照发票所载不含增值税金额加上不允许抵扣的增值税进项税额之和，并从购买年度起至转让年度止每年加计5%计算。

③ 收入为不含增值税的收入，若含税需要先价税分离。

定缴纳了有关税金(该公司的写字楼为“营改增”之前建造,选择了增值税的简易征收方式。城建税税率7%,教育费附加征收率3%,地方教育费附加征收率2%,印花税税率0.5‰)。已知该公司为取得土地使用权而支付的地价款和按国家统一规定缴纳的有关费用共3000万元;投入房地产开发成本为4000万元;房地产开发费用中的利息支出为1200万元(不能按转让房地产项目计算分摊利息支出)。该公司所在省人民政府规定的房地产开发费用扣除比例为10%。请计算该公司应纳的土地增值税税额。

(1)确定转让房地产取得的收入:15,000万元

(2)确定转让房地产的扣除项目金额

①取得土地使用权支付的金额:3000万元

②房地产开发成本:4000万元

③房地产开发费用:

$$(3000+4000)\times 10\%=700 \text{ 万元}$$

④与转让房地产有关的税金:

增值税简易征收应纳税额 $=15,000\times 5\%=750$ 万元

增值税作为价外税,不必扣除。

城建税及两项教育费附加 $=750\times(7\%+3\%+2\%)=90$ 万元,需要扣除。

印花税 $=15,000\times 0.5‰=7.5$ 万元,需要扣除。[①]

⑤从事房地产开发的加计扣除:

$$(3000+4000)\times 20\%=1400 \text{ 万元}$$

⑥转让房地产的扣除项目金额合计 $3000+4000+700+90+7.5+1400=9197.5$ 万元

(3)计算转让房地产的增值额

$$15,000-9197.5=5802.5 \text{ 万元}$$

(4)计算增值额与扣除项目金额之间的比率

$$5802.5\div 9197.5\times 100\%=63.09\%$$

查税率表,可知适用税率为40%,速算扣除系数为5%。

(5)计算应纳土地增值税税额

$$5802.5\times 40\%-9197.5\times 5\%=1861.13 \text{ 万元}$$

五、房地产开发企业土地增值税的预征和清算

对于房地产企业的土地增值税征收管理,采用的是先预征后清算的管理方式。

---

① 根据2016年12月3日财政部发布的《关于印发〈增值税会计处理规定〉的通知》(财税〔2016〕22号),印花税不再列入管理费用,而列入税金及附加,因此可以扣除。

预征土地增值税是在还没有正确计算出房地产项目增值率的情况下，为确保税款平稳、均匀地流入国库，而采取的预先征收土地增值税的办法。它是以纳税人每月申报取得的转让收入额（含预收款、定金）乘以预征率计算征收税款。预征率通常为1%～5%，由各地根据房地产类型进行确定，[①]除保障性住房外，东部地区省份预征率不低于2%，中部地区和东北地区，预征率不得低于1.5%，西部地区省份不低于1%。

纳税人在项目全部竣工结算前转让房地产取得的收入，应在次月10日内携带交易双方签订的有关买卖（预售）合同等资料主动向转让房地产所在地主管地税机关办理纳税申报，进行土地增值税的清算。

（一）土地增值税的清算单位

以房地产开发项目为单位清算，对于分期开发的项目，以分期项目为单位清算。开发项目中同时包含普通住宅和非普通住宅的，应分别计算增值税。

（二）清算条件

1. 纳税人应进行土地增值税清算的情形

（1）房地产开发项目全部竣工、完成销售的；

（2）整体转让未竣工决算房地产项目的；

（3）直接转让土地使用权的。

2. 主管税务机关可要求纳税人进行土地增值税清算的情形

（1）已竣工验收的房地产开发项目，已转让的房地产建筑面积占整个项目可售建筑面积的比例在85%以上，或该比例虽未超过85%，但剩余的可售建筑面积已经出租或自用的；

（2）房地产开发项目取得最末一张销售许可证满3年仍未销售完毕的；

（3）纳税人申请注销税务登记但未办理土地增值税清算手续的。

3. 关于“营改增”前后土地增值税清算的计算问题[②]

房地产开发企业在“营改增”后进行房地产开发项目土地增值税清算时，按以下方法确定相关金额：

土地增值税应税收入＝营改增前转让房地产取得的收入＋营改增后转让房地产取得的不含增值税收入

与转让房地产有关的税金＝营改增前实际缴纳的营业税、城建税、教育费附加＋营改增后允许扣除的城建税、教育费附加

---

① 通常普通住房预征率低于别墅、高档住房和商铺。

② 参见国家税务总局《关于营改增后土地增值税若干征管规定的公告》（国家税务总局公告2016年第70号）第4条。

4. 非直接销售和自用住房的收入确定

房地产开发企业将开发的产品用于职工福利、奖励、对外投资、分红、偿债、换取非货币性资产,发生了所有权转移应视同销售。收入按照以下顺序和方法确认:

(1)按本企业在同一地区、同一年度销售的同类房地产的价格确定。

(2)参照当地当年、同类房地产的市场价格或评估价格确定。

5. 土地增值税的扣除项目

(1)可据实扣除的项目

房地产开发企业开发建造的与清算项目配套的居委会和派出所用房、会所、停车库、物业管理所、变电站等公共设施,建成后产权属于全体业主的,费用可以扣除;建成后无偿移交给政府、公用事业单位的,其成本费用可以扣除。

其他允许据实扣除的项目:装修费;建筑安装施工企业开具发票的质量保证金;为取得土地使用权缴纳的契税;支付给回迁户的补差价款;拆迁补偿费等。

(2)可核定扣除的项目

前期工程费、建筑安装工程费、基础设施费、开发间接费用的凭证或资料不符合清算要求的,可由税务机关核定扣除。

(3)不可扣除的项目

不能提供合法有效凭证的费用、成本及税金;预提费用;扣留的质保金,对方未开具发票;逾期缴纳的土地闲置费。

6. 土地增值税的核定征收

对于以下情形,税务机关可以按照不低5%的征收率核定征收土地增值税:

(1)依照法律、行政法规的规定应当设置但未设置账簿的;

(2)擅自销毁账簿或者拒不提供纳税资料的;

(3)虽设置账簿,但账目混乱或者成本资料、收入凭证、费用凭证残缺不全,难以确定转让收入或扣除项目金额的;

(4)符合土地增值税清算条件,纳税人未按照规定的期限办理清算手续,经地税机关责令限期清算,逾期仍不清算的;

(5)申报的计税依据明显偏低,又无正当理由的。

六、税收优惠

1. 建造普通标准住宅的税收优惠。

纳税人建造普通标准住宅,①增值额未超过扣除项目金额的20%的,免征土地增值税。增值额超过扣除项目金额的20%的,应就全部增值额征收土地增值税。

2. 国家依法征用、收回的房地产,免征土地增值税。

---

① 2005年6月1日起普通标准住宅应同时满足:小区建筑容积率1.0以上;单套建筑面积120平方米以下;实际成交价格低于住房平均交易价的1.2倍以下。

3. 因城市规划、国家建设需要而搬迁由纳税人自行转让原房地产的，免征土地增值税。

4. 对企事业单位、社会团体以及其他组织转让旧房作为公租房房源，且增值额未超过扣除项目金额20%的，免征土地增值税。

思考题

➢ 简述房地产税的改革与立法问题。

➢ 简述当前我国财产税的地位与功能。

延伸阅读

房地产税试点改革和立法推进(节选)

葛 静

与居民利益最相关、学界争议最大、改革阻力最强的税种莫过于房地产税，自2003年党的十六届三中全会提出"条件具备时对不动产开征统一规范的物业税"为开端，虽然税种名称经历了"物业税—房产税—房地产税"的演变，然而迄今为止各方仍然难达至统一观点。

(一)房地产税的试点

2011年1月28日，根据国务院第136次常务会议有关精神，上海市和重庆市政府决定开展对部分个人住房征收房产税试点，具体征收办法如表9－3所示。

表9－3 沪渝房产税试点政策对比

项目	重庆	上海
试点范围	重庆主城区(渝中区、江北区、沙坪坝区、九龙坡区、大渡口区、南岸区、北碚区、渝北区、巴南区)	上海市行政区域
税率	以上两年主城区新房均价为基准，3倍以下的0.5%，3～4倍的1%，4倍以上的1.2%	暂定为0.6% 应税住房每平方米市场交易价格低于本市上年度新建商品住房平均销售价格2倍(含2倍)的，税率暂减为0.4%

续表

项目	重庆	上海
本地居民	1. 个人拥有的独栋商品住宅 2. 个人新购的高档住房。高档住房是指建筑面积交易单价达到上两年主城九区新建商品住房成交建筑面积均价2倍(含2倍)以上的住房①	家庭第二套及以上住房(包括新购的二手存量住房和新建商品住房)
外地居民	在重庆市同时无户籍、无企业、无工作的个人新购的第二套(含第二套)以上的普通住房②	非本市居民家庭在本市新购的住房
计税依据	应税住房的计税价值为房产交易价。条件成熟时,以房产评估值作为计税依据	参照应税住房的房地产市场价格确定的评估值,评估值按规定周期进行重估。试点初期,暂以应税住房的市场交易价格作为计税依据。房产税暂按应税住房市场交易价格的70%计算缴纳
免税面积	一个家庭可对一套应税住房扣除免税面积,存量独栋住宅为180平方米,新购高档住房为100平方米	上海市居民家庭人均60平方米

$$\text{重庆市应税房屋应纳税额} = \text{应税面积} \times \text{交易单价} \times \text{税率}$$
$$= (\text{建筑面积} - 180\text{平方米或}100\text{平方米}) \times \text{交易单价} \times \text{税率}$$

$$\text{上海市应税房屋应纳税额} = \text{应税面积} \times \text{交易单价} \times 70\% \times \text{税率}$$
$$= (\text{建筑面积} - \text{家庭人口数量} \times 60) \times \text{交易单价} \times 70\% \times \text{税率}$$

由于计税依据为历史交易价格、税率偏低、扣除标准过宽等原因,房产税征收税额规模很小,没有达到人们期望的效果。

---

① 2018年1月1日重庆国土房管局公告,2018年重庆主城区个人新购高档住房房产税起征点由2017年的13,941元/平方米调整为15,455元/平方米。

② 2017年重庆市政府将该政策调整为对"三无"人员个人新购首套(含)及以上住房征收房产税,税率0.5%。

（二）房地产税立法

沪渝两市房产税试点并没有实现预期，而且其程序上与《立法法》的相关法律规定相背离，内容上也违背了《房产税暂行条例》的“对个人非营业房产免征房产税的规定”，总体上与税收法定主义精神相悖。因此，在党的十八届三中全会报告中提出完善税制，“加快房地产税立法并适时推进改革”。2017年12月时任财政部部长提出按照立法先行、充分授权、分步推进的原则，推进房地产税立法和实施。对工商业房地产和个人住房按照评估值征收房地产税，适当降低建设、交易环节税费负担，逐步建立完善的现代房地产税制度。

（资料来源　葛静：《中国房地产税改革——功能定位、路径选择和制度设计》，经济科学出版社2015年版。）

同步习题

一、选择题

1. 下列房屋及建筑物中，属于房产税征税范围的是（　　）。

A. 农村的居住用房

B. 建在室外的露天游泳池

C. 个人拥有的市区经营性用房

D. 尚未使用或出租而待售的商品房

【答案】C

【解析】选项A：房产税的征税范围不包括农村；选项B：建在室外的露天游泳池不属于房产，不征收房产税；选项D：房地产开采企业建造的商品房，在出售前，不征收房产税；但对出售前房地产开发企业已使用、出租或出借的商品房应按规定征收房产税。

2. 下列情形中，应当计算缴纳土地增值税的是（　　）。

A. 工业企业向房地产开发企业转让国有土地使用权

B. 房产所有人通过希望工程基金会将房屋产权赠与西部教育事业

C. 甲企业出资金、乙企业出土地，双方合作建房，建成后按比例分房自用

D. 房地产开发企业代客户进行房地产开发，开发完成后向客户收取代建收入

【答案】A

【解析】选项B，房产所有人通过中国境内非营利的社会团体、国家机关将房屋产权赠与教育、民政和其他社会福利、公益事业的，不属于土地增值税的征税范围，不缴纳土地增值税；选项C，合作建房后按比例分房自用的，暂免征收土地增值税；选项D，房地产开发公司代客户进行房地产的开发，不属于土地增值税的征税范围。

3. 下列情形中，纳税人应当进行土地增值税清算的是（　　）。

A. 取得销售许可证满1年仍未销售完毕的

B. 转让未竣工结算房地产开发项目50%股权的

C. 直接转让土地使用权的

D. 房地产开发项目尚未竣工但已销售面积达到50%的

【答案】C

【解析】纳税人应进行土地增值税清算的情况:(1)房地产开发项目全部竣工、完成销售的;(2)整体转让未竣工决算房地产开发项目的;(3)直接转让土地使用权的。

二、计算题

1. 某工厂企业2016年2月自建的厂房竣工并投入使用,该厂房的原值是8000万元,其中用于储存物资的独立地下室为800万元,假设房产原值的减除比例为30%,地下室应税原值为房产原值的60%。该企业2016年应缴纳房产税?

【答案和解析】应缴纳的房产税 = (8000 - 800) × (1 - 30%) × 1.2% × 10/12 + 800 × 60% × (1 - 30%) × 1.2% × 10/12 = 53.76(万元)。

2. 甲公司2018年7月1日转让其位于市区的一栋办公大楼,取得不含增值税销售收入24,000万元。2010年建造该办公楼时,为取得土地使用权支付金额6000万元,发生建造成本8000万元。转让时经政府批准的房地产评估机构评估后,确定该办公楼的重置成本价为16,000万元,成新度折旧率为60%,允许扣除的有关税金及附加1356万元。

要求:根据上述资料,按照下列序号回答问题,如有计算需计算出合计数。

(1)回答甲公司办理土地增值税纳税申报的期限。

(2)计算土地增值税时甲公司办公楼的评估价格。

(3)计算土地增值税时允许扣除项目金额的合计数。

(4)计算转让办公楼应缴纳的土地增值税。

【答案和解析】

(1)纳税人应在转让房地产合同签订后7日内,向房地产所在地主管税务机关办理纳税申报,并向税务机关提交相关合同等资料。

(2)甲公司办公楼的评估价格 = 重置成本价 × 成新度折扣率 = 16,000 × 60% = 9600(万元)。

(3)转让存量房的扣除项目包括:①取得土地使用权所支付的金额;②房屋及建筑物的评估价格;③转让环节缴纳的税金。

计算土地增值税时允许扣除项目金额的合计数 = 6000 + 9600 + 1356 = 16,956(万元)。

(4)增值额 = 24,000 - 16,956 = 7044(万元)

增值率 = 7044 ÷ 16,956 × 100% = 41.54% < 50%,税率为30%

转让办公楼应缴纳的土地增值税 = 7044 × 30% = 2113.2(万元)

参考阅读

1. 中国注册会计师协会编:《税法》,中国财政经济出版社 2018 年版。

2. 张怡主编:《税法学》,法律出版社 2010 年版。

3. 李实、魏众、丁赛:《中国居民财产分布不均等及其原因的经验分析》,载《经济研究》2005 年第 6 期。

4. 葛静:《中国房地产税改革——功能定位、路径选择与制度设计》,经济科学出版社 2015 年版。

法规链接

1.《房产税暂行条例》

2.《土地增值税暂行条例》

3. 国家税务总局《关于营改增后土地增值税若干征管规定的公告》(国家税务总局公告 2016 年第 70 号)

4. 财政部、国家税务总局《关于安置残疾人就业单位城镇土地使用税等政策的通知》(财税〔2010〕121 号)

5.《上海市开展对部分个人住房征收房产税试点的暂行办法》

6. 重庆市人民政府《关于进行对部分个人住房征收房产税改革试点的暂行办法》

第十章　税收征收管理法

内容简介

《税收征收管理法》及《税收征收管理法实施细则》以法律、法规的形式，统一和规范了税收征纳双方在税收征纳过程中的权利、义务和应遵循的制度、程序，对于加强税收征收管理、规范税收征收和缴纳行为、保障国家税收收入、保护纳税人的合法权益、促进经济和社会发展具有重要意义。本章学习的目的，是了解《税收征收管理法》及其实施细则对税收征纳双方在税收征纳过程中权利义务的相关规定并在实践中熟练运用。现行《税收征收管理法》是2001年4月28日通过立法，5月开始实施的（仅在2013年6月和2015年4月进行了个别条款修订），在很多方面已不适应日益变化的国内外经济形势和税收征纳实践，修订《税收征收管理法》已列入2018年全国人大常委会立法工作安排。省级和省级以下国税地税机构合并，即使《税收征收管理法》的修订更加迫切，又提出了新的挑战。本章对我国《税收征收管理法》沿革及修订作简要介绍，供读者参考。

第一节　基本内容

一、《税收征收管理法》立法宗旨

制定《税收征收管理法》，是为了加强税收征收管理，规范税收征收和缴纳行为，保障国家税收收入，保护纳税人合法权益，促进经济和社会发展。税收的开征、停征以及减税、免税、退税、补税，均依照法律规定执行。任何机关、单位和个人不得违反法律、行政法规的规定，擅自作出税收开征、停征以及减税、免税、退税、补税和其他与税收法律、行政法规相抵触的决定。2015年3月15日，第十二届全国人民代表大会第三次会议修改通过的《立法法》，第8条第6项将“税种的设立、税率的确定和税收征收管理等税收基本制度”明确为只能制定法律的事项，进一步体现了税收法定原则。

二、税务机关的权力义务

税务机关拥有税收征收管理权。国务院税务主管部门主管全国税收征收管理工作。税务机关依法执行职务，任何单位和个人不得阻挠。

税务机关有依法行使税收征收管理权及税收宣传、为纳税人保密和依法回避等义务。税务机关、税务人员必须秉公执法、忠于职守、清正廉洁、礼貌待人、文明服务，尊重和保护纳税人、扣缴义务人的权利,依法接受监督。税务人员不得索贿受贿、徇私舞弊、玩忽职守、不征或者少征应征税款,不得滥用职权多征税款或者故意刁难纳税人和扣缴义务人。税务机关应当广泛宣传税收法律、行政法规,普及纳税知识,无偿地为纳税人提供纳税咨询服务。税务机关应当依法为纳税人、扣缴义务人的情况保密。税务人员征收税款、查处税收违法案件、履行确定应纳税额及其他管理职责的同时,应保护纳税人的合法权利。与纳税人、扣缴义务人或者税收违法案件有利害关系的,应当回避。

三、纳税人、扣缴义务人的权利义务

纳税人、扣缴义务人有依照法律、行政法规规定缴纳税款、代扣代缴、代收代缴税款的义务。

国家税务总局公告2009年第1号《关于纳税人权利与义务的公告》将纳税人、扣缴义务人在履行义务过程中的权利义务进行了归纳。权利14项:知情权;保密权;税收监督权;纳税申报方式选择权;申请延期申报权;申请延期缴纳税款权;申请退还多缴税款权;依法享受税收优惠权;委托税务代理权;陈述与申辩权;对未出示税务检查证和税务检查通知书的拒绝检查权;税收法律救济权;依法要求听证权;索取有关税收凭证权。义务10项:依法进行税务登记;依法设置账簿、保管账簿和有关资料以及依法开具、使用、取得和保管发票;财务会计制度和会计核算软件报税务机关备案;按照规定安装、使用税控装置;按时、如实申报;按时缴纳税款;代扣、代收税款;接受依法检查;及时提供信息;报告其他涉税信息。

第二节 税务管理

一、税务登记管理

税务登记是税收管理工作的首要环节,是征纳双方税收法律关系成立的依据。国务院办公厅《关于加快推进“五证合一、一照一码”登记制度改革的通知》(国办发〔2016〕53号)明确从2016年10月1日起正式实施“五证合一、一照一码”(“五证”是指营业执照、组织机构代码证、税务登记证、社会保险登记证和统计登记证)以后,《税收征收管理法》及其实施细则、《税务登记管理办法》(根据2014年12月27日国家税务总局令第36号修正发布)关于税务登记管理的条款,有的已经不适用。在修订《税收征收管理法》作出新的规定之前,本书仍然对现行法规关于税务登记管理的基本要求作简要介绍。

(一)税务登记的基本要求

1. 设立税务登记

各类企业,以及企业在外地设立的分支机构和从事生产、经营的场所,个体工商户

和从事生产、经营的事业单位(统称从事生产、经营的纳税人)在申请营业执照时,按照税务机关要求登记相关信息,在营业执照上加载统一社会信用代码。

其他纳税人,除国家机关、个人和无固定生产、经营场所的流动性农村小商贩外,应当自依照税收法律、行政法规成为纳税义务人之日起30日内,持有关证件向所在地主管税务机关申报办理税务登记。

从事生产、经营的纳税人,应办而未办工商营业执照,或不需办理工商营业执照而需经有关部门批准设立但未经有关部门批准的(以下简称无照户纳税人),应当自纳税义务发生之日起30日内申报办理税务登记。税务机关对无照户纳税人核发临时税务登记证及副本,并限量供应发票。无照户纳税人已领取营业执照或已经有关部门批准的,应当在领取营业执照时加载统一社会信用代码;已领取临时税务登记证及副本的,税务机关应当同时收回并做作废处理。

扣缴义务人应当自扣缴义务发生之日起30日内,向所在地的主管税务机关申报办理扣缴税款登记,领取扣缴税款登记证件;税务机关对已办理税务登记的扣缴义务人,可以只在其税务登记证件上登记扣缴税款事项,不再发给扣缴税款登记证件。

2. 变更税务登记

纳税人税务登记内容发生变化的,应当向原税务登记机关申报办理变更税务登记。纳税人按照规定不需要在工商行政管理机关办理变更登记,或者其变更登记的内容与工商登记内容无关的,应当自税务登记内容实际发生变化之日起30日内,或者自有关机关批准或者宣布变更之日起30日内,持纳税人变更登记内容的证明文件等有关资料到原税务登记机关申报办理变更税务登记。纳税人提交的有关变更登记的证件、资料齐全的,应如实填写税务登记变更表,经税务机关审核,符合规定的,税务机关应自受理当日审核办理变更税务登记;不符合规定的,税务机关应通知其补正。纳税人税务登记表和税务登记证中的内容都发生变更的,税务机关按变更后的内容重新核发税务登记证件;纳税人税务登记表的内容发生变更而税务登记证中的内容未发生变更的,税务机关不重新核发税务登记证件。

3. 停业、复业登记

实行定期定额征收方式的个体工商户需要停业的,应当在停业前向税务机关申报办理停业登记。纳税人的停业期限不得超过一年。

纳税人在申报办理停业登记时,应如实填写停业申请登记表,说明停业理由、停业期限、停业前的纳税情况和发票的领、用、存情况,并结清应纳税款、滞纳金、罚款。税务机关应收存其税务登记证件及副本、发票领购簿、未使用完的发票和其他税务证件。

纳税人应当于恢复生产经营之前,向税务机关申报办理复业登记,如实填写《停、复业报告书》,领回并启用税务登记证件、发票领购簿及其停业前领购的发票。纳税人停业期满不能及时恢复生产经营的,应当在停业期满前到税务机关办理延长停业登记,并如实填写《停业复业报告书》。

4. 注销税务登记

纳税人发生解散、破产、撤销以及其他情形，依法终止纳税义务的，应当在向工商行政管理机关或者其他机关办理注销登记前，持有关证件和资料向原税务登记机关申报办理注销税务登记；按规定不需要在工商行政管理机关或者其他机关办理注册登记的，应当自有关机关批准或者宣告终止之日起15日内，持有关证件和资料向原税务登记机关申报办理注销税务登记。

纳税人被工商行政管理机关吊销营业执照或者被其他机关予以撤销登记的，应当自营业执照被吊销或者被撤销登记之日起15日内，向原税务登记机关申报办理注销税务登记。

纳税人因住所、经营地点变动，涉及改变税务登记机关的，应当在向工商行政管理机关或者其他机关申请办理变更、注销登记前，或者住所、经营地点变动前，持有关证件和资料，向原税务登记机关申报办理注销税务登记，并自注销税务登记之日起30日内向迁达地税务机关申报办理税务登记。境外企业在中国境内承包建筑、安装、装配、勘探工程和提供劳务的，应当在项目完工、离开中国前15日内，持有关证件和资料，向原税务登记机关申报办理注销税务登记。

纳税人办理注销税务登记前，应当向税务机关提交相关证明文件和资料，结清应纳税款、多退（免）税款、滞纳金和罚款，缴销发票、税务登记证件和其他税务证件，经税务机关核准后，办理注销税务登记手续。实行“五证合一、一照一码”登记模式的企业办理注销登记，须先向税务主管机关申报清税，填写《清税申报表》。企业应向税务主管机关提出清税申报，税务机关受理后应将企业清税申报信息同时传递给另一方税务机关。清税完毕后，主管税务机关将清税结果信息反馈给受理税务机关，由受理税务机关向纳税人出具《清税证明》，并将信息共享到交换平台。在清税后，发现少报、少缴税款的，税务机关将相关信息传至登记机关，纳入“黑名单”管理。

5. 外出经营报验登记

从事生产、经营的纳税人到外县（市）临时从事生产、经营活动的，应当在外出生产经营以前，持税务登记证到主管税务机关开具《外出经营活动税收管理证明》（以下简称《外管证》）。税务机关按照一地一证的原则，发放《外管证》，《外管证》的有效期限一般为30日，最长不得超过180天。纳税人应当在《外管证》注明地进行生产经营前向当地税务机关报验登记，并提交税务登记证件副本和《外管证》。

（二）税务登记证的使用及管理

除按照规定不需要发给税务登记证件的外，纳税人办理下列事项时，必须持加载统一信用代码的营业执照或者税务登记证件：开立银行账户；申请减税、免税、退税；申请办理延期申报、延期缴纳税款；领购发票；申请开具外出经营活动税收管理证明；办理停业、歇业；其他有关税务事项。

税务登记证的管理有如下规定：（1）纳税人按照国务院税务主管部门的规定使用

税务登记证件,税务登记证件不得转借、涂改、损毁、买卖或者伪造;(2)纳税人应当将税务登记证件正本在其生产、经营场所或者办公场所公开悬挂,接受税务机关检查;(3)纳税人遗失税务登记证件的,应当在15日内书面报告主管税务机关,并登报声明作废;(4)税务机关对税务登记证件实行定期验证和换证制度。

(三)银行账户管理

从事生产、经营的纳税人应当按照国家有关规定,持营业执照或税务登记证件,在银行或者其他金融机构开立基本存款账户和其他存款账户,并将其全部账户向税务机关报告。银行和其他金融机构应当在从事生产、经营的纳税人的账户中登录统一社会信用代码或税务登记证件号码,并在营业执照或者税务登记证件中登录从事生产、经营的纳税人的账户。税务机关依法查询从事生产、经营的纳税人开立账户的情况时,有关银行和其他金融机构应当予以协助。

从事生产、经营的纳税人应当自开立基本存款账户或者其他存款账户之日起15日内,向主管税务机关书面报告其全部账户;发生变化的,应当自变化之日起15日内,向主管税务机关书面报告。

(四)"五证合一、一照一码"登记制度改革

在2015年"三证合一"登记制度改革的基础上,2016年进一步推进了"五证合一、一照一码"登记制度改革。税务机关不再发放税务登记证,实行"一窗受理、互联互通、信息共享",在工商行政管理部门核发营业执照时登记有关内容,加载法人和其他组织统一社会信用代码。企业需要使用税务登记证办理相关事务的,改为使用"五证合一"后的营业执照办理。简化纳税人设立、迁移、注销手续。税务机关通过与工商部门沟通协调,建立工商登记数据质量和传输的通报、对账机制及管理办法,提升共享信息的准确性和完整性。取消外出经营税收管理证明,实行网上报验。简化纳税人在本省内跨市、县变更登记流程,便利市场主体自由迁移。制定简易注销办法,实现市场主体退出便利化。

二、账簿、凭证管理

账簿、凭证管理,是指税务机关按照税法和财务会计制度规定对纳税人的发票凭证、会计凭证、会计账簿、会计报表等核算资料实施监督和管理,是税收征管的一项基础工作。

(一)按照规定设置、使用和保管账簿、凭证

纳税人、扣缴义务人按照有关法律、行政法规和国务院财政、税务主管部门的规定设置账簿,根据合法、有效凭证记账,进行核算。

从事生产、经营的纳税人应当自领取营业执照或者发生纳税义务之日起15日内,按照国家有关规定设置账簿。扣缴义务人应当自税收法律、行政法规规定的扣缴义务发生之日起10日内,按照所代扣、代收的税种,分别设置代扣代缴、代收代缴税款账簿。所称账簿,是指总账、明细账、日记账以及其他辅助性账簿。其中,总账、日记账应当采

用订本式。

纳税人、扣缴义务人会计制度健全,能够通过计算机正确、完整计算其收入和所得或者代扣代缴、代收代缴税款情况的,其计算机输出的完整的书面会计记录,可视同会计账簿。纳税人建立的会计电算化系统应当符合国家有关规定,并能正确、完整核算其收入或者所得。

生产、经营规模小又确无建账能力的纳税人,可以聘请经批准从事会计代理记账业务的专业机构或者财会人员代为建账和办理账务。

账簿、会计凭证和报表,应当使用中文。民族自治地方可以同时使用当地通用的一种民族文字。外商投资企业和外国企业可以同时使用一种外国文字。账簿、会计凭证、报表、完税凭证、发票、出口凭证以及其他有关涉税资料应当合法、真实、完整。除法律、行政法规另有规定之外,账簿、会计凭证、报表、完税凭证、发票、出口凭证以及其他有关涉税资料应当保存10年。

（二）会计核算制度及核算软件送税务机关备案

从事生产、经营的纳税人应当自领取税务登记证件之日起15日内,将其财务、会计制度或者财务、会计处理办法报送主管税务机关备案。纳税人使用计算机记账的,应当在使用前将会计电算化系统的会计核算软件、使用说明书及有关资料报送主管税务机关备案。

纳税人、扣缴义务人的财务、会计制度或者财务、会计处理办法与国务院或者国务院财政、税务主管部门有关税收的规定抵触的,依照国务院或者国务院财政、税务主管部门有关税收的规定计算应纳税款、代扣代缴和代收代缴税款。

（三）发票管理

发票的管理办法由国务院规定。税务机关是发票的主管机关,负责发票印制、领购、开具、取得、保管、缴销的管理和监督。单位、个人在购销商品、提供或者接受经营服务以及从事其他经营活动中,应当按照规定开具、使用、取得发票。

增值税专用发票由国务院税务主管部门指定的企业印制;其他发票,按照国务院税务主管部门的规定,分别由省、自治区、直辖市税务局指定企业印制。国家根据税收征收管理的需要,积极推广使用税控装置。纳税人应当按照规定安装、使用税控装置,并按照税务机关的规定报送有关数据和资料,不得损毁或者擅自改动税控装置。

三、纳税申报管理

纳税申报是纳税人在发生纳税义务后按照税法规定的期限和内容向主管税务机关提交有关纳税书面报告的法律行为,是界定纳税人法律责任的主要依据,是税务机关税收管理信息的主要来源。

（一）纳税申报的内容

纳税人、扣缴义务人办理纳税申报时应当如实填写纳税申报表或代扣代缴、代收代缴税款报告表。对纳税申报的认定,以申报表为准,不论其纳税申报表与财务报表是否一致，只要纳税申报表没有按照法律规定的内容申报，就属于申报不实，并可以据此查处。

纳税人、扣缴义务人的纳税申报或者代扣代缴、代收代缴税款报告表的主要内容包括：税种、税目，应纳税项目或者应代扣代缴、代收代缴税款项目，计税依据，扣除项目及标准，适用税率或者单位税额，应退税项目及税额、应减免税项目及税额，应纳税额或者应代扣代缴、代收代缴税额，税款所属期限、延期缴纳税款、欠税、滞纳金等。

扣缴义务人办理代扣代缴、代收代缴税款报告时，应当如实填写代扣代缴、代收代缴税款报告表，并报送代扣代缴、代收代缴税款的合法凭证以及税务机关规定的其他有关证件、资料。

（二）纳税申报的方式

纳税人、扣缴义务人可以自主决定纳税申报方式。可以直接到税务机关办理纳税申报或者报送代扣代缴、代收代缴税款报告表和财务会计报告，也可以采取邮寄、数据电文或者其他方式办理上述申报、报送事项。

纳税人采取邮寄方式办理纳税申报的，应当使用统一的纳税申报专用信封，并以邮政部门收据作为申报凭据。邮寄申报以寄出的邮戳日期为实际申报日期。数据电文方式，是指税务机关确定的电话语音、电子数据交换和网络传输等电子方式。纳税人采取电子方式办理纳税申报的，应当按照税务机关规定的期限和要求保存有关资料，并定期书面报送主管税务机关。随着电子税务建设不断推进，纳税人通过电子税务局办理纳税申报日益普及。

（三）纳税申报的相关要求

纳税人、扣缴义务人，不论当期是否发生纳税义务，除经税务机关批准外，均应按规定办理纳税申报或者报送代扣代缴、代收代缴税款报告表。实行定期定额方式缴纳税款的纳税人，可以实行简易申报、简并征期等申报纳税方式。纳税人享受减税、免税待遇的，在减税、免税期间应当按照规定办理纳税申报。纳税人、扣缴义务人按照规定的期限办理纳税申报或者报送代扣代缴、代收代缴税款报告表确有困难，需要延期的，应当在规定的期限内向税务机关提出书面延期申请，经税务机关核准，在核准的期限内办理。

纳税人、扣缴义务人因不可抗力，不能按期办理纳税申报或者报送代扣代缴、代收代缴税款报告表的，可以延期办理；但是，应当在不可抗力情形消除后立即向税务机关报告。税务机关应当查明事实，予以核准。所谓不可抗力，是指人们无法预见、无法避免、无法克服的自然灾害，如水灾、火灾、风灾、地震等。

经核准延期申报的，应当在纳税期内按照上期实际缴纳的税额或者税务机关核定的税额预缴税款，并在核准的延期内办理税款结算。

第三节　税 款 征 收

一、征收方式

税务机关根据保证国家税款及时足额入库、方便纳税人、降低税收成本的原则，确定税款征收的方式。

(一)查账征收

查账征收是由纳税人依据账簿记载，先自行计算缴纳，事后经税务机关查账核实，如有不符时，可多退少补。这种征收方式一般适用于已建立会计账册，财务、会计制度健全，会计记录完整的纳税人。

(二)核定征收

核定征收是税务机关对不能完整、准确提供纳税资料的纳税人采用特定方法确定其应纳税收入或应纳税额，纳税人据以缴纳税款的一种征收方式，具体包括查定征收、查验征收、定期定额征收等方式。

核定征收适用于以下几种情形：依照法律、行政法规的规定可以不设置账簿的；依照法律、行政法规的规定应当设置但未设置账簿的；擅自销毁账簿的或者拒不提供纳税资料的；虽设置账簿，但账目混乱或者成本资料、收入凭证、费用凭证残缺不全，难以查账的；发生纳税义务，未按照规定的期限办理纳税申报，经税务机关责令限期申报，逾期仍不申报的；纳税人申报的计税依据明显偏低，又无正当理由的。

(三)代扣代缴、代收代缴及委托代征

代扣代缴是指持有纳税人收入的单位和个人从持有的纳税人收入中扣缴其应纳税款并向税务机关解缴的行为；代收代缴是指与纳税人有经济往来关系的单位和个人借助经济往来关系向纳税人收取其应纳税款并向税务机关解缴的行为；委托代征是税务机关按照国家有关规定委托有关单位和人员代征零星分散和异地缴纳的税收，并发给委托代征证书。纳税人拒绝扣缴义务人依法代扣、代收、代征税款的，扣缴义务人或受托代征单位和人员应当及时报告税务机关。税务机关按照所扣缴、代缴、代征的税款，向扣缴、代缴、代征义务人付给手续费，并通过财政预算统一安排。

二、延期纳税、减免税及欠税管理

(一)延期纳税

纳税人因有特殊困难，不能按期缴纳税款的，经省、自治区、直辖市税务机关批准，可以延期缴纳税款，但最长不得超过3个月。纳税人延期纳税的基本条件有两个：一是纳税人确实发生了特殊困难，即因不可抗力，导致纳税人发生较大损失，正常生产经营活动受到较大影响或者当期货币资金在扣除应付职工工资、社会保险费后，不足以缴纳税款的；二是经过省、自治区、直辖市税务局批准。计划单列市税务局参照审批纳税人

延期缴纳税款。

对于延期纳税的管理还应注意以下几个问题:纳税人需要延期缴纳税款的,应当在缴纳税款期限届满前提出申请,并报送下列材料:申请延期缴纳税款报告,当期货币资金余额情况及所有银行存款账户的对账单,资产负债表,应付职工工资和社会保险费等税务机关要求提供的支出预算。

税务机关应当自收到申请延期缴纳税款报告之日起20日内作出批准或者不予批准的决定;不予批准的,从缴纳税款期限届满之日起加收滞纳金。

批准延期的,延期期满前免予加收滞纳金。

延期期限最长不得超过3个月,同一笔税款不得滚动审批。

(二)减免税

减免税必须有法律、行政法规的明确规定。符合法律法规规定的,纳税人依法自行办理减免税。享受减税、免税优惠的纳税人,减税、免税条件发生变化的,应当自发生变化之日起15日内向税务机关报告;不再符合减税、免税条件的,应当依法履行纳税义务;未依法纳税的,税务机关应当予以追缴。

(三)欠税

欠税是指纳税人、扣缴义务人未按规定的期限缴纳或解缴税款的行为。纳税人未按照规定期限缴纳税款的,扣缴义务人未按照规定期限解缴税款的,税务机关除责令限期缴纳外,从滞纳税款之日起,按日加收滞纳税款5‰的滞纳金。加收滞纳金的起止时间,为法律、行政法规规定或者税务机关依照法律、行政法规确定的税款缴纳期限届满次日起至纳税人、扣缴义务人实际缴纳或者解缴税款之日止。《税收征收管理法》在欠税清缴方面还采取了以下措施:

1. 欠税纳税人离境清税

欠缴税款的纳税人或者他的法定代表人需要出境的,应当在出境前向税务机关结清应纳税款、滞纳金或者提供担保。未结清税款、滞纳金,又不提供担保的,税务机关可以通知出境管理机关阻止其出境。

2. 改制纳税人欠税清缴

纳税人有合并、分立情形的,应当向税务机关报告,并依法缴清税款。纳税人合并时未缴清税款的,应当由合并后的纳税人继续履行未履行的纳税义务。

纳税人分立时未缴清税款的,分立后的纳税人对未履行纳税义务应当承担连带责任。即税务机关找到分立后的任何一方,都应负责缴清全部税款,然后再解决内部的分摊问题。

3. 大额欠税处分财产报告

欠缴税款数额在5万元以上的纳税人在处分其不动产或者大额资产之前,应当向税务机关报告。

4. 清缴欠税时的税收优先权

所谓税收优先权,是指税务机关在征收税款与其他债权的实现发生冲突时,税款的征收原则上优先于其他债权的实现。税收优先权主要体现以下四个方面:

税收优先于无担保债权。这里所说的税收优先于无担保债权是有条件的,也就是说并不是优先于所有的无担保债权,《破产法》另有规定的除外。

纳税人欠缴的税款发生在纳税人以其财产设定抵押、质押或者纳税人的财产被留置之前的,税收优先于抵押权、质权和留置权的执行。

税收优先于罚款、没收非法所得。即纳税人欠缴税款,同时又被行政机关决定处以罚款、没收违法所得的,税收优先于罚款、没收违法所得。

税收犯罪被处以罚金、没收财产的,在执行前,应当先由税务机关追缴税款。

5. 对欠税人行使代位权与撤销权

代位权,是指债权人因债务人怠于行使其到期债权而取代其债权人地位自行追索债务的权利。撤销权,是指债权人请求人民法院撤销债务人危害其债权行为的权利。税务机关行使代位权、撤销权必须满足以下条件:纳税人必须有欠缴国家税款的行为;必须有法定的代位或者撤销事由;纳税人的行为已经对国家税收造成了损害;税务机关行使代位权和撤销权,必须向人民法院提出申请,由法院批准代位、宣布撤销;税务机关行使代位权或者撤销权的范围以纳税人欠缴税款多少为限,不得随意扩大;税务机关行使代位权与撤销权,不免除欠缴税款的纳税人尚未履行的纳税义务和应承担的法律责任。

三、税收保全

税收保全措施,是指在规定的纳税期之前,由于纳税人行为或某种客观原因可能导致税款难以征收时,税务机关采取的限制纳税人处理或者转移商品、货物或其他财产的强制措施。

(一)税收保全适用

税务机关在两种情况下可使用税收保全措施:一种是在法定纳税期内采取的税收保全措施;另一种是针对以前纳税期采取的税收保全措施。前者适用于税收征收过程,它所要保全的是"当期"的受到逃避纳税义务行为威胁的税款;后者适用于税务检查过程,它所要保全的是"以前纳税期"的受到逃避纳税义务行为威胁的税款,即《税收征收管理法》第55条所作的规定:税务机关对从事生产、经营的纳税人以前纳税期的纳税情况依法进行税务检查时,发现纳税人有逃避纳税义务行为,并有明显的转移、隐匿其应纳税的商品、货物以及其他财产或者应纳税的收入的迹象的,可以按照本法规定的批准权限采取税收保全措施或者强制执行措施。

《税收征收管理法》第38条规定,税务机关有根据认为从事生产、经营的纳税人有逃避纳税义务行为的,可以在规定的纳税期之前,责令限期缴纳应纳税款;在限期内发现纳税人有明显的转移、隐匿其应纳税的商品、货物以及其他财产或者应纳税的收入的迹象的,税务机关可以责成纳税人提供纳税担保。如果纳税人不能提供纳税担保,经县以上税务局(分局)局长批准,税务机关可以采取税收保全措施。根据以上规定,采取税收保全措施时需要注意:采取税收保全的范围只适用于从事生产、经营的纳税人;必须是有根据认为纳税人有明显转移、隐匿其应纳税的商品、货物以及其他财产或应纳税收入等行为或迹象;必须是在规定的纳税期之前和责令限期缴纳的期限之内,在纳税期之后或在责令限期缴纳期满之后,税务机关应采取强制执行措施;必须是在纳税人不肯或不能提供纳税担保的情形下;须经县以上税务局(分局)局长批准。

税收保全的对象是相当于纳税人应纳税款的商品、货物和其他财产。所称其他财产,包括纳税人的房地产、现金、有价证券等不动产和动产。个人及其所扶养家属维持生活必需的住房和用品,以及单价5000元以下的其他生活用品,不在税收保全措施的范围之内。所谓个人所扶养家属,是指与纳税人共同居住生活的配偶、直系亲属以及无生活来源并由纳税人扶养的其他亲属。机动车辆、金银饰品、古玩字画、豪华住宅或者一处以外的住房不属于个人及其所扶养家属维持生活必需的住房和用品。

(二)税收保全执行

税务机关实施税收保全的方式有两种:书面通知纳税人开户银行或者其他金融机构冻结纳税人的金额相当于应纳税款的存款;扣押、查封纳税人的价值相当于应纳税款的商品、货物或者其他财产。

税务机关执行扣押、查封商品、货物或者其他财产时,应当由两名以上税务人员执行,并通知被执行人。被执行人是自然人的,应当通知被执行人本人或者其成年家属到场;被执行人是法人或者其他组织的,应当通知其法定代表人或者主要负责人到场;拒不到场的,不影响执行。税务机关扣押商品、货物或者其他财产时,必须开付收据;查封商品、货物或者其他财产时,必须开付清单。

扣押、查封价值相当于应纳税款的商品、货物或者其他财产时,参照同类商品的市场价、出厂价或者评估价估算。税务机关在按照规定方法确定应扣押、查封的商品、货物或者其他财产的价值时,还应当包括滞纳金和拍卖、变卖所发生的费用。对价值超过应纳税额且不可分割的商品、货物或者其他财产,税务机关在纳税人、扣缴义务人或者纳税担保人无其他可供强制执行的财产的情况下,可以整体扣押、查封、拍卖。拍卖或者变卖所得抵缴税款、滞纳金、罚款以及拍卖、变卖等费用后,剩余部分应当在3日内退还被执行人。

税务机关对纳税人的财产实施扣押、查封时,对有产权证件的动产或者不动产,税务机关可以责令当事人将产权证件交税务机关保管,同时可以向有关机关发出协助执行通知书,有关机关在扣押、查封期间不再办理该动产或者不动产的过户手续。对查封的商品、货物或者其他财产,税务机关可以指令被执行人负责保管,保管责任由被执行人承担。继续使用被查封的财产不会减少其价值的,税务机关可以允许被执行人继续使用;因被执行人保管或者使用的过错造成的损失,由被执行人承担。

纳税人在税务机关采取税收保全后,按照税务机关规定的期限缴纳税款的,税务机关必须在1个工作日内解除税收保全措施。

(三)纳税担保

纳税担保包括经税务机关认可的纳税保证人为纳税人提供的纳税保证,以及纳税人或者第三人以其未设置或者未全部设置担保物权的财产提供的担保。纳税保证人,是指在中国境内具有纳税担保能力的自然人、法人或者其他经济组织。法律、行政法规规定的没有担保资格的单位和个人,不得作为纳税担保人。

担保手续必须完备。纳税担保人同意为纳税人提供纳税担保的,应当填写纳税担保书,写明担保对象、担保范围、担保期限和担保责任以及其他有关事项。担保书须经纳税人、纳税担保人签字盖章并经税务机关同意,方为有效。纳税人或者第三人以其财产提供纳税担保的,应当填写财产清单,并写明财产价值以及其他有关事项。纳税担保财产清单须经纳税人、第三人签字盖章并经税务机关确认,方为有效。

四、税收强制

(一)税收强制适用

税收强制执行,是指纳税人等税收管理相对人在规定的期限内未履行法定义务,税务机关采取法定的强制手段,强迫其履行义务的行为。

《税收征收管理法》第37条规定:对未按照规定办理税务登记的从事生产、经营的纳税人以及临时从事经营的纳税人,由税务机关核定其应纳税额,责令缴纳;不缴纳的,税务机关可以扣押其价值相当于应纳税款的商品、货物。扣押后仍不缴纳税款的,经县以上税务局(分局)局长批准,依法拍卖或者变卖所扣押的商品、货物,以拍卖或者变卖所得抵缴税款。

《税收征收管理法》第40条规定:从事生产、经营的纳税人、扣缴义务人未按照规定的期限缴纳或者解缴税款,纳税担保人未按照规定的期限缴纳所担保的税款,由税务机关责令限期缴纳,逾期仍未缴纳的,经县以上税务局(分局)局长批准,税务机关可以采取强制执行措施。

税收强制执行措施与税收保全措施不同,不仅可以适用从事生产、经营的纳税人,且可适用于扣缴义务人和纳税担保人。对逾期不履行法定义务的纳税人等管理相对人必须告诫在先、执行在后,即对纳税期满后仍不履行法定义务者,税务机关应先责令限期缴纳,对拒不缴纳者方可适用强制执行措施。税收强制执行措施必须发生在责令期满之后,责令限期内有不履行义务迹象的,税务机关应采取的是税收保全措施。税收强制执行措施的执行对象不仅包括税款,还包括滞纳金。

(二)税收强制执行的主要手段

一是书面通知其开户银行或者其他金融机构从其存款中扣缴税款。这里,“其他金融机构”,是指信托投资公司、信用合作社、邮政储蓄机构以及经中国人民银行、中国证券监督管理委员会等批准设立的其他金融机构;“存款”包括独资企业投资人、合伙企业合伙人、个体工商户的储蓄存款以及股东资金账户中的资金等。

二是扣押、查封、依法拍卖或者变卖其价值相当于应纳税款的商品、货物或者其他财产,以拍卖或者变卖所得抵缴税款。税务机关采取强制执行措施时,对纳税人、扣缴义务人、纳税担保人未缴纳的滞纳金同时强制执行。

(三)实施税收强制执行的注意事项

实施税收强制执行措施直接影响纳税人的利益,税务机关在行使时应当严格按照法定权限和法定程序进行。

税收强制执行措施的权力,不得由法定的税务机关以外的单位和个人行使。

税务机关依照《税收征收管理法》有关规定,扣押、查封价值相当于应纳税款的商品、货物或者其他财产时,应参照同类商品的市场价、出厂价或者评估价估算。税务机关按照上述方法确定应扣押、查封的商品、货物或者其他财产的价值时,还应当包括滞纳金和拍卖、变卖所发生的费用。对价值超过应纳税额且不可分割的商品、货物或者其他财产,税务机关在纳税人、扣缴义务人或者纳税担保人无其他可供强制执行的财产的情况下,可以整体扣押、查封、拍卖,以拍卖所得抵缴税款、滞纳金、罚款以及拍卖费用。

税务机关依法实施扣押、查封时,对有产权证件的动产或者不动产,税务机关可以责令当事人将产权证件交税务机关保管,同时可以向有关机关发出协助执行通知书,有关机关在扣押、查封期间不再办理该动产或者不动产的过户手续。对查封的商品、货物或者其他财产,税务机关可以指令被执行人负责保管,保管责任由被执行人承担。继续使用被查封的财产不会减少其价值的,税务机关可以允许被执行人继续使用;因被执行人保管或者使用的过错造成的损失,由被执行人承担。

税务机关将扣押、查封的商品、货物或者其他财产变价抵缴税款时,应当交由依法成立的拍卖机构拍卖;无法委托拍卖或者不适于拍卖的,可以交由当地商业企业代为销售,也可以责令纳税人限期处理;无法委托商业企业销售,纳税人也无法处理的,可以由税务机关变价处理,具体办法由国家税务总局规定。国家禁止自由买卖的商品,应当交由有关单位按照国家规定的价格收购。拍卖或者变卖所得抵缴税款、滞纳金、罚款以及拍卖、变卖等费用后,剩余部分应当在3日内退还被执行人。

税务机关依照《税收征收管理法》第37条的规定,扣押纳税人商品、货物的,纳税人应当自扣押之日起15日内缴纳税款。对扣押的鲜活、易腐烂变质或者易失效的商品、货物,税务机关根据被扣押物品的保质期,可以缩短上述规定的扣押期限。

税务机关滥用职权违法采取税收强制执行措施,或者采取税收强制措施不当,使纳税人、扣缴义务人或者纳税担保人的合法权益遭受损失的,应当依法承担赔偿责任。这里所称损失,是指因税务机关的责任,使纳税人、扣缴义务人或者纳税担保人的合法利益遭受的直接损失。

五、税款追征、退还及入库

(一)税款追征

因税务机关适用税收法律、行政法规不当或者执法行为违法,致使纳税人、扣缴义务人未缴或者少缴税款的,税务机关在3年内可以要求纳税人、扣缴义务人补缴税款,但是不得加收滞纳金。

因纳税人、扣缴义务人指非主观故意的计算公式运用错误以及明显的笔误等失误,未缴或者少缴税款的,税务机关在3年内可以追征税款、滞纳金;未缴或者少缴累计数额在10万元以上的,追征期可以延长到5年。

对偷税、抗税、骗税的,税务机关追征其未缴或者少缴的税款、滞纳金或者所骗取的税款,不受前述规定期限的限制,税务机关可以无限期追征。

(二)税款退还

纳税人超过应纳税额缴纳的税款,税务机关发现后应当自发现之日起10日内办理退还手续。

纳税人自结算缴纳税款之日起3年内发现的,可以向税务机关要求退还多缴的税款并加算银行同期存款利息,税务机关应当自接到纳税人退还申请之日起30日内查实并办理退还手续。

当纳税人既有应退税款又有欠缴税款的,税务机关可以将应退税款和利息先抵扣欠缴税款;抵扣后有余额的,退还纳税人。涉及从国库中退库的,依照法律、行政法规有关国库管理的规定退还。

(三)税款入库

审计机关、财政机关依法进行审计、检查时,对税务机关的税收违法行为作出的决定,税务机关应当执行;发现被审计、检查单位有税收违法行为的,向被审计、检查单位下达决定、意见书,责成被审计、检查单位向税务机关缴纳应当缴纳的税款、滞纳金。税务机关应当根据有关机关的决定、意见书,依照税收法律、行政法规的规定,将应收的税款、滞纳金按照国家规定的税收征收管理范围和税款入库预算级次缴入国库。税务机关应当自收到审计机关、财政机关的决定、意见书之日起30日内将执行情况书面回复审计机关、财政机关。有关机关不得将其履行职责过程中发现的税款、滞纳金自行征收入库或者以其他款项的名义自行处理、占压。

第四节　税 务 检 查

一、查账

查账,是指检查纳税人的账簿、会计凭证、报表和有关资料,检查扣缴义务人代扣代缴、代收代缴税款账簿、会计凭证和有关资料。税务机关既可以在纳税人、扣缴义务人的业务场所行使资料检查权,也可以经县以上税务局(分局)局长批准,将上述纳税主体以往会计年度的账簿、记账凭证、报表和其他有关资料调回税务机关检查,税务机关必须向纳税人、扣缴义务人开付清单,并在3个月内完整退还。有特殊情况的,经设区的市、自治州以上税务局局长批准，税务机关可以将纳税人、扣缴义务人当年的账簿、记账凭证、报表和其他有关资料调回检查，税务机关必须在30日内退还。

二、实地检查

实地检查，是指到纳税人的生产经营场所、货物存放地检查与纳税有关的商品、货物或者其他财产，检查与代扣代缴、代收代缴税款有关的情况。通过实地检查掌握纳税人、扣缴义务人的实际生产经营情况是否与纳税申报情况相符，促使纳税人和扣缴义务人如实纳税。到纳税人的生产、经营场所和货物存放地检查纳税人应纳税的商品、货物或者其他财产，检查扣缴义务人与代扣代缴、代收代缴税款有关的经营情况。

三、责成提供资料

纳税人、扣缴义务人提供的与纳税或者代扣代缴、代收代缴税款有关的文件、证明材料和有关资料，是税务机关了解和掌握税收征管情况的直接依据。责成纳税人、扣缴义务人提供与纳税、扣缴税款有关的真实文件、证明和资料，是法律赋予税务机关的行政执行权力。

四、询问

询问，是指税务机关向纳税人、扣缴义务人提出与纳税或者代扣代缴、代收代缴税款有关的问题和情况，纳税人、扣缴义务人必须回答的一种检查方法。税务机关在进行税务检查时，对所掌握到的问题和情况，往往需要向纳税人、扣缴义务人作进一步查实情况，才能做出正确的判断。因此询问是税务检查中不可缺少的工作环节。询问内容应当是与纳税、扣缴税款有关的问题和情况，询问笔录要与纳税人或扣缴义务人核对，如有遗误，纳税人或扣缴义务人可补充或改正；经核对无误的笔录，需由笔录人、纳税人或扣缴义务人双方签字盖章才有效。

五、查证

查证，是指税务机关到车站、码头、机场、邮政企业及其分支机构检查纳税人托运、邮寄应纳税商品、货物或者其他财产的有关单据、凭证和有关资料。

六、查询银行账户

经县以上税务局（分局）局长批准，凭全国统一格式的检查存款账户许可证明，税务机关可以查询从事生产、经营的纳税人、扣缴义务人在银行或者其他金融机构的存款账户。在调查税收违法案件时，经设区的市、自治州以上税务局（分局）局长批准，税务机关可以查询案件涉嫌人员的储蓄存款。税务机关查询的内容，包括纳税人存款账户余额和资金往来情况，并有责任为被检查人保守秘密，查询所获得的资料，不得用于税收以外的用途。

税务机关应当建立科学的检查制度，统筹安排检查工作。税务机关依法进行上述税务检查时，可以采取必要的取证手段。纳税人、扣缴义务人有义务接受检查，如实反映情况，提供有关资料，不得拒绝、隐瞒。有关部门和单位应当支持、协助，向税务机关如实反映纳税人、扣缴义务人和其他当事人的与纳税或者代扣代缴、代收代缴税款有关的情况，提供有关资料及证明材料。

第五节　法律责任

一、纳税主体的法律责任

纳税主体(纳税人和扣缴义务人)的税收违法行为具体可分为违反日常税收管理的违法行为、直接妨害税款征收的违法行为、妨害发票管理的违法行为三类。

(一)违反日常税收管理

纳税人有下列行为之一的，由税务机关责令限期改正，可以处2000以下的罚款；情节严重的，处2000元以上1万元以下的罚款：(1)未按照规定设置、保管账簿或者保管记账凭证和有关资料的；(2)未按照规定将财务、会计制度或者财务、会计处理办法和会计核算软件报送税务机关备查的；(3)未按照规定将其全部银行账号向税务机关报告的；(4)未按照规定安装、使用税控装置，或者损毁或者擅自改动税控装置的。

扣缴义务人未按照规定设置、保管代扣代缴、代收代缴税款账簿或者保管代扣代缴、代收代缴税款记账凭证及有关资料的，由税务机关责令限期改正，可以处2000元以下的罚款；情节严重的，处2000元以上5000元以下的罚款。

纳税人未按照规定的期限办理纳税申报和报送纳税资料的，或者扣缴义务人未按照规定的期限向税务机关报送代扣代缴、代收代缴税款报告表和有关资料的，由税务机关责令限期改正，可以处2000元以下的罚款；情节严重的，可以处2000以上1万元以下的罚款。这里要注意的是，“未按照规定期限申报”不等于不申报，也不必然导致不缴或者少缴应纳税款，因此承担的法律责任也比较轻。《税收征收管理法》同时规定，如果纳税人不进行纳税申报，造成不缴或者少缴应纳税款后果的，则由税务机关追缴其不缴或者少缴的税款、滞纳金，并处不缴或者少缴的税款50%以上5倍以下的罚款。

纳税人、扣缴义务人逃避、拒绝或者以其他方式阻挠税务机关检查的，有下列情形之一的，由税务机关责令改正，可以处1万元以下的罚款；情节严重的，处1万元以上5万元以下的罚款：(1)提供虚假资料，不如实反映情况，或者拒绝提供有关资料的；(2)拒绝或者阻止税务机关记录、录音、录像、照相和复制与案件有关的情况和资料的；(3)在检查期间，纳税人、扣缴义务人转移、隐匿、销毁有关资料的；(4)有不依法接受税务检查的其他情形的。

(二)妨害税款征收

1. 逃避缴纳税款

逃避缴纳税款(偷税)，是指纳税人采取欺骗、隐瞒手段进行虚假纳税申报或者不申报，逃避缴纳税款。这里我们采用的是《刑法修正案(七)》对“逃避缴纳税款”概念的表述。2009年2月28日，第十一届全国人民代表大会常务委员会第七次会议通过了

《刑法修正案(七)》,从修订后的《刑法》相关条款看,"偷税"术语被"逃避缴纳税款"所替代,而且逃避缴纳税款犯罪行为由原来的列举性条款变为概括式规定。一般来说,"偷"是指将属于别人的财产据为己有,而在税收问题上,应缴税款原本属于纳税人的合法财产,之所以发生偷逃税行为,是因为纳税人没有依法履行缴纳税款的义务,我们应将这种行为与平常概念中的盗窃行为加以区别。

《税收征收管理法》目前仍沿用"偷税"的定义与表述。《税收征收管理法》第 63 条规定:"纳税人伪造、变造、隐匿、擅自销毁帐簿、记帐凭证,或者在帐簿上多列支出或者不列、少列收入,或者经税务机关通知申报而拒不申报或者进行虚假的纳税申报,不缴或者少缴应纳税款的,是偷税。对纳税人偷税的,由税务机关追缴其不缴或者少缴的税款、滞纳金,并处不缴或者少缴的税款百分之五十以上五倍以下的罚款;构成犯罪的,依法追究刑事责任。扣缴义务人采取前款所列手段,不缴或者少缴已扣、已收税款,由税务机关追缴其不缴或者少缴的税款、滞纳金,并处不缴或者少缴的税款百分之五十以上五倍以下的罚款;构成犯罪的,依法追究刑事责任。"

根据《刑法》第 201 条的规定,纳税人采取欺骗、隐瞒手段进行虚假纳税申报或者不申报,逃避缴纳税款数额较大并且占应纳税额 10% 以上的,处 3 年以下有期徒刑或者拘役,并处罚金;数额巨大并且占应纳税额 30% 以上的,处 3 年以上 7 年以下有期徒刑,并处罚金。而且《刑法》明确规定:有逃避缴纳税款行为,经税务机关依法下达追缴通知后,补缴应纳税款,缴纳滞纳金,已受行政处罚的,不予追究刑事责任;但是,5 年内因逃避缴纳税款受过刑事处罚或者被税务机关给予二次以上行政处罚的除外。这条规定实践上给予了大多数逃税者一次改过自新的机会。对初次发生逃税行为的纳税人,特别是那些因非主观故意而没遵从税法的纳税人,在经过税务机关辅导提醒后补缴了税款和滞纳金,可不再追究其刑事责任。这项规定体现了法律的人本思想,对于缓解征纳矛盾、降低社会成本、促进纳税人自觉遵从税法有很大的进步意义。

2. 编造虚假计税依据

计税依据,是指计算应纳税额的依据,是征税客体在数量上的具体化。纳税人编造虚假计税依据的,由税务机关责令限期改正,并处 5 万元以下的罚款。在这里,责令限期改正和处以罚款是同时适用的,而且法律没有规定罚款的下限,是将自由裁量权赋予了税务机关。

3. 逃避追缴欠税

对于纳税人欠缴应纳税款,采取转移或者隐匿财产的手段,妨碍税务机关追缴欠缴的税款的,由税务机关追缴欠缴的税款、滞纳金,并处欠缴税款以上 5 倍以下的罚款;构成犯罪的,依法追究刑事责任。扣缴义务人应扣未扣、应收而不收税款的,由税务机关向纳税人追缴税款,对扣缴义务人处应扣未扣、应收未收税款 50% 以上 3 倍以下的罚款。

根据《刑法》第 203 条的规定,纳税人欠缴应纳税款,采取转移或者隐匿财产的手段,致使税务机关无法追缴欠缴的税款,数额在1万元以上不满10万元的,处3年以下有期徒刑或者拘役,并处或者单处欠缴税款1倍以上5倍以下罚金;数额在10万元以上的,处3年以上7年以下有期徒刑,并处欠缴税款1倍以上5倍以下罚金。

4. 骗税

以假报出口或者其他欺骗手段,骗取国家出口退税款,由税务机关追缴其骗取的退税款,并处骗取税款1倍以上5倍以下的罚款;构成犯罪的,依法追究刑事责任。对骗取国家出口退税款的,税务机关可以在规定期间内停止为其办理出口退税。

根据《刑法》第204条的规定,以假报出口或者其他欺骗手段,骗取国家出口退税款,数额较大的,处5年以下有期徒刑或者拘役,并处骗取税款1倍以上5倍以下罚金;数额巨大或者有其他严重情节的,处5年以上10年以下有期徒刑,并处骗取税款1倍以上5倍以下罚金;数额特别巨大或者有其他特别严重情节的,处10年以上有期徒刑或者无期徒刑,并处骗取税款1倍以上5倍以下罚金或者没收财产。《刑法》第204条还规定,纳税人缴纳税款后,采取欺骗方法,骗取所缴纳的税款的,依照《刑法》第201条关于偷税罪的规定定罪处罚;骗取税款超过所缴纳的税款部分,依照骗取出口退税罪的规定处罚。这是考虑到骗税人骗取的税款,未超过其已缴纳的税款,等于少缴税款或未缴税款,性质与偷税行为类似,而如果偷税人骗取的税款超过其所缴纳的税款部分,实际上是将国家财产骗归己有,属于骗取国家退税款的行为,因此刑法区分两种情况,规定了不同的处罚。

5. 抗税

抗税是指纳税人以暴力、威胁方法拒不缴纳税款的税收违法行为。对于抗税,除由税务机关追缴其拒缴的税款、滞纳金外,还要依法追究刑事责任。情节轻微,未构成犯罪的,由税务机关追缴其拒缴的税款、滞纳金,并处拒缴税款1倍以上5倍以下的罚款。所谓"暴力、威胁方法",是指对税务工作人员的人身进行打击、强制或者对税务工作人员施以精神上的压力,如殴打、围攻、捆绑、恐吓、要挟税务工作人员等。

《刑法》第202条规定,以暴力、威胁方法拒不缴纳税款的,处3年以下有期徒刑或者拘役,并处拒缴税款1倍以上5倍以下罚金;情节严重的,处3年以上7年以下有期徒刑,并处拒缴税款1倍以上5倍以下罚金。

这里需要注意的是,抗税行为的主体必须是欠缴纳税款的纳税人、扣缴义务人个人,除此之外的其他人对税务人员实施暴力、威胁行为不是抗税行为,而应当以妨害公务行为论处。纳税人为单位的,因单位不能实施暴力、威胁行为,也不能成为抗税行为的主体。抗税行为是为了达到不缴税款的目的,如果纳税人已缴纳税款,但对纳税人的行为不满,对其实施暴力或威胁行为,也不属于抗税行为。

(三)违反发票管理规定

纳税人违反发票管理的有关法律、法规,不按照规定印制、领购、开具、取得和保管发票,就属于妨害发票管理的违法行为。加强对发票的管理,打击非法印制发票和虚开发票行为,是税收征管工作的一个重要方面。

《税收征收管理法》及其实施细则规定:非法印制发票的,由税务机关销毁非法印制的发票,没收违法所得和作案工具,并处1万元以上5万元以下的罚款;构成犯罪的,依法追究刑事责任。非法印制、转借、倒卖、变造或者伪造完税凭证的,由税务机关责令改正,处2000元以上1万元以下的罚款;情节严重的,处1万元以上5万元以下的罚款;构成犯罪的,依法追究刑事责任。

《发票管理办法》第22条规定,开具发票应当按照规定的时限、顺序、栏目,全部联次一次性如实开具,并加盖发票专用章。为他人、为自己开具与实际经营业务情况不符的发票、让他人为自己开具与实际经营业务情况不符的发票、介绍他人开具与实际经营业务情况不符的发票均属于虚开发票行为。《发票管理办法》第37条规定,虚开发票及非法代开发票的,由税务机关没收违法所得;虚开金额在1万元以下的,可以并处5万元以下的罚款;虚开金额超过1万元的,并处5万元以上50万元以下的罚款;构成犯罪的,依法追究刑事责任。

根据《刑法》第205条的规定,虚开增值税专用发票或者虚开用于骗取出口退税、抵扣税款的其他发票的,处3年以下有期徒刑或者拘役,并处2万元以上20万元以下罚金;虚开的税款数额较大或者有其他严重情节的,处3年以上10年以下有期徒刑,并处5万元以上50万元以下罚金;虚开的税款数额巨大或者有其他特别严重情节的,处10年以上有期徒刑或者无期徒刑,并处5万元以上50万元以下罚金或者没收财产。虚开《刑法》第205条规定以外的其他发票,情节严重的,处2年以下有期徒刑、拘役或者管制,并处罚金;情节特别严重的,处2年以上7年以下有期徒刑,并处罚金。单位犯前款罪的,对单位判处罚金,并对其直接负责的主管人员和其他直接责任人员,依照前款的规定处罚。

根据《刑法》第206条的规定,伪造或者出售伪造的增值税专用发票的,处3年以下有期徒刑、拘役或者管制,并处2万元以上20万元以下罚金;数量较大或者有其他严重情节的,处3年以上10年以下有期徒刑,并处5万元以上50万元以下罚金;数量巨大或者有其他特别严重情节的,处10年以上有期徒刑或者无期徒刑,并处5万元以上50万元以下罚金或者没收财产。单位犯本条规定之罪的,对单位判处罚金,并对其直接负责的主管人员和其他直接责任人员,处3年以下有期徒刑、拘役或者管制;数量较大或者有其他严重情节的,处3年以上10年以下有期徒刑;数量巨大或者有其他特别严重情节的,处10年以上有期徒刑或者无期徒刑。

根据《刑法》第209条的规定,伪造、擅自制造或者出售伪造、擅自制造的可以用于骗取出口退税、抵扣税款的其他发票的,处3年以下有期徒刑、拘役或者管制,并处3万元以上20万元以下罚金;数量巨大的,处3年以上7年以下有期徒刑,并处5万元以上50万元以下罚金;数量特别巨大的,处7年以上有期徒刑,并处5万元以上50万元以下罚金或者没收财产。伪造、擅自制造或者出售伪造、擅自制造的上述规定以外的其他发票的，处 2 年以下有期徒刑、拘役或者管制，并处或者单处 1 万元以上 5 万元以下罚金；情节严重的，处 2 年以上 7 年以下有期徒刑，并处 5 万元以上 50 万元以下罚金。单位犯罪的，对单位判处罚金，并对其直接负责的主管人员和其他直接责任人员，依照上述规定处罚。

二、征税主体的法律责任

征税主体（各级税务机关及其工作人员）应当秉公执法、依法行政，不得损害国家利益和纳税人的合法权益，否则，应承担相应的法律责任。对税务人员行使职权不当或违法，损害国家利益，侵害公民、法人和其他组织合法权益，情节轻微、未造成严重后果的，或者后果比较严重但不构成犯罪的，通常由税务机关对责任人进行一般过错追究或者行政处分。行政处分包括警告、记过、记大过、降级、撤职、开除 6 种。执法人员执法不当，造成税务机关赔偿的，税务机关可进行行政追偿，由责任人承担部分或全部赔偿费用。

税务人员的违法行为构成犯罪的，由司法机关依法追究责任人的刑事法律责任。根据《税收征收管理法》和《刑法》有关规定，税务人员可能被追究刑事法律责任的情形主要有以下 6 种：

1. 徇私舞弊罪

依法应当移交司法机关追究刑事责任的税收违法案件，徇私舞弊，不移交司法机关处理，情节严重的，按徇私舞弊罪处 3 年以下有期徒刑或拘役；造成严重后果的，处 3 年以上 7 年以下有期徒刑。

2. 滥用职权罪

在采取税收保全措施和强制执行措施时滥用职权，致使公共财产、国家和人民利益遭受重大损失；或者违反法律、行政法规规定，擅自作出税收的开征、停征或者减、免、退、补税以及其他同税收法律、行政法规相抵触的决定，造成国家税收严重流失的，按滥用职权罪处 3 年以下有期徒刑或拘役；情节特别严重的，处 3 年以上 7 年以下有期徒刑。

3. 共同犯罪

与纳税人、扣缴义务人勾结、唆使或者协助纳税人、扣缴义务人偷税、骗税、逃避追缴欠税，构成犯罪的，按共同犯罪追究刑事责任，具体量刑依照其构成的罪名，由人民法院依据《刑法》的相关条款作出判决。

4. 受贿罪

利用职务上的便利，收受或者索取纳税人、扣缴义务人财物或者谋取其他不正当利益，按受贿罪论处。个人受贿数额在 5000 元以上不满 5 万元的，处 1 年以上 7 年以下有期徒刑；个人受贿数额在 5 万元以上不满 10 万元的，处 5 年以上有期徒刑，情节特别严重的处无期徒刑；个人受贿数额在 10 万元以上的，按受贿罪处 10 年以上有期徒刑或者无期徒刑，情节特别严重的处死刑；个人受贿数额在 5000 元以上不满 1 万元，犯罪后有悔改表现、积极退回赃款的,可减轻或者免予刑事处罚。

5. 不征、少征税款罪

徇私舞弊,不征或者少征应征税款,致使国家税收遭受重大损失的,按不征、少征税款罪处5年以下有期徒刑或拘役;造成特别重大损失的,处5年以上有期徒刑。

6. 玩忽职守罪

不负责任,不履行或不正确履行职责,使公共财产、国家和人民利益遭受重大损失的,按玩忽职守罪处3年以下有期徒刑或拘役;情节特别严重的,处3年以上7年以下有期徒刑。犯玩忽职守且徇私舞弊罪的,处5年以下有期徒刑或拘役;情节特别严重的,处5年以上10年以下有期徒刑。

三、其他涉税主体的法律责任

(一)擅自作出税收的开征、停征或者减税、免税、退税、补税决定

任何机关、单位和个人不得违反法律、行政法规的规定,擅自作出税收开征、停征以及减税、免税、退税、补税和其他与税收法律、行政法规相抵触的决定。违反法律、行政法规的规定,擅自作出税收的开征、停征或者减税、免税、退税、补税以及其他同税收法律、行政法规相抵触的决定的,除撤销其擅自作出的决定外,补征应征未征税款,退还不应征收而征收的税款,并由上级机关追究直接负责的主管人员和其他直接责任人员的行政责任;构成犯罪的,依法追究刑事责任。

(二)银行或者其他金融机构不履行法定义务

银行和其他金融机构未依照《税收征收管理法》的规定在从事生产、经营的纳税人的账户中登录税务登记证件号码,或者未按规定在税务登记证件中登录从事生产、经营的纳税人的账户账号的,由税务机关责令其限期改正,处2000元以上2万元以下的罚款;情节严重的,处2万元以上5万元以下的罚款。

纳税人、扣缴义务人的开户银行或者其他金融机构拒绝接受税务机关依法检查纳税人、扣缴义务人存款账户,或者拒绝执行税务机关作出的冻结存款或者扣缴税款的决定,或者在接到税务机关的书面通知后帮助纳税人、扣缴义务人转移存款,造成税款流失的,由税务机关处10万元以上50万元以下的罚款,对直接负责的主管人员和其他直接责任人员处1000元以上1万元以下的罚款。

为纳税人、扣缴义务人非法提供银行账户、发票、证明或者其他方便,导致未缴、少缴税款或者骗取国家出口退税款的,税务机关除没收其违法所得外,可以处未缴、少缴或者骗取的税款1倍以下的罚款。

(三)未经税务机关委托征收税款

《税收征收管理法》规定,除税务机关、税务人员以及经税务机关依照法律、行政法规委托的单位和人员外,任何单位和个人不得进行税款征收活动。未经税务机关依法委托征收税款的,责令退还收取的财物,依法给予行政处分或者行政处罚;致使他人合法权益受到损失的,依法承担赔偿责任;构成犯罪的,依法追究刑事责任。

（四）税务代理人违反税法

税务代理人违反税收法律、行政法规，造成纳税人未缴或者少缴税款的，除由纳税人缴纳或者补缴应纳税款、滞纳金外，对税务代理人处纳税人未缴或者少缴税款50%以上3倍以下的罚款。

第六节　《税收征收管理法》沿革及前瞻

一、从《税收征收管理暂行条例》到第一部《税收征收管理法》

（一）1986年《税收征收管理暂行条例》

我国对税收征管进行立法，始于1986年4月21日国务院印发《税收征收管理暂行条例》，并于1986年7月1日起施行。《税收征收管理暂行条例》集中了当时已经施行税收法规的征收管理相关条款，并加以充实、完善，从而对税务机关负责征收各税种的征收管理进行了规范。《税收征收管理暂行条例》发布施行后，国务院制定的税收法规，除另有特殊规定者外，都适用《税收征收管理暂行条例》规定。中外合资经营企业所得税、外国企业所得税、个人所得税、关税、农业税的征收管理，不适用《税收征收管理暂行条例》。

（二）1992年《税收征收管理法》

我国第一部《税收征收管理法》是第七届全国人民代表大会常务委员会第二十七次会议于1992年9月4日通过，1993年1月1日起施行的。1995年2月28日，第八届全国人民代表大会常务委员会第十二次会议对《税收征收管理法》部分条款进行了修改。修改原因是税制改革，增值税专用发票具有税款抵扣功能，对增值税专用发票的管理必须集中统一，体现税制改革对税收征管的新要求。具体内容是将第14条第1款修改为："增值税专用发票由国务院税务主管部门指定的企业印制；其他发票，按照国务院税务主管部门的规定，分别由省、自治区、直辖市国家税务局、地方税务局指定企业印制。未经前款规定的税务机关指定，不得印制发票。"

二、2001年《税收征收管理法》

2001年4月28日第九届全国人大常委会第二十一次会议通过对《税收征收管理法》的修订，并于5月开始实施。2001年修订的《税收征收管理法》仅在2013年6月和2015年4月两次进行个别条款修订，基本框架和内容不变。

2013年6月29日，第十二届全国人民代表大会常务委员会第三次会议对《税收征收管理法》进行修改，将税务机关办理登记并发给税务登记证件的时限从收到申报起30日内变为当日，即将第15条第1款修改为："企业，企业在外地设立的分支机构和从事生产、经营的场所，个体工商户和从事生产、经营的事业单位（以下统称从事生产、经营的纳税人）自领取营业执照之日起三十日内，持有关证件，向税务机关申报办理税务登记。税务机关应当于收到申报的当日办理登记并发给税务登记证件。”

2015年4月24日,第十二届全国人民代表大会常务委员会第十四次会议对《税收征收管理法》第33条进行修改,取消了纳税人减免税书面申请和审批手续,即将第33条修改为:“纳税人依照法律、行政法规的规定办理减税、免税。地方各级人民政府、各级人民政府主管部门、单位和个人违反法律、行政法规规定,擅自作出的减税、免税决定无效,税务机关不得执行,并向上级税务机关报告。”

三、《税收征收管理法实施细则》

与2001年修订《税收征收管理法》配套,2002年9月7日由中华人民共和国国务院令第362号公布了《税收征收管理法实施细则》,2002年10月15日起施行。与《税收征收管理法》的修改基本同步,《税收征收管理法实施细则》部分条款进行了3次修改,体现了放管服的基本理念和实践成果。

第一次是2012年11月9日中华人民共和国国务院令第628号,修改了《税收征收管理法实施细则》第64条第2款、第65条、第69条第2款相关规定,明确税务机关在确定应扣押、查封的商品、货物或者其他财产的价值时,扣押、查封、保管费用不再包括在内,自然也不能以拍卖或者变卖所得抵缴该费用。

第二次是2013年7月18日中华人民共和国国务院令第638号,修改了《税收征收管理法实施细则》第23条、第30条第1款,明确生产、经营规模小又确无建账能力的纳税人,自主聘请财会人员代为建账和办理账务,不必经税务机关批准;纳税人自主决定纳税申报方式,不必经税务机关批准。

第三次是2016年2月6日公布的中华人民共和国国务院令第666号,与《税收征收管理法》同步,删去原条款到主管税务机关办理减免税手续的规定,即将《税收征收管理法实施细则》第43条修改为:“享受减税、免税优惠的纳税人,减税、免税期满,应当自期满次日起恢复纳税;减税、免税条件发生变化的,应当在纳税申报时向税务机关报告;不再符合减税、免税条件的,应当依法履行纳税义务;未依法纳税的,税务机关应当予以追缴。”

四、《税收征收管理法》修订前瞻

2001年4月28日第九届全国人大常委会第二十一次会议通过的《税收征收管理法》,体现了规范税收征纳权利义务关系的基本原则,沿用至今。随着经济社会发展和国内外税收环境变化,《税收征收管理法》在很多方面已不适应税收征纳实践需要。2015年1月5日,国务院法制办公室公布《中华人民共和国税收征收管理法修订草案(征求意见稿)》,公开征求社会各界的意见和建议。第十二届全国人大常委会委员长会议原则通过的2018年常委会工作要点和立法、监督工作计划,将修改《税收征收管理法》列入了2018年立法工作安排。《税收征收管理法》修订涉及面广,尤其是国税地税机构合并后,非税收入统一由税务机关征管,《税收征收管理法》适用范围扩大,修订工作面临新的要求、新的挑战。目前共识相对集中的,是以落实税收法定原则为核心,确保税收在现代国家治理进程中发挥基础性、支柱性、保障性作用:一方面,强化国家征税权威,尤其是强化对自然人纳税人(以及缴费人)的税收(以及非税收入)征管,保障税收(以及非税)收入;另一方面,进一步完善纳税人(以及缴费人)权利保护,保护税本,促进经济和社会发展。尤其是在完善纳税人(以及缴费人)权利保护方面,实现若干突破值得期待。

一是修改关于纳税前置的规定。《税收征收管理法》第 88 条第 1 款规定:"纳税人、扣缴义务人、纳税担保人同税务机关在纳税上发生争议时,必须先依照税务机关的纳税决定缴纳或者解缴税款及滞纳金或者提供相应的担保,然后可以依法申请行政复议;对行政复议决定不服的,可以依法向人民法院起诉。"纳税和行政复议两个前置固然有利于维护税务机关征税权威,但也提高了纳税人行使诉权的门槛。在修订《税收征收管理法》时拟取消纳税前置,保留行政复议前置。纳税人可以不必先缴纳税款就依法申请行政复议,且行政复议机关不得作出对申请人更为不利的行政复议决定;但行政复议决定维持征税处理决定的,申请人应按照规定缴纳税款及相应的税收利息,或者提供相应的担保,然后可以依法向人民法院起诉。

二是鼓励纳税人通过修正申报自我纠正违法行为。对纳税人通过自查补税,主动消除或者减轻税收违法行为危害后果的,从轻或者减轻行政处罚;违法行为轻微并及时纠正,没有造成危害后果的,不予行政处罚。这一税收征纳实践创新,符合《行政处罚法》的立法导向,有利于降低税收征纳成本,符合税收原则的要求。在修订《税收征收管理法》时拟确认这一实践创新,允许纳税人进行"修正申报"。即纳税人、扣缴义务人自法律、行政法规规定或者税务机关依照法律、行政法规确定的申报缴纳税款期限届满之日起至税收检查前办理修正申报,并缴纳税款的,可从轻或者减轻行政处罚。

三是用"税收利息"代替"滞纳金"。《税收征收管理法》第 32 条对滞纳税款按日加收 5‰滞纳金的规定,有利于维护国家税收利益,同时也使滞纳金兼有双重性质:占用国家税款的资金成本和对滞纳税款行为的处罚。在修订《税收征收管理法》时拟采用"税收利息"代替"滞纳金",仅保留占用国家税款的资金成本这一功能,税收利息的利率由国务院结合人民币贷款基准利率和市场借贷利率的合理水平综合确定。这一定位与《行政强制法》将加处滞纳金作为一种行政强制执行方式相区别,避免了滞纳金是否可以超出税款本金的困扰。

四是引入事先裁定制度。事先裁定制度有利于克服税收实体法的不确定性和相对滞后性,有利于纳税人增强对未来的预期,保障纳税人的实体性权利。在修订《税收征收管理法》时,拟确立纳税人适用税法事先裁定制度的一般原则。纳税人对其预期未来发生、有重要经济利益关系的特定复杂事项,难以直接适用税法制度进行核算和计税时,可以申请事先裁定。税务机关可以在法定权限内对纳税人适用税法问题作出事先裁定。纳税人遵从裁定而出现未缴或少缴税款的,免除缴纳责任。

五是以国税地税合并为契机,进一步完善税收诚信体系和失信惩戒制度。国税地税机构合并，从体制上解决了两套税务机构存在的信息不畅、标准不统一等问题，有利于以更低的税收征纳成本，规范纳税信用管理，完善对纳税人纳税信用的采集、评价、确定、发布和应用，促进纳税人诚信自律，推进社会信用体系建设。国家将建立涵盖自然人的统一的纳税人识别号制度，鼓励纳税人从纳税信用的累积和运用中获取收益。

思考题

- 实行“五证合一、一照一码”登记制度改革以后，税务登记如何进行？
- 《税收征收管理法》规定了哪些清缴欠税的制度和措施？
- 税款的征收方式可分为哪几类？
- 税务机关享有哪些税务检查权？
- 简述税收保全措施的实施步骤。
- 什么是税收强制执行措施？其手段及适用条件是什么？

延伸阅读

税收共治的历史逻辑与实现路径

邓永勤

税收共治是国家治理模式转变在税收领域的必然体现，对立统一税收征纳关系变迁发展的必然结果，化解多重目标导致的税收征收管理困境的现实需要。丰富税收共治的理论内涵，探讨税收共治的实现路径，是深化税收征收管理改革，推进税收现代化建设的题中应有之义。

税务机关通过税收征管，要同时实现多重目标：一是完成税收收入任务，这是税收中心工作，税务机关的立身之本；二是不断优化纳税服务，最大限度方便纳税人，为纳税人消除依法纳税障碍，抚平纳税产生的痛点；三是准确识别纳税不遵从行为并通过公平公正的执法予以纠正。由于我国各级政府对税收工作和税收收入的高度关注，税务机关常常面临如何处理好组织收入、优化服务、公正执法以及促进经济社会发展相互关系的困扰。在这一过程中，税务机关和税务人员还必须最大限度地规范自己的行为，防范税收执法风险，做到常在河边走，就是不湿鞋。

在实现多重目标的过程中找到合理的平衡，并非易事。如果以组织收入来衡量税务机关业绩，可能使其过分关注税收收入本身，影响客观公正的立场，导致税收服务与执法的越位和缺位；服务和执法目标虽然在理论上可以兼容，但在实践中也难免相互冲突；依法治税、规范执法的制度约束与征收管理实践中不得不作出的主观判断，常使税务机关和税务人员面临两难困境。受环境承载能力已经达到或接近极限的基础性制约，加上改革处于攻坚期，矛盾风险挑战之多前所未有，我国经济社会发展正在形成既不同于以往又相对稳定的新常态，呈现出一系列新变化、新特征。就税收征收管理而言，基本特征就是征收管理资源的运用已达到或者说接近极限。尤其是经济增长动力转换、下行压力加大带来收入任务与税源相对不足的矛盾依然存在，随着税制改革不断深化，自然人纳税人全面纳入税收征收管理，税收工作任务更加繁重，这一基本特征将更突出。

显然，单纯依靠税务机关力量，难以兼顾上述多重目标的实现。探索税收共治，是优化资源配置、提高对税收风险的识别能力、化解资源约束条件下实现多重目标导致的税收征收管理困境的现实需要。税务机关只有正视挑战，依托互联网技术运用和纳税人自我管理，进一步还权还责于纳税人，才能把有限资源配置到最重要方向，持续改进税收征收管理，实现完成税收收入任务、优化纳税服务和防范税收风险的合理平衡。

税收共治的实现路径，是引导征纳双方在完善自我管理、自我约束的基础上，相互制约、合作共赢，在公平正义和低税收成本的状态中实现税法义务适当履行的目标。修订《税收征收管理法》将体现和进一步落实税收共治理念。

（资料来源　《税务研究》2016 年第 12 期。）

同步习题

一、选择题（单选）

1.《税收征收管理法》规定的行政处罚，可以由税务所决定的罚款额上限是（　　）元。

A. 1000　　B. 2000　　C. 5000

【答案】B

【解析】《税收征收管理法》第 74 条规定，罚款额在 2000 元以下的，可以由税务所决定。在修订《税收征收管理法》时拟将该罚款上限提高为 5000 元。

2. 纳税人、扣缴义务人、纳税担保人同税务机关在纳税上发生争议时，（　　）。

A. 必须先依照税务机关的纳税决定缴纳或者解缴税款及滞纳金或者提供相应的担保，然后可以依法申请行政复议

B. 可以依法申请行政复议，也可以依法向人民法院起诉

C. 对行政复议决定不服的，作出复议决定的税务机关可采取强制执行措施征收税款入库

【答案】A

【解析】《税收征收管理法》第 88 条规定了处理纳税争议的两个前置：一是纳税前置，即必须先依照税务机关的纳税决定缴纳或者解缴税款及滞纳金或者提供相应的担保，然后可以依法申请行政复议；二是复议前置，即纳税争议不可直接向法院起诉，必须先申请行政复议。在修订《税收征收管理法》时取消纳税前置的呼声很高，拟作出修

改;复议前置是否保留仍有分歧。

3. 纳税人、扣缴义务人的开户银行或者其他金融机构拒绝接受税务机关依法检查纳税人、扣缴义务人存款账户,或者拒绝执行税务机关作出的冻结存款或者扣缴税款的决定,或者在接到税务机关的书面通知后帮助纳税人、扣缴义务人转移存款,造成税款流失的,(　　)。

A. 税务机关暂停向该银行或金融机构供应增值税发票

B. 由税务机关处 10 万元以上 50 万元以下的罚款

C. 对直接负责的主管人员和其他直接责任人员处 1 万元以下的罚款

【答案】B

【解析】《税收征收管理法》第 73 条规定,纳税人、扣缴义务人的开户银行或者其他金融机构拒绝接受税务机关依法检查纳税人、扣缴义务人存款账户,或者拒绝执行税务机关作出的冻结存款或者扣缴税款的决定,或者在接到税务机关的书面通知后帮助纳税人、扣缴义务人转移存款,造成税款流失的,由税务机关处 10 万元以上 50 万元以下的罚款,对直接负责的主管人员和其他直接责任人员处 1000 元以上 1 万元以下的罚款。

4. 对纳税人的下列行为,税务机关除责令限期改正外,可以处 1 万元以上罚款的是(　　)。

A. 未按照规定安装、使用税控装置,或者损毁或者擅自改动税控装置,情节严重的

B. 纳税人未按照规定使用税务登记证件,或者转借、涂改、损毁、买卖、伪造税务登记证件,情节严重的

C. 扣缴义务人未按照规定设置、保管代扣代缴、代收代缴税款账簿或者保管代扣代缴、代收代缴税款记账凭证及有关资料,情节严重的

【答案】B

【解析】《税收征收管理法》第 60 条第 3 款规定,纳税人未按照规定使用税务登记证件,或者转借、涂改、损毁、买卖、伪造税务登记证件的,处 2000 元以上 1 万元以下的罚款;情节严重的,处 1 万元以上 5 万元以下的罚款。A、C 所列行为,可以处 2000 元以下的罚款;情节严重的,处 2000 元以上 1 万元以下的罚款。

二、案例分析

1. 税收保全措施中纳税担保案例分析

A 公司欠缴税款 200 万元。2018 年 4 月初,A 公司法定代表人张某准备出国,但不能在出境前结清税款,主管税务机关在不能采取其他有效征收措施的情况下,要求其提供相应的纳税担保。A 公司承诺在 2018 年 5 月 25 日前结清欠缴税款及滞纳金,并提出了由 B 公司作为保证人。A 公司和 B 公司签订了纳税担保协议,并得到了主管税务机关的确认。至 2018 年 5 月 25 日,A 公司仍无力缴纳欠缴税款,便与主管税务机关协商要求宽限缴税期,主管税务机关同意在 2018 年 8 月 20 日前缴纳欠税及滞纳金。到 8

月20日,A公司仍没有缴纳所欠税款。税务机关要求B公司代为偿还200万元税款及滞纳金。

请问:(1)除了请B公司作为纳税保证人的方式,A公司还可以采取哪几种方式进行纳税担保?(2)如果B公司自身有欠税行为,其能否作为纳税保证人?(3)税务机关要求B公司代偿的行为是否正确?

【答案】(1) A公司还可以抵押、质押方式,以自己或第三人的财产提供纳税担保。(2)有欠税行为的主体不能作为纳税保证人。(3)税务机关要求B公司代偿的行为不正确。

【解析】(1)根据《税收征收管理法实施细则》第61条和2005年国家税务总局《纳税担保试行办法》有关规定,经税务机关同意或确认,纳税人可以采用纳税人或其他自然人、法人、经济组织以保证、抵押、质押的方式,为纳税人应当缴纳的税款及滞纳金提供担保,因此A公司还可以以抵押、质押方式,以自己或第三人的财产提供纳税担保。

(2)根据《税收征收管理法实施细则》第61条的规定以及2005年国家税务总局《纳税担保试行办法》的有关规定,纳税保证人,是指在中国境内具有纳税担保能力的自然人、法人或者其他经济组织。纳税保证人必须具有纳税担保能力,按照有关法律的规定,法人或其他经济组织的财务报表资产净值超过需要担保的税额及滞纳金2倍以上的,或者自然人、法人或其他经济组织所拥有依法可以处分的未设置担保的财产的价值超过需要担保的税额及滞纳金的,为具有纳税担保能力。有欠税行为的不能作为纳税保证人。

(3)关于税务机关要求B公司代偿的行为是否正确的问题,《纳税担保试行办法》第12条第1款规定:纳税保证人提供纳税保证的,保证期间为纳税人应缴纳税款期限届满之日起60日,即税务机关自纳税人应缴纳税款的期限届满之日起60日内有权要求纳税保证人承担保证责任,缴纳税款、滞纳金。第12条第3款规定:纳税保证期间内税务机关未通知纳税保证人缴纳税款及滞纳金以承担担保责任的,纳税保证人免除担保责任。主管税务机关所确认的纳税保证期限截至2018年5月25日,而主管税务机关要求B公司承担保证责任的时间为2018年8月20日,其提出要求的时间已经超出60日期限,B公司有权拒绝为A公司承担担保责任。

2.纳税人委托税务代理人代为办理税务事宜中的法律责任

A公司为一家房地产开发企业,B公司为一家税务师事务所。A公司与B公司签订了一份税务代理合同,从2016年1月起,A公司全权委托B公司为其代理各项涉税事务,每年向B公司支付代理费10万元。2016年5月,A公司开发的某房地产项目开始对外销售,为了少缴税款,A公司要求B公司针对该项目进行“税收筹划”,将纳税支出降低40%以上,并且承诺,将提取因B公司筹划减少税额的4%作为咨询费用支付给B公司。2016年6月至2017年6月,B公司指导A公司采用伪造记账凭证、多列成本支出、不计或少计收入等方法,达到少缴应纳税款的目的。后来,税务机关对A公司进行税务检查,发现A公司该房地产项目偷税500万元,该项目当期应纳税总额为2000万元。

请问:在该偷税案件中A公司和B公司各自应承担什么法律责任?

【答案】对A公司,应按照《税收征收管理法》第63条的规定,由税务机关追缴其不缴或者少缴的税款、滞纳金,并处不缴或者少缴的税款50%以上5倍以下的罚款。对B公司,应按照《税收征收管理法实施细则》第98条的规定,对税务代理人处纳税人未缴或者少缴税款50%以上3倍以下的罚款。由于A公司和B公司的行为已构成犯罪,属于共同犯罪,应移送公安机关依法,追究刑事责任。

【解析】《税收征收管理法》第89条规定,纳税人、扣缴义务人可以委托税务代理人代为办理税务事宜。A公司可以委托B公司为其代理各项涉税事务,但同时应对自身的财务状况和纳税情况给予必要的关注,履行纳税义务,不能将纳税事项委托给税务师事务所后就不闻不问。如果确实是因为税务代理人的过错导致被代理人承担了不利的法律后果,被代理人必须承担完全的举证责任,并能够举出充分的证据,方能要求民事赔偿。在本案例中,双方共谋偷税(逃税)主观意图明显,属于共同犯罪,应承担相同的刑事责任。

参考阅读

1. [法]查理·路易·孟德斯鸠:《论法的精神》,许明龙译,商务印书馆2012年版。
2. 邓力平:《中国特色社会主义财税思考》,厦门大学出版社2016年版。
3. 邓力平、邓永勤:《会计信息失真及其治理:税收视角的研究》,中国财政经济出版社2007年版。
4. 刘剑文、侯卓、耿颖、陈立诚:《财税法总论》,北京大学出版社2016年版。
5. 李万甫、孙红梅主编:《〈税收征收管理法〉修订若干制度研究》,法律出版社2017年版。
6. 张怡、邓甲明主编:《财税法实务教程》,中国人民大学出版社2013年版。

法规链接

1.《刑法》
2.《税收征收管理法》
3.《税收征收管理法实施细则》
4. 国家税务总局《关于纳税人权利与义务的公告》
5. 国家税务总局《税务登记管理办法》
6. 国家税务总局、财政部、中国人民银行、中国银行业监督管理委员会、中国证券监督管理委员会、中国保险监督管理委员会《非居民金融账户涉税信息尽职调查管理

办法》

7. 国家税务总局《重大税收违法失信案件信息公布办法》

8.《国家税务总局关于纳税信用评价有关事项的公告》

第十一章　税务行政复议与行政诉讼法

内容简介

税务行政复议是税务机关通过内部自我监督与纠错以化解涉税纠纷的一种重要途径，本章第一节主要介绍了税务行政复议的内涵、税务行政复议的机构和人员、受案范围、管辖、申请和受理、审理与决定、和解与调解等内容。税务行政诉讼是人民法院依法行使行政审批权解决税务领域行政争议的活动，本章第二节则主要介绍了税务行政诉讼的基本概念、原则、管辖与受案范围、起诉与受理、审理和判决。

第一节　税务行政复议

一、税务行政复议概述

（一）概述

税务行政复议，是指当事人（纳税人、扣缴义务人、纳税担保人及其他税务当事人）不服税务机关及其工作人员作出的税务具体行政行为，依法向复议机关提出申请，复议机关经审理对原税务机关具体行政行为依法作出维持、变更、撤销等决定的活动。税务行政复议是我国行政复议制度的一个重要组成部分。

（二）特点

我国税务行政复议具有以下特点：

1. 税务行政复议以当事人不服税务机关及其工作人员作出的税务具体行政行为为前提。

2. 税务行政复议因当事人的申请而产生。

3. 税务行政复议案件的审理一般由原处理税务机关的上一级税务机关进行。

4. 税务行政复议与行政诉讼相衔接。对于因征税问题引起的争议，税务行政复议是税务行政诉讼的必经前置程序，未经复议不能向法院起诉，经复议仍不服的，才能起诉；对于因处罚、保全措施及强制执行引起的争议，当事人可以选择适用复议或诉讼程序，如选择复议程序，对复议决定仍不服的，可以向法院起诉。

二、税务行政复议机构和人员

1. 各级行政复议机关负责法制工作的机构（以下简称行政复议机构）依法办理行政复议事项，履行下列职责：

(1)受理行政复议申请;

(2)向有关组织和人员调查取证,查阅文件和资料;

(3)审查申请行政复议的具体行政行为是否合法和适当,起草行政复议决定;

(4)处理或者转送对《税务行政复议规则》第15条所列有关规定的审查申请;

(5)对被申请人违反《行政复议法》及其实施条例和《税务行政复议规则》规定的行为,依照规定的权限和程序向相关部门提出处理建议;

(6)研究行政复议工作中发现的问题,及时向有关机关或者部门提出改进建议,重大问题及时向行政复议机关报告;

(7)指导和监督下级税务机关的行政复议工作;

(8)办理或者组织办理行政诉讼案件应诉事项;

(9)办理行政复议案件的赔偿事项;

(10)办理行政复议、诉讼、赔偿等案件的统计、报告、归档工作和重大行政复议决定备案事项;

(11)其他与行政复议工作有关的事项。

2. 各级行政复议机关可以成立行政复议委员会,研究重大、疑难案件,提出处理建议。行政复议委员会可以邀请本机关以外的具有相关专业知识的人员参加。

3. 行政复议工作人员应当具备与履行行政复议职责相适应的品行、专业知识和业务能力,并取得行政复议法实施条例规定的资格。

三、税务行政复议受案范围

1. 行政复议机关受理申请人对税务机关下列具体行政行为不服提出的行政复议申请:

(1)征税行为。包括确认纳税主体、征税对象、征税范围、减税、免税、退税、抵扣税款、适用税率、计税依据、纳税环节、纳税期限、纳税地点和税款征收方式等具体行政行为,征收税款、加收滞纳金,扣缴义务人、受税务机关委托的单位和个人作出的代扣代缴、代收代缴、代征行为等。

(2)行政许可、行政审批行为。

(3)发票管理行为,包括发售、收缴、代开发票等。

(4)税收保全措施、强制执行措施。税收保全措施有:书面通知银行或者其他金融机构冻结纳税人存款;扣押、查封商品、货物或者其他财产。强制执行措施有:书面通知银行或者其他金融机构从当事人存款中扣缴税款;拍卖所扣押、查封商品、货物或者其他财产以抵缴税款。

(5)行政处罚行为:罚款;没收财物和违法所得;停止出口退税权。

(6)不依法履行下列职责的行为:颁发税务登记;开具、出具完税凭证、外出经营活动税收管理证明;行政赔偿;行政奖励;其他不依法履行职责的行为。

(7)资格认定行为。

(8)不依法确认纳税担保行为。

(9)政府信息公开工作中的具体行政行为。

(10)纳税信用等级评定行为。

(11)通知出入境管理机关阻止出境行为。

(12)其他具体行政行为。

2. 申请人在对税务机关的具体行政行为不服的前提下,可以附带要求向行政复议机关提出对具体行政行为所依据的有关“规定”的审查申请。这里的“规定”包括国家税务总局和国务院其他部门、其他各级税务机关、地方各级人民政府及其工作部门的规定,但不包括规章。

四、税务行政复议管辖

根据《行政复议法》和《税务行政复议规则》的规定,我国税务行政复议管辖的基本制度原则上是实行由上一级税务机关管辖的一级复议制度。

(一)一般管辖

1. 对各级税务机关作出的具体行政行为不服的,向其上一级税务机关申请行政复议。

2. 对国家税务总局作出的具体行政行为不服的,向国家税务总局申请行政复议。对行政复议决定不服,申请人可以向人民法院提起行政诉讼,也可以向国务院申请裁决,国务院的裁决为终局裁决。

(二)特殊管辖(见表11-1)

表11-1 特殊管辖总结

<table>
<tr><th>具体行政行为实施单位</th><th>复议机关</th><th>备注</th></tr>
<tr><td>1. 计划单列市国家税务局</td><td>国家税务总局</td><td></td></tr>
<tr><td>2. 税务所(分局)、各级税务局的稽查局</td><td>所属税务局</td><td rowspan="3">也可以向具体行政行为发生地的县级地方人民政府提交行政复议申请,由接受申请的县级地方人民政府依法转送</td></tr>
<tr><td>3. 两个以上税务机关共同作出</td><td>共同上一级税务机关</td></tr>
<tr><td>4. 税务机关与其他行政机关共同作出</td><td>共同上一级行政机关</td></tr>
<tr><td>5. 被撤销的税务机关在撤销以前所作出</td><td>继续行使其职权的税务机关的上一级税务机关</td><td rowspan="3">也可以向具体行政行为发生地的县级地方人民政府提交行政复议申请,由接受申请的县级地方人民政府依法转送</td></tr>
<tr><td>6. 对税务机关作出逾期不缴纳罚款加处罚款的决定不服的</td><td>作出行政处罚决定的税务机关(本级复议)</td></tr>
<tr><td>7. 对已处罚款和加处罚款都不服的</td><td>一并向作出行政处罚决定的税务机关的上一级税务机关申请行政复议</td></tr>
</table>

五、税务行政复议申请和受理

(一)税务行政复议申请

1. 申请人可以在知道税务机关作出具体行政行为之日起60日内提出行政复议申请。

因不可抗力或者被申请人设置障碍等原因耽误法定申请期限的,申请期限的计算应当扣除被耽误时间。

2. 对于“纳税争议”,①申请人应当先向行政复议机关申请行政复议;对行政复议决定不服的,可以向人民法院提起行政诉讼。对“纳税争议”以外的其他具体行政行为不服而引起的争议,申请人可以申请行政复议,也可以直接向人民法院提起行政诉讼。

对于“纳税争议”,申请人必须先依照税务机关的纳税决定缴纳或者解缴税款及滞纳金或者提供相应的担保,才可以依法申请行政复议。

3. 申请人书面申请行政复议的,可以采取当面递交、邮寄或者传真等方式提出行政复议申请。申请人口头申请行政复议的,行政复议机构应当当场制作行政复议申请笔录,交申请人核对或者向申请人宣读,并由申请人确认。

4. 申请人提出行政复议申请时错列被申请人的,行政复议机关应当告知申请人变更被申请人。申请人不变更被申请人的,行政复议机关不予受理,或者驳回行政复议申请。

5. 申请人向行政复议机关申请行政复议,行政复议机关已经受理的,在法定行政复议期限内申请人不得向人民法院提起行政诉讼;申请人向人民法院提起行政诉讼,人民法院已经依法受理的,不得申请行政复议。

(二)税务行政复议受理

1. 行政复议申请符合下列规定的,行政复议机关应当受理:属于本规则规定的行政复议范围;在法定申请期限内提出;有明确的申请人和符合规定的被申请人;申请人与具体行政行为有利害关系;有具体的行政复议请求和理由;属于收到行政复议申请的行政复议机关的职责范围;其他行政复议机关尚未受理同一行政复议申请,人民法院尚未受理同一主体就同一事实提起的行政诉讼。

2. 行政复议机关收到行政复议申请以后,应当在5日内审查,决定是否受理。一是对符合规定的行政复议申请,自行政复议机构收到之日起即为受理;二是对不符合本规则规定的行政复议申请,决定不予受理;三是依据申请材料无法判断的,告知申请人补正。上述结果都应当以书面形式告知,若行政复议机关收到行政复议申请以后未按照规定期限审查并作出不予受理决定的,视为受理。

---

① 纳税争议,是指纳税人、扣缴义务人、纳税担保人对税务机关确定纳税主体、征税对象、征税范围、减税、免税及退税、适用税率、计税依据、纳税环节、纳税期限、纳税地点以及税款征收方式等具体行政行为有异议而发生的争议。

3. 行政复议申请材料不齐全、表述不清楚的,行政复议机构可以自收到该行政复议申请之日起5日内书面通知申请人补正。补正通知应当载明需要补正的事项和合理的补正期限。无正当理由逾期不补正的,视为申请人放弃行政复议申请。

4. 上级税务机关认为行政复议机关不予受理行政复议申请的理由不成立的,可以督促其受理;经督促仍不受理的,责令其限期受理。

上级税务机关认为行政复议申请不符合法定受理条件的,应当告知申请人。

5. 上级税务机关认为有必要的,可以直接受理或者提审由下级税务机关管辖的行政复议案件。

6. 对应当先向行政复议机关申请行政复议,对行政复议决定不服再向人民法院提起行政诉讼的具体行政行为,行政复议机关决定不予受理或者受理以后超过行政复议期限不作答复的,申请人可以自收到不予受理决定书之日起或者行政复议期满之日起15日内,依法向人民法院提起行政诉讼。

延长行政复议期限的,以延长以后的时间为行政复议期满时间。

7. 行政复议期间具体行政行为不停止执行;但是有下列情形之一的,可以停止执行:被申请人认为需要停止执行的;行政复议机关认为需要停止执行的;申请人申请停止执行,行政复议机关认为其要求合理,决定停止执行的;法律规定停止执行的。

六、税务行政复议审理与决定

(一)行政复议的审理

1. 行政复议机构应当自受理行政复议申请之日起7日内,将行政复议申请书副本或者行政复议申请笔录复印件发送被申请人。被申请人应当自收到申请书副本或者申请笔录复印件之日起10日内提出书面答复,并提交当初作出具体行政行为的证据、依据和其他有关材料。

对国家税务总局的具体行政行为不服申请行政复议的案件,由原承办具体行政行为的相关机构向行政复议机构提出书面答复,并提交当初作出具体行政行为的证据、依据和其他有关材料。

2. 行政复议机构审理行政复议案件,应当由2名以上行政复议工作人员参加。行政复议原则上采用书面审查的办法,但是申请人提出要求或者行政复议机构认为有必要时,应当听取申请人、被申请人和第三人的意见,并可以向有关组织和人员调查了解情况。行政复议机关应当全面审查被申请人的具体行政行为所依据的事实证据、法律程序、法律依据和设定的权利义务内容的合法性、适当性。

3. 对重大、复杂的案件,申请人提出要求或者行政复议机构认为必要时,可以采取听证的方式审理。行政复议机构决定举行听证的,应当将举行听证的时间、地点和具体要求等事项通知申请人、被申请人和第三人。第三人不参加听证的,不影响听证的举行。听证应当公开举行,但是涉及国家秘密、商业秘密或者个人隐私的除外。行政复议听证人员不得少于2人,听证主持人由行政复议机构指定。听证应当制作笔录。申请人、被申请人和第三人应当确认听证笔录内容。行政复议听证笔录应当附卷，作为行政复议机构审理案件的依据之一。

4. 申请人在行政复议决定作出以前撤回行政复议申请的，经行政复议机构同意，可以撤回。申请人撤回行政复议申请的，不得再以同一事实和理由提出行政复议申请。但是，申请人能够证明撤回行政复议申请违背其真实意思表示的除外。

（二）行政复议的决定

1. 行政复议机构应当对被申请人的具体行政行为提出审查意见，经行政复议机关负责人批准，按照下列规定作出行政复议决定：

（1）维持决定。该决定作出要求行政行为符合的条件有：认定事实清楚，证据确凿，适用依据正确，程序合法，内容适当的。

（2）责令履行决定。被申请人不履行或者拖延履行法定职责的，并且作出履行决定尚来得及的，应当责令其在一定期限内履行。

（3）撤销、变更、确认违法和责令重新作出行政行为的决定。撤销决定，是使行政行为丧失或者不能取得法律效力的行政复议决定；变更决定，是行政复议机关全部或部分改变原行政行为的内容，而且变更决定不得在申请人的请求范围之内作出对申请人更为不利的决定；确认违法决定，是对行政行为违法性质和违法状态的确定；重新作出行政行为的决定，是指对行政行为作出撤销或确认违法决定后，由于仍然存在需要行政机关作出处理的事项，应责令重作决定，被申请人不得以同一事实和理由作出与原行政行为基本相同的行政行为。

（4）驳回复议申请决定。适用于以下两种情形：一是申请人认为税务机关不履行法定职责申请行政复议，行政复议机关受理以后发现该税务机关没有相应法定职责或者在受理以前已经履行法定职责的；二是受理行政复议申请后，发现该行政复议申请不符合行政复议受理的范围或条件。

（5）行政赔偿决定。行政复议机关作出行政复议决定，可以依法同时决定行政赔偿的问题。无论申请人在申请行政复议时一并提出了行政赔偿请求还是没有提出行政赔偿请求，行政复议机关均可以在法定情形下依申请或是依职权直接作出有赔偿效果的决定。

2. 行政复议机关应当自受理申请之日起 60 日内作出行政复议决定。情况复杂，不能在规定期限内作出行政复议决定的，经行政复议机关负责人批准，可以适当延期，并告知申请人和被申请人，但是延期不得超过 30 日。

行政复议机关作出行政复议决定，应当制作行政复议决定书，并加盖行政复议机关印章。行政复议决定书一经送达，即发生法律效力。

七、税务行政复议和解与调解

1. 在行政复议期间，符合一定条件的案件，按照平等、自愿、合法的原则，申请人和被申请人可以和解，行政复议机关也可以进行调解。

2. 税务行政复议和解与调解的范围：行使自由裁量权作出的具体行政行为，如行政处罚、核定税额、确定应税所得率等；行政赔偿；行政奖励；存在其他合理性问题的具体行政行为。

3. 申请人和被申请人达成和解的，应当向行政复议机构提交书面和解协议。和解内容不得损害社会公共利益和他人合法权益。在获得行政复议机构准许后，行政复议程序终结，申请人不得以同一事实和理由再次申请行政复议。

4. 调解应当符合下列要求：由行政复议机关主持调解，并制作行政复议调解书；尊重申请人和被申请人的意愿；在查明案件事实的基础上进行；遵循客观、公正和合理原则；不得损害社会公共利益和他人合法权益。行政复议调解书应载明行政复议请求、事实、理由和调解结果，并加盖行政复议机关印章，经双方当事人签字，即具有法律效力。申请人不履行行政复议调解书的，由被申请人依法强制执行，或者申请人民法院强制执行。

第二节　税务行政诉讼

行政诉讼，是指公民、法人和其他组织认为行政机关及其工作人员的具体行政行为侵犯其合法权益，依法向人民法院提起诉讼，由人民法院进行审理并作出裁决的诉讼制度和诉讼活动。税务行政诉讼作为行政诉讼的一个重要组成部分，必须遵循《行政诉讼法》所确立的基本原则和普遍程序；同时，税务行政诉讼又具有自身特点。

一、税务行政诉讼概述

税务行政诉讼，是指公民、法人和其他组织认为税务机关及其工作人员的具体税务行政行为违法或者不当，侵犯了其合法权益，依法向人民法院提起行政诉讼，由人民法院依法行使行政审判权解决行政争议的司法活动。其目的是保证人民法院及时、正确审理税务行政案件，保护纳税人、扣缴义务人等当事人的合法权益，维护和监督税务机关依法行使行政职权。

二、税务行政诉讼原则

除共有原则外（如人民法院独立行使审判权，实行合议、回避、公开、辩论、两审、终审等），税务行政诉讼遵循以下几个特有原则：

1. 人民法院特定主管原则

人民法院对税务行政案件只有部分管辖权。例如，只能在对具体行政行为提起诉讼时，才可以请求法院一并对规章以下的规范性文件进行审查。

2. 合法性审查原则

除审查税务机关是否滥用权力、税务行政处罚是否显失公正外，人民法院只对具体税务行为是否合法予以审查。与此相适应，人民法院原则上不直接判决变更。

3. 不适用调解原则

除税务行政处罚等裁量式行政行为外，税收行政管理权大部分是羁束式行政行为，税务机关没有自由处分的权利，因此，人民法院也不能对羁束式行政行为进行调解。

4. 起诉不停止执行原则

即当事人不能以起诉为理由而停止执行税务机关所作出的具体行政行为，如税收保全措施和税收强制执行措施。

5. 税务机关负举证责任原则

由于税务行政行为是税务机关单方依一定事实和法律作出的，只有税务机关最了解作出该行为的证据。如果税务机关不提供或不能提供作出该行政行为的证据，就存在因此败诉的风险。

6. 由税务机关负责赔偿的原则

税务机关及其工作人员执行职务不当，给当事人造成人身及财产损害，应负担赔偿责任。

三、税务行政诉讼管辖与受案范围

(一)税务行政诉讼管辖

税务行政诉讼管辖，是指人民法院受理第一审税务案件的职权分工。

1. 级别管辖

级别管辖是上下级人民法院之间受理第一审税务案件的分工和权限。为利于当事人行使诉权，也便于人民法院及时审理案件和执行裁判，除法律规定的由上级人民法院管辖的特殊情形之外，税务行政案件均由基层人民法院负责管辖；中级人民法院、高级人民法院管辖本辖区内重大、复杂的第一审税务行政案件；最高人民法院管辖全国范围内重大、复杂的第一审税务行政案件。对于复议维持案件，虽然复议机关作为共同被告，但考虑到人民法院主要审查的是原行政行为，同时尽量将争议解决在基层，所以根据作出原行政行为的税务机关确定案件的级别管辖。

2. 地域管辖

地域管辖是同级人民法院之间受理第一审行政案件的分工和权限，分一般地域管辖和选择管辖两种。

(1)一般地域管辖，是指按照最初作出具体行政行为的机关所在地来确定管辖法院。凡是未经复议直接向人民法院提起诉讼的，由最初作出具体行政行为的税务机关所在地人民法院管辖。

(2)选择管辖，是指经过复议的案件，无论复议决定如何，原告可以选择向最初作出行政行为的税务机关或者复议机关的所在地人民法院提起诉讼。如果原告向两个以上有管辖权的人民法院提起诉讼的，由最先立案的人民法院管辖。

3. 裁定管辖

裁定管辖，是指为解决管辖冲突，人民法院依法自行裁定的管辖，包括移送管辖、指定管辖及管辖权的转移三种情形。

(1)移送管辖。受诉法院认为受理的案件不属于本院管辖的,应当移送有管辖权的人民法院,受移送的人民法院应当受理。受移送的人民法院认为受移送的案件按照规定不属于本院管辖的,应当报请上级人民法院指定管辖,不得再自行移送。

(2)指定管辖。在由于特殊原因导致有管辖权的法院不能行使管辖权,或者法院之间因管辖权争议而相互之间又协商不成的,上级法院可以依职权决定将行政案件交由下级法院管辖。

(3)管辖权的转移。基于上级法院的裁定或者同意,把下级法院具有管辖权的案件移送上级法院审理,或是由上级法院指定另外的下级法院管辖。这种管辖是在管辖权明确无纠纷的前提下发生的转移。

(二)税务行政诉讼受案范围

税务行政诉讼的受案范围,是指人民法院对税务机关的哪些行为拥有司法审查权。

具体包括:

1. 征税行为:一是征收税款、加收滞纳金,二是扣缴义务人、受税务机关委托的单位作出代扣代缴、代收代缴行为及代征行为。

2. 责令纳税人提交纳税保证金或者纳税担保行为。

3. 行政处罚行为:一是罚款,二是没收违法所得,三是停止出口退税权。

4. 通知出境管理机关阻止出境行为。

5. 税收保全措施:一是书面通知银行或者其他金融机构冻结存款,二是扣押、查封商品、货物或者其他财产。

6. 税收强制执行:一是书面通知银行或者其他金融机构扣缴税款,二是拍卖所扣押、查封的商品、货物或者其他财产抵缴税款。

7. 认为符合法定条件申请税务机关颁发税务登记证和发售发票,税务机关拒绝颁发、发售或者不予答复的行为。

8. 税务机关复议行为:一是对复议机关作出的复议决定不服的;二是期限届满,税务机关不予答复。

四、税务行政诉讼起诉与受理

(一)税务行政诉讼的起诉

税务行政诉讼起诉,是指公民、法人或者其他组织认为自己的合法权益受到税务机关具体行政行为的侵害,而向人民法院提出诉讼请求,要求人民法院行使审判权,依法予以保护的诉讼行为。起诉,是法律赋予税务行政管理相对人及用以保护其合法权益的权利和手段。在税务行政诉讼等行政诉讼中,起诉权是单向性的权利,税务机关不享有起诉权,只有应诉权,即税务机关只能作为被告;与民事诉讼不同,作为被告的税务机关不能反诉。

纳税人、扣缴义务人等税务管理相对人在提起税务行政诉讼时,必须符合下列条件:

1. 原告是认为具体税务行为侵犯其合法权益的公民、法人或者其他组织。

2. 有明确的被告。

3. 有具体的诉讼请求和事实、法律根据。

4. 属于人民法院的受案范围和受诉人民法院管辖。

公民、法人或者其他组织直接向人民法院提起诉讼的,应当自知道或者应当知道作出行政行为之日起6个月内提出;不服复议决定的,可以在收到复议决定书之日起15日内向人民法院提起诉讼。复议机关逾期不作决定的,申请人可以在复议期满之日起15日内向人民法院提起诉讼。对于未告知起诉期限的,起诉期限从公民、法人或者其他组织知道或者应当知道起诉期限之日起计算,但从知道或者应当知道行政行为内容之日起最长不得超过一年。对于不知道行政机关作出的行政行为内容的,其起诉期限从知道或者应当知道该行政行为内容之日起计算,其中因不动产提起行政诉讼的案件自行政行为作出之日起不超过20年,其他案件自行政行为作出之日起不超过5年。

(二)税务行政诉讼的受理

原告起诉,经人民法院审查,认为符合起诉条件并登记立案的行为,称为受理。人民法院接到诉状,能够直接判断符合起诉条件的,应当当场登记立案;对于当场不能判断是否符合起诉条件的,应当在接收起诉状后7日内决定是否立案。对于不符合起诉条件的,人民法院作出不予立案的裁定;原告对裁定不服的,可以提起上诉。

五、税务行政诉讼审理和判决

(一)税务行政诉讼的审理

人民法院审理行政案件实行合议、回避、公开审判和两审终审的审判制度;审理的核心是审查被诉具体行政行为是否合法,即作出该行为的税务机关是否依法享有该税务行政管理权;该行为是否依据一定的事实和法律作出;税务机关作出该行为是否遵照必备的程序等。

人民法院审查具体行政行为是否合法,依据法律、行政法规和地方性法规(民族自治地方的自治条例和单行条例);参照部门规章和地方性规章。

复议机关作为共同被告的案件,复议机关在复议程序中依法收集和补充的证据,可以作为人民法院认定复议决定和原行政行为合法的依据。

(二)税务行政诉讼的判决

人民法院对受理的税务行政案件,经过调查、收集证据、开庭审理之后,分别作出如下判决:

1. 驳回原告诉讼请求。适用于具体行政行为证据确凿,适用法律、法规正确,符合法定程序的案件。

2. 撤销判决。被诉的具体行政行为主要证据不足,适用法律、法规错误,违反法定程序,或者超越职权、滥用职权,人民法院应判决撤销或部分撤销,同时可判决税务机关重新作出具体行政行为。

3. 履行判决。税务机关不履行或拖延履行法定职责的,判决其在一定期限内履行。

4. 变更判决。税务行政处罚显失公正的,可以判决变更。

5. 确认违法。税务机关作出的行政行为应当撤销,但撤销会给国家利益、社会公共利益造成重大损害;税务行政行为程序轻微违法,但对原告权利不产生实际影响及对不作为行为作履行判决没有意义等情形,法院不判决撤销或判决履行,判决确认违法。

对一审人民法院的判决不服,当事人可以上诉。对发生法律效力的判决,当事人必须执行,否则人民法院有权依对方当事人的申请予以强制执行。

思考题

- 税务行政复议的范围有哪些?
- 在何种情形下,税务行政复议是税务行政诉讼的前置条件?
- 税务行政诉讼有哪些原则?
- 如何确定税务行政诉讼案件的管辖法院?
- 税务行政诉讼判决有哪些类型?

延伸阅读

税务机关在二审中能否自行改变被诉的具体行政行为

2008 年 6 月,某区地方税务局稽查局在对某房地产公司开展纳税检查后,认为该公司未按规定申报,存在不缴少缴税款的情况,追缴未申报缴纳的营业税 229,692.09 元、城市维护建设税 11,484.60 元、教育费附加 6890.76 元,同时,以该公司纳税资料不齐、财务核算不健全为由,对该公司作出核定征收土地增值税的决定,要求企业补缴土地增值税 1,210,296.92 元,共计补缴税款 1,458,364.37 元,按规定加收滞纳金,并处不缴少缴税款 50% 的罚款。

该房地产公司接到处理决定后,按照税务处理决定缴纳了税款。但该公司认为其财务核算健全,纳税资料也比较完善,土地增值税不应按核定征收,且该公司土地增值额不大,按查账征收该公司只应缴纳土地增值税 80 余万元,按核定方式征收土地增值税税负过重,遂向区地方税务局提起行政复议,要求区地方税务局稽查局按查账方式征收土地增值税,并退还多缴的税款。区地方税务局审理后,作出了维持原具体行政行为的决定。

该公司对复议决定不服,又向人民法院提起行政诉讼。一审法院经审理认为,税务机关采取核定方式征收的决定是恰当的,判决驳回原告诉讼请求。该公司于是向二审法院提起上诉,请求撤销一审判决和行政决定,二审法院受理了上诉。二审法院在审理中,发现区稽查局在核定纳税人应纳土地增值税时,有一笔房屋销售收入100,000.00元被检查人员重复计税,导致应纳税额计算错误。区稽查局担心具体行政行为因事实不清被二审法院撤销,故准备改变土地增值税应纳税额,重新作出税务处理决定,同时,通过做纳税人工作,要求纳税人向二审法院申请撤诉。该房产公司经过斟酌,综合各种因素,同意税务机关意见,并拟向二审法院撤诉。

争议焦点:

1. 税务机关能否在二审中自行改变被诉的具体行政行为

一种观点认为,在二审中,由于一审法院已经对被诉具体行政行为作出了裁判,而二审审判的对象又是一审裁判,如果允许行政机关在二审中改变被诉具体行政行为,就意味着一审裁判的对象不再存在,一审的裁判则必然徒有虚名,这不仅会使一审法院的权威受到损害,也会使二审没有必要进行,行政诉讼也无法开展。因此,为维护判决的既判力和稳定性,依据最高人民法院《关于执行〈中华人民共和国行政诉讼法〉若干问题的意见(试行)》第76条规定,在第二审程序中,税务机关不得改变具体行政行为;上诉人因为行政机关改变具体行政行为而申请撤回上诉的,人民法院也不应准许。

另一种观点认为,对具体行政行为的改变,也是具体行政行为的一种。根据行政法基本理论,行政行为的合法性要件包括主体合法、权限合法和程序合法,具体行政行为的作出或修改,只要是在法定期间作出,就不违反程序合法的要件,至于是否处于诉讼期间,并无任何法律作出明确限制。因此,以当事人提出上诉为由而限制行政机关改变具体行政行为并无法律依据。至于最高人民法院制定的司法解释,对行政机关并无约束力。

法理评析:

税务机关在诉讼中改变具体行政行为的原因,主要有三种:一是出于息诉考虑。税务机关通过改变被诉的具体行政行为,不仅使纳税人的合法利益得到保障,而且能够消除其对税务机关的抵触情绪,增进纳税人和税务机关的相互理解和信任,同时由于诉讼过程中纳税人的积极参与,他们能够在中立方法院的指导下切实了解相关的法律制度,从而有助于息诉罢访。二是税务机关自纠存在瑕疵的行政行为。囿于一些税务人员的知识欠缺或疏于审验等,行使职权过程中存在程序或实体瑕疵。当纳税人提起行政诉讼后,税务机关想通过改变被诉的具体行政行为进行自我纠正。三是社会需要。随着时代的进步、形势的发展和人民群众对司法救济的期待不断增强,税务争议解决方式的完善与多样化,是一个亟待解决的问题。税务机关根据不同案情适时适度改变具体行政行为,对于妥善处理行政争议,增进纳税人与税务机关之间的理解和信任,维护社会的和谐稳定,具有重要意义。被告改变其所作的具体行政行为,主动赔偿或补偿原告的损失,原告同意后申请撤诉。这种处理机制是在法律允许范围内的制度创新,是新形势下解决行政争议的一项有效制度,是实现"案结事了",促进社会和谐的必然要求。

最高人民法院《关于执行〈中华人民共和国行政诉讼法〉若干问题的解释》出台后,

《关于执行〈中华人民共和国行政诉讼法〉若干问题的意见(试行)》已废止,现行行政诉讼法及相关司法解释也并没有对行政机关在二审中改变具体行政行为进行限制。而且,最高人民法院《关于行政诉讼撤诉若干问题的规定》(法释〔2008〕2号)第1条还明确规定:"人民法院经审查认为被诉具体行政行为违法或者不当,可以在宣告判决或者裁定前,建议被告改变其所作的具体行政行为。"因此,税务机关在二审程序中改变原具体行政行为显然是合法的。

二审程序中,税务机关有权改变具体行政行为,但法院有权对税务机关改变具体行政行为进行审查。行政诉讼对税务机关而言是法院对税务机关具体行政行为进行监督的一种方式。在行政法律监督体系中,行政诉讼是一种不可缺少的事后法律监督制度,是国家法律监督制度的重要组成部分,其功能主要是监督行政机关以及法律、法规授权的组织依法行使职权。人民法院通过对税务行政案件的审理,发现被诉的具体行政行为违反法律规定、认定违法或事实不清,可以运用国家司法权,撤销违法具体行政行为,或责成税务机关重新作出具体行政行为。在诉讼过程中,人民法院发现被诉具体行政行为有关的人和事违法或有其他瑕疵,还可以向税务机关提出司法建议,要求税务机关予以纠正。

根据法释〔2008〕2号的规定,法院不仅应该允许税务机关在二审程序中自行改变具体行政行为,而且对于具体行政行为违法或者明显不合理的,还可以主动建议税务机关改变具体行政行为。最高人民法院《关于认真贯彻执行〈关于行政诉讼撤诉若干问题的规定〉的通知》第二大点也明确指出:人民法院经审查认为被诉具体行政行为违法或者明显不当,可以根据案件的具体情况,建议被告改变其所作的具体行政行为,主动赔偿或补偿原告的损失,原告同意后可以申请撤诉。因此,不管是在一审还是二审程序中,不但税务机关可以主动改变具体行政行为,经审查发现具体行政行为违法或明显不当的,法院也可以向税务机关提出改变具体行政行为的建议。

2. 二审中原告能否撤诉

一种观点认为,上诉是当事人的权利,撤诉也是原告作为当事人行使上诉权的一种方式,有权起诉、上诉,当然也应该有权撤诉。

另一种观点认为,法律赋予了当事人起诉的权利,但能否撤诉,则不能一概而论,应由法院进行裁定。

法理评析:

所谓撤诉,是指原告在法院作出判决或裁定前,按照法定程序放弃其起诉权的诉讼行为。撤诉经法院裁定准许后,将会产生诉讼终结的法律后果。撤诉分为两种情况:一种是申请撤诉,即原告自愿放弃起诉权,包括原告在被告改变被诉具体行政行为后表示同意而申请撤诉和在被告未改变被诉具体行政行为的情况下自愿申请撤诉。另一种是视为申请撤诉,也即推定申请撤诉。这存在三种情况:一是经法院两次合法传唤,原告无正当理由拒不到庭的;二是在开庭审理期间,原告未经法庭许可中途退庭,拒不返回参与审理的；三是原告在法定期间内未预交诉讼费用，又未向法院提交缓交诉讼费用申请的。

撤诉是否准许，由人民法院以裁定的方式作出。起诉是原告行使起诉权的诉讼行为，撤回起诉同样也是行使起诉权的一种方式。在社会转型加速、社会矛盾凸显的新形势下，行政争议不仅数量逐渐增多，情况也越来越复杂，鼓励原被告双方协商解决争议，既有利于节约司法资源，更有利于增进当事人与行政机关之间的理解和信任，维护社会的和谐稳定。

但是，行政案件的处理不同于私法自治，必须受到司法权的监督审核。人民法院在作出准许撤诉裁定前，应当对行政机关改变被诉具体行政行为以及原告的撤诉行为进行合法性审查。最高人民法院《关于行政诉讼撤诉若干问题的规定》（法释〔2008〕2 号文件）第 2 条明确了因被告改变具体行政行为原告申请撤诉裁定准许的 4 个条件：一是申请撤诉是当事人真实意思表示；二是被告改变被诉具体行政行为，不违反法律、法规的禁止性规定，不超越或者放弃职权，不损害公共利益和他人合法权益；三是被告已经改变或者决定改变被诉具体行政行为，并书面告知人民法院；四是第三人无异议。

具体到本案而言，如果税务机关改变原具体行政行为并书面告知人民法院后，上诉人申请撤诉，且经人民法院审查，撤诉申请是原告的真实意思表示，对该具体行政行为的改变不违反法律、法规的禁止性规定，又无第三人提出异议的，法院应予准许。撤诉后，依《行政诉讼法》第 85 条规定，逾期不提起上诉的，一审判决或裁定发生法律效力。但是，发生效力不代表必须得到执行。本案中，虽然一审判决的内容是驳回原告诉讼请求，但由于税务机关已经对原具体行政行为的内容作出了改变，原有的争议焦点已经不再存在，一审判决维持的变更前的具体行政行为已无法执行；另外，法院裁判的意义在于解决争议，而本案中，由于税务机关改变具体行政行为，上诉人因此而撤诉，争议已经得到解决。因此，一审判决也不再有执行的必要。

本案是税务行政诉讼和解的一个典型案例。《行政诉讼法》第 60 条规定了人民法院审理行政案件不适用调解的原则，但实践证明，违法或合法的单一判决模式与行政活动高度复杂性相比，存在固有的局限性，而且，简单地通过裁判解决行政争议，有时不仅不能做到案结事了，还有可能使矛盾更复杂。为此，最高人民法院出台了《关于行政诉讼撤诉若干问题的规定》，虽然是关于当事人撤诉的规定，却隐含着和解的内容。“被告改变其所作的具体行政行为”，原告同意并申请撤诉，其实就是一个和解的过程。可以说，和解是撤诉的原因，撤诉是和解的结果。司法解释的名称虽然指向的是“行政诉讼撤诉若干问题”，但用意并非对整个撤诉制度作出规定，而是意在对行政诉讼中行政机关改变被诉具体行政行为及当事人申请撤诉行为的审查进行规范，最终目的是更好地发挥行政审判的功能，妥善化解行政争议。

同步习题

A区饮食服务公司属股份有限公司，申请人蒋某系该公司的股东，在2000年8月至2002年9月任该公司法定代表人。2004年12月，申请人蒋某向某市地税局稽查局举报该公司有偷税行为。接到举报后，该稽查局于2005年1月3日到6月16日，依法对该公司2000年到2004年的纳税情况进行了检查，并于6月17日作出了处理，同日向该公司送达了税务处理决定。该公司也按照处理决定于同日缴清了税款和滞纳金。稽查局于2005年9月中旬对蒋某的举报事项进行了书面回复。事后，申请人蒋某以某市地税局稽查局的处理不合法及损害了股东的合法权益为由，于2005年10月16日向某市地方税务局申请行政复议，要求对稽查局税务处理决定的合法性、准确性进行审查。

某市地税局接到申请人的复议申请后，经过调查核实，确认其申请已经超过《行政复议法》及《税务行政复议规则》规定的复议期限，于2005年10月21日作出了不予受理的决定，并依法送达了申请人。申请人对此仍然不服，于2005年11月15日向人民法院提起行政诉讼，要求撤销某市地税局不予受理的决定。人民法院经过审理后，于2006年5月14日判决维持了某市地税局的复议决定。

请问：

1. 蒋某是否具备行政复议申请资格？请说明法律依据及理由。

2. 本案应如何计算复议期限的起算点？

3. 请谈谈你从本案获得哪些启示？

【答案与解析】

1. 根据《行政复议法》第9条第1款的规定，“公民、法人或其他组织认为具体行政行为侵犯其合法权益的，可以自知道该具体行政行为之日起六十日内提出行政复议申请，但是法律规定的申请期限超过六十日的除外”。根据本条规定，作为行政复议的申请人应当符合三点要求：其一，复议申请人应当是某种具体行政行为所指向的公民、法人或其他组织，即只有具备行政管理相对人身份的公民、法人或者其他组织，才是提起行政复议申请的适格主体；其二，复议申请人应当是与所要复议的具体行政行为有直接利害关系的行政管理相对人，即作为行政管理相对人的公民、法人或者其他组织是受具体行政行为侵犯合法权益的对象；其三，具体行政行为所侵犯的应是复议申请人自己的合法权益，而不是他人的合法权益，即具体行政行为侵犯了谁的合法权益，谁才有申请复议的资格。根据《行政复议法实施条例》第28条及《税务行政复议规则》第24条的规定，公民、法人或其他组织其权利直接被具体行政行为所剥夺、限制或者被赋予义务的，即使不是具体行政行为的行政管理相对人，也可以单独申请行政复议。本案中，蒋某认为税务机关对公司作出的处理决定影响了公司的利益，相当于直接剥夺、限制了股东的权益，因此认为股东是该具体行政行为的利害关系人，有权申请行政复议。那么，蒋某是否应当认定为本案的利害关系人？利害关系人是指其合法权益受到行政行为实质影响的除行政相对人以外的公民、法人或其他组织。“法律上的利害关系”是公民、法人或其他组织的合法权益与行政行为之间存在的一种因果关系。在相关规定制定之前，可以参考司法实践的经验，从以下几个方面来认定“利害关系人”：(1)其与行政行为存在法律上的利害关系；(2)其与行政管理相对人之间是外部法律关系而非内部法律关系；(3)其被侵害的利益是受法律保护的合法权益。如果同时具备上述条件，则可以认定其为利害关系人。本案中股东与税务机关作出的处理决定不存在直接的法律上的利害关系，该具体行政行为没有直接剥夺、限制股东的权益，也没有赋予股东新的义务。由此可见，蒋某不是本案具体行政行为的利害关系人。

另外，根据《行政复议法实施条例》第 7 条规定：“股份制企业的股东大会、股东代表大会、董事会认为行政机关作出的具体行政行为侵犯企业合法权益的，可以以企业的名义申请行政复议。”股东认为行政机关对企业作出的行政行为侵犯了其利益时，可以依据《公司法》的规定，按照公司章程行使权利，要求公司的股东大会、股东代表大会、董事会等代表公司申请行政复议或者向人民法院起诉。蒋某作为股东个人，在未经法定程序、未经授权的情况下，当然不能代表公司股东大会、股东代表大会或者董事会以公司名义申请行政复议。因此，蒋某不具备申请行政复议的主体资格。

2. 本案应如何计算复议期限的起算点。本案中确定时效起点的关键在于，蒋某申请行政复议主体资格的界定。在本案中主要分两种情况：第一种情况是，蒋某以举报人身份申请行政复议，根据《行政复议法实施条例》第 15 条第 1 款第 6 项的规定，被申请人能够证明公民、法人或者其他组织知道具体行政行为的，自证据材料证明其知道具体行政行为之日起计算。某市地税局稽查局于 2005 年 9 月中旬就税务处理情况书面告知了申请人，可视为申请人已经收到决定。

第二种情况是，蒋某以股东身份作为利害关系人提起行政复议，根据《行政复议法》第 9 条第 1 款的规定，公民、法人或者其他组织认为具体行政行为侵犯其合法权益的，可以自知道该具体行政行为之日起 60 日内提出行政复议申请。同时依据《行政复议法实施条例》第 15 条载明的法律文书送达的期限规定计算，已超过申请复议期限。且又不符合《行政复议法》第 9 条第 2 款规定，“因不可抗力或其他正当理由耽误法定申请期限，申请期限自障碍消除之日起继续计算”的情况。综上可知，不管申请人以何种身份提起行政复议申请，均已超过申请复议期限，就本案而言都应当依法不予受理。

3. 对申请人资格的认定，是决定是否受理行政复议的重要前提。目前，我国相关法律只赋予了“行政管理相对人”与“利害关系人”提起行政复议的权利。在处理行政复议案件时必须认识到对申请人主体资格审查的重要性和复杂性。同时要准确区分同一主体的不同法律地位及其所代表的不同法律关系。在本案中，申请人既是股东，又是举报人，这需要准确认定其在发生争议的法律关系中的身份，从而确定其所具有的法律权利义务。本案中，申请人以举报人身份提起行政复议，就没有法律依据，由于其不具备法律主体资格，无行政复议申请权，其申请就不能被受理。最终申请人是以股东身份作为利害关系人申请行政复议,并被认定其超过申请行政复议期限而未被受理。

参考阅读

1. 司法部行政复议司编:《行政复议典型案例选编(2016—2017)》,中国法制出版社 2018 年版。

2. 张彤、王岩编著:《税务行政法律文书制作与范例》,东北财经大学出版社 2015 年版。

3. 黄士洲:《税务诉讼的举证责任》,北京大学出版社 2004 年版。

4. 贾艳菊主编:《税收征管实务》,清华大学出版社 2017 年版。

法规链接

1.《税收征收管理法》

2.《税收征收管理法实施细则》

3.《行政复议法》

4.《行政诉讼法》

5. 国家税务总局《税务行政复议规则》

6. 最高人民法院《关于行政诉讼撤诉若干问题的规定》

图书在版编目(CIP)数据

财税法教程 / 张怡主编. -- 北京 : 法律出版社, 2019
ISBN 978-7-5197-3354-4

Ⅰ. ①财… Ⅱ. ①张… Ⅲ. ①财政法-法的理论-中国-高等学校-教材②税法-法的理论-中国-高等学校-教材 Ⅳ. ①D922.201

中国版本图书馆 CIP 数据核字(2019)第 060880 号

财税法教程
CAISHUIFA JIAOCHENG

张 怡 主编

策划编辑 陈 妮
责任编辑 陈 妮
装帧设计 马 帅

出版 法律出版社
总发行 中国法律图书有限公司
经销 新华书店
印刷 固安华明印业有限公司
责任校对 晁明慧
责任印制 吕亚莉

编辑统筹 法治与经济出版分社
开本 710 毫米×1000 毫米 1/16
印张 17.75
字数 370 千
版本 2019 年 6 月第 1 版
印次 2019 年 6 月第 1 次印刷

法律出版社/北京市丰台区莲花池西里 7 号(100073)
网址/www.lawpress.com.cn
投稿邮箱/info@lawpress.com.cn
举报维权邮箱/jbwq@lawpress.com.cn
销售热线/010-83938336
咨询电话/010-63939796

中国法律图书有限公司/北京市丰台区莲花池西里 7 号(100073)
全国各地中法图分、子公司销售电话:
统一销售客服/400-660-6393
第一法律书店/010-83938334/8335
西安分公司/029-85330678
重庆分公司/023-67453036
上海分公司/021-62071639/1636
深圳分公司/0755-83072995

书号:ISBN 978-7-5197-3354-4
定价:56.00 元